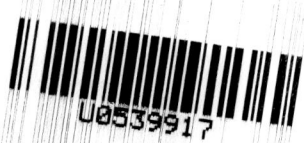

每　日　一　段　正　能　量　獻　給　迷　茫　中　的　你

療癒心靈的秘密能量

鄭文堡——著

THE MYSTERIOUS POWER OF SOUL HEALING

《療癒心靈的秘密能量》推薦序

當我拿到《療癒心靈的秘密能量》這本書時，正處於工作和生活的繁雜中，各種內耗的情緒湧上心頭——焦慮、壓力、疲勞等，經常感覺頭昏腦脹。

文堡老師的這本新書，可謂恰逢其時，如同甘露一樣滋潤了我疲倦的心靈。其中許多內容，一語戳中並指出了我的煩惱，同時也梳理我的思維模式，讓自己有了更好的轉念體驗。

我們對一件事的感受，其實源自於你對這件事的看法，即使事件本身已成定局，但你可以通過轉念，重新去解讀念頭的看法。這樣一來，你就更容易釋懷那些不如意的事，甚至從中獲得智慧並學習成長。

在這人人喊累的時代，可以感受到現代人處處充滿了戾氣，假如你最近感到煩躁、渾身乏力，這可能是處於能量過低的狀態。一個人的能量若太低，大腦自然很難面對思考，也難以控制好自己的情緒。此時，我們的思維發出的信息，總是認為自己被欺負了、被為難了，千錯萬錯都是別人的錯，各種委屈感有如潮水般湧來，令人深感窒息。

人類與其他生物最大的區別，在於我們有發達的前額葉，能夠很好地克制衝動本能，讓自己可以理性思考、忍辱負重。然而，前額葉也有其能量電池，為何人類在白天比較理性，晚上比較感性呢？這是因為前額葉的能量，在晚上容易被耗盡，如喝酒和其他破壞神經系統的不良嗜好，都會導致前額葉對本身的行為失控，進而感到能量被消耗。這解釋了為何夜晚喝醉酒的人容易衝動行事，甚至有暴力傾向，根據本能發洩感受到自然爽快，卻是自己無法承受的後果。

因此，調整自己的思維極其重要，人很難長期靠自我抑制來控制自己。所以，你應養成好的思維模式，去理解事物的本質，然後真正的生活。**一旦你明白生命的實相、世界的能量運作規則，理解哪些是自己思維上的內耗，哪些是虛假的內心戲，就能夠自然與世界和諧相處。**

書中 3 月 30 日的章節中——《窮人為什麼窮？什麼是真正的貧窮？》說明了其實我們有兩個世界，一個是內在世界，一個是現實世界，我們一直以為物質豐盛感源於外部世界，實際上是內部世界決定了這種感覺。假使不進行思維調整，即便已經富足，也會因為思維停留在貧困的感受中，而沒有意識到自身的變化，如同一根棍子上的小象，小時候無法掙脫，但多年之後已經變成龐然大物，也不去拉掉這根棍子，內心還是當初的小象。這證明了我們的思維感受，不一定與現實世界同步成長和變化，很容易用固有的思維去解釋這個世界。

4 月 5 日的章節——《所謂的成功，就是做有感覺的事》

提醒我們要懂得刷新自己的感受，重新去感受愛，它能提供源源不斷的能量。因為愛，才是一切能量的泉源。

當我以為這本書只在談論如何通過思維調整為自己充電，讀到後面時驚喜地發現，這本書同時也解答了多數人生活中的各種疑惑，提供了不少智慧人生的處理方式，以及更好的待人處事。

5 月 4 日的章節──《真財富》讓我們重新思考財富的定義，真正的財富並不限於鈔票一種形式，而是從多角度看到存在的價值，教會我們發現真正的財富。

5 月 14 日的章節──《大腦資產》轉換了我們對金錢的看法，錢放在認知太低的人手上，可能會變成災難。因此，投資自己的大腦是關鍵，唯有良好的認知與能力，才能駕馭並善用財富，這就像不會把財產全交給乞丐理財一般，我們會找專業的基金經理協助做好理財，如果只有乞丐的財商，即便中獎，最終也會化為虛無，甚至可能帶來更大災難。因此，想正確理財，必先投資自己的大腦。

若非要問我最喜歡哪一章呢？我會指出 7 月 16 日的《視角》。文中有一句話：「一念天堂，一念地獄。」看待問題的視角變了，你的命運也會跟著改變，每一個念頭就如人生的三岔路口。例如，一對夫妻出現爭吵，太太生出憎恨心，不懂得轉換情緒，作出衝動的選擇，把小孩從樓上扔下去，從此墮入深淵。可見，許多念頭和行為，若不及時轉換看待問題的視角，可能猶如蝴蝶效應，環環相扣影響命運的發展。

《道德經》曾提及：「聖人畏因，俗人畏果。」聰明人知道，行為的驅動在於念頭，念頭一開始若錯了，你的命運自然會跟著每況愈下。

恭喜文堡老師！寫出如此激勵人心的佳作，算是此生賜予眾生找到正念的方法。依婷在此大力推薦，在這喧鬧雜亂的世界中，大家都應將此書收藏為枕邊書，當你覺察到疲勞內耗時，打開這本書為自己充電打氣吧！

祝福文堡老師新書大賣！

馬來西亞紫微斗數國際導師

依婷敬賀

自序

突破心靈枷鎖，擁抱真實自我

在繁忙充滿挑戰的科技社會中，你一定經常感到壓力和疲憊，生活的種種雜事和困難，讓你感到力不從心，甚至感到失去了自己。然而，你並不知道，你的內在始終存在一股強大的秘密能量。

身為一位長期為人解惑的命理師，我深諳生命的奧秘，並以專業知識助人解惑，指引人們活出美好的人生。然而，我覺察到批命服務，雖能讓迷惑者帶來短暫的慰藉，卻難以徹底解決他們內心的困惑與掙扎，同時我也意識到，欲真正讓人擺脫生活的迷惘，必須從底層著手，引導他們發掘內在的能量與智慧。

有鑑於此，我孕育了一個宏願，透過撰寫心靈成長的書籍，為迷途的靈魂燃起希望之光，並結合 24 年歲月的體驗領悟，傾注在《療癒心靈的秘密能量》這本著作中，這本書不僅是命理之道的延伸，更蘊涵著我對生命奧秘的探索和洞見。

希望藉由實體書的出版，將這份珍貴的心靈智慧傳遞予更多人，無論你是在人生的十字路口徬徨無助，抑或正在逆境中瀕臨失去希望，這一本作品，都將成為你人生的引路明燈，照亮前行的方向，重拾你對美好生活的嚮往，突破心靈枷鎖，擁抱真實自我。

這不僅是心靈成長傳承的使命，更是我對社會的深切承諾，渴望以文字的力量，喚醒人們內在的希望，幫助芸芸眾生，在迷航的人生中找到歸途，活出最真實的自己，綻放獨一無二的光芒。

《療癒心靈的秘密能量》每一天將喚醒你內在的力量，並幫助您擁抱豐盛有意義的生活，你一定相信正能量的種子，潛藏在每個人的心靈深處，只需要點燃，它就會開花結果，為你的生活帶來奇蹟。

在 365 天的旅程中，請你與我一起探索各種激勵人心的主題，包括感恩、希望、愛、勇氣、堅持和創造力，每一篇短文，將帶給你一些啟示和實用的工具，幫助你轉化負面情緒，擁抱積極的心態，並實現自我的目標夢想。

這本書，並不是一本讀完後放回書架上的書籍，而是一本需要每天親近的指南，我想邀請你抽出一點時間，每天讀一篇短文，並將其內容融入到你的日常生活中，如此的小小舉動，將為你帶來穩定和長久的正能量，讓你每一天都感到充滿活力和希望。

無論你目前處於人生的哪個階段，正在面對什麼樣的困難，請相信自己內在的秘密能量，能夠引導你走向更好的方向，通過培養正向的思維與習慣，你會發現自己擁有無窮的潛力和創造力，實現真正的成功。

讓你我一起踏上這段旅程，探索內在的秘密能量，並在每一天都為自己點亮一盞希望之燈。

相信我！這本書將成為良伴的心靈導師，為你的人生注入一份美好的未來。

願你在365天的旅程中，獲得豐盛的喜悅和快樂！

文堡

2024 清明

留筆高雄

目錄

Table of Contents

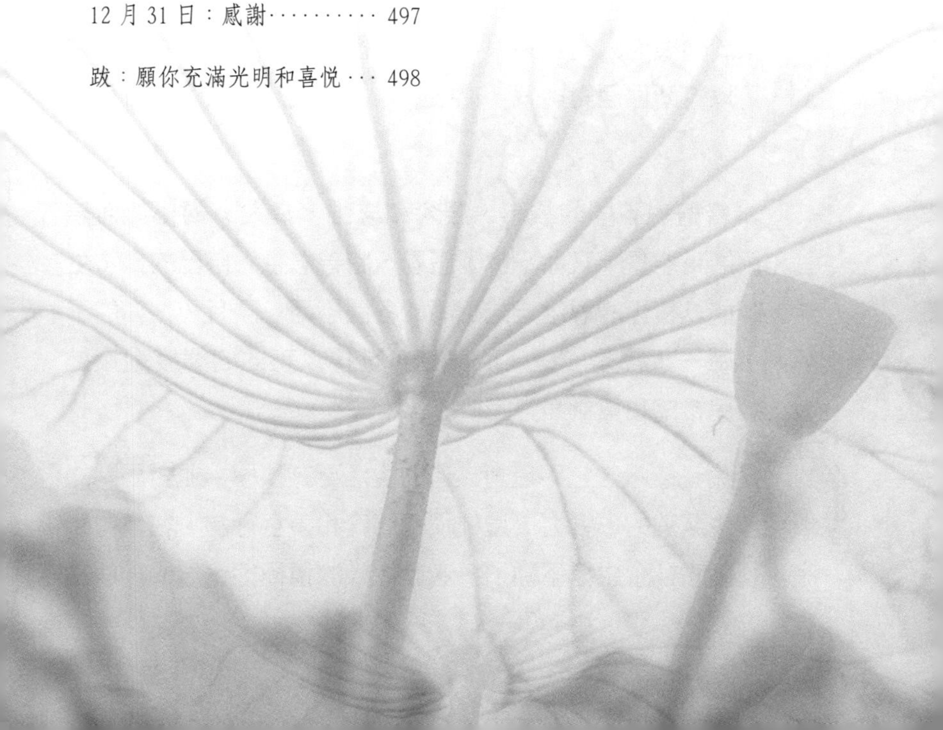

前 言

能量決定你一生運勢

一個人的運勢好壞跟能量有關，能量的背後是情緒，情緒的背後是慾望，慾望的背後是思維，思維的背後是環境。是故，環境會影響一個人的運勢，意識會創造事物的結果。

當我決定編寫《療癒心靈的秘密能量》，我深深體會到正能量的影響力，它不僅可以改變個人的心態和情緒，也能塑造人類的生活和命運。

正能量是一種無所不在的能量，它存在於我們內心深處，也存在於你與他人的互動中，它是一種積極、激勵和善良的力量，可以幫助你面對挑戰，克服困難，並提升自己的能力和潛力。

本書通過不同的故事、觀念和思維，為大家揭秘如何培養和擴展正能量，當你學會了感恩，將善念融入自己的日常生活，即能以積極的思維方式應用於各個層面。同時，你亦能了解到，每一天都是一個新的開始，選擇以正向的態度迎接挑戰，並用希望和勇氣面對困境。

運用正能量，它不僅對人們的生活更為積極，並對周圍的環境產生深遠的影響力，這種積極態度和善意行為，在你的家庭、社區和社會中播下種子，激發他人的積極性，形成一個良性循環的能量場。

能量是一種積極的選擇，擁有決定自己情緒、思維和行為的權力。每一天，你都可以選擇以正向的態度和心態面對生活，並將正能量傳遞給他人，不僅會改變你的運勢，還能對整個世界產生積極的影響。

謹以此書，獻給所有追求成長與智慧的人，與我一同踏上這段奇妙的心靈之旅。

願本書帶給你正能量的啟發，讓你每一天都能以積極的心態迎接生活的挑戰，願你每一天都充滿正向能量，幸福和成功將不斷伴隨著你，祝福大家！

文堡與您共勉！

1 月 1 日
秘密瑰寶

當你購買本書開始，你將意識到這個偉大的宇宙法則，換醒自己有多麼不可思議的力量，竟然能把自己的生命潛能創造出來。

你這一生所面對的，不論是工作、事業、財富、健康、皆是區分了「物質」與「精神」的層次，而且我們自始至終，都依循「道的自然法則」過著我們所想要的生活，最重要的是，唯有親身去實踐這個法則，你才有可能成為生命的主人。

從今天開始的 365 天，每天寫下你所感恩的事，我也會從今天起，每日與你分享一則清晰、明朗、智慧的秘密瑰寶，也希望能幫助大家，早日實現支配你生命的正能量。

願這份喜悅與你同在！我愛你如同愛自己！

《療癒心靈的秘密能量：第 2 天》

1 月 2 日
感恩十件事

也許，你現在正陷入低潮，想要快速改變人生，請記得用「感恩」去提升你的能量，當你把所有的能量都投入在感恩，你將會找到生命中屬於自己的奇蹟。

為了讓自己的能量提升境界，你可以每天寫下十件讓你感恩的人事物，你必須發自內心感受到那股感恩之情，直到你看到真正出現變化為止，你的人生就會存在感恩的世界裡，並成為自己生命的主人。

《我所感恩的十件事》

1. **父母滿滿的愛**
2. **找到了好伴侶**
3. **與人分享喜悅**
4. **擁有健康身體**
5. **買好終生保險**
6. **無負債一身輕**
7. **生長在自由國家**
8. **每天有時間創作**
9. **每天能享受學習**
10. **一生都擁有貴人**

您呢？現在就動筆，寫下你所感恩的十件事吧！

1 月 3 日
相信

你心裡所想的事，正在決定你未來的命運，不快樂吸引更多不快樂；不滿足吸引更多不滿足；焦慮吸引更多焦慮；煩惱吸引更多煩惱；恐懼吸引更多恐懼；負能量也會吸引更多負能量。

每天早上起床，請記得先感恩自己，你仍活在這個美麗的世界，因為我們永遠不知道，明天和意外那個先來，你只須活出真實的自己，並相信宇宙吸引力，將帶給你無限的正能量。

充滿快樂，吸引更多的快樂；
充滿感恩，吸引更多的感恩；
充滿喜悅，吸引更多的喜悅；
充滿財富，吸引更多的財富；
充滿健康，吸引更多的健康；
充滿好運，吸引更多的好運；
充滿祥和，吸引更多的祥和；
充滿和平，吸引更多的和平；
充滿正能量，吸引更多的正能量。

你的工作、生活、婚姻，一切都發自於你內在的思想，想要改變命運，就別讓你的心靈家園長滿荒草，你所要做的，就是從改變自己內在的感覺開始，這一切將十分地簡單！

相信自己會擁有美好的一天！因為你一切的成功，都是從相信開始。

1 月 4 日
信號

你生命的每一刻，宇宙的自然之道，都會不斷地引導你、與你對話，它在回應你的痛楚，並透過當下的感覺，適時提供寶貴的訊息給你。

你生活中所面對的問題，代表宇宙正在與你溝通的能量，美好的感覺就像是：「做這件事，對你的成長是加分的。」假如不幸碰到不好的事，祂只想引起你的注意，專注把負面的事移開。

觀察每天出現在你身邊的訊息，當你跨出人生的每一步，宇宙都會在身旁引導你，你必須仔細聆聽，並調整好頻率，因為你一點都不孤單。

未來的方向不好找，你需要不斷嘗試去自我認識，必定能找到自己的軌道，即使前方驚濤駭浪，只要知道這是對的方向，你就要收起膽怯去衝撞。

你的人生要有自己的夢想，而不是活在別人的想像裡。

如果你陷入了低潮，趕快向宇宙發出信號吧！你一定要相信自己是最棒的！自己是成功的！自己是優秀的！自己是富足的！自己是美好的！自己是幸福的！自己是健康的！因為祂總是有求必應。

人生最重要的是心，再來是身，最後才是身外之物。

1 月 5 日

慈善

如果，你做一件事純粹就是為了做慈善，為了慈善而做慈善，那不叫真正的慈善，不是為了做好事讓自己有福報，但福報是真實存在的。

假如，你相信宇宙自然法則，在這個世界上，永遠有一個人可以幫到你，你也一定可以幫到另外一個人，但是幫你的那個人為什麼遲遲沒有出現呢？因為，你還沒有幫助到那個需要幫助的人，只有你先幫助那個需要幫助的人，那個真正幫你的人才會出現，請相信地球是圓的。

「本欲渡眾生，反被眾生渡。」

當你真正發自內心開始幫助別人，真心為大家做事、不求回報的時候，此刻你的內心將會是豐盛的、開心的、喜悅的。

所謂的日行一善，不是要你捐錢才叫做慈善，今天在大街上，剛好看到一個行動不便的老奶奶正要過馬路，你上去扶她一把，這就是做善事。

在回家的路上，看到一個老奶奶在路邊賣菜，不要跟她殺價，請把她的菜全部買走，因為只有買走所有的菜，她才能提早回家，這也是一件善事。

在路邊看到一個乞丐，你別管他是真的還是假的，因為他是真的還是假的並不重要，你有真誠渡他的心就可以了，只要是你能力所及的，這才叫做慈善。

我所以為的因果世界生態鏈：「精明人吃老實人，老實人吃老天爺，但老天爺不會白白餓著，祂會反過來吃精明人。」

我們可以在每一件事物中，尋找生命的更多禮物，當你陷入人生低谷的時刻，我們吸引到的一切，都將使我們更加茁壯，代表世間一切的萬事萬物，最終的目的都是為了讓我們變得更好。

《療癒心靈的秘密能量：第 6 天》

1 月 6 日

自由意志

我們這一輩子，所經歷的每一個人，所面對的每一件事，都是老天注定安排好的，你可能會說：「既然都命中注定了，我還需要奮鬥努力嗎？」

你的靈魂、你的高我、你的宇宙，雖然安排好你會有什麼樣的命運，但是當你遇到同樣的一個人，同樣的一件事，選擇權全在你手上。

假如你今世轉世投胎，碰到一個你很喜歡的人，但是她把我傷害了，我遇上她是注定的，她傷害我也是注定的，但是我怎麼「回應」並沒有注定。宇宙賜予你最神聖的力量，就是你的自由意志，你可以自由選擇你的人生。

不知你有沒有發現，每當你在遊戲中闖關所碰到的妖魔鬼怪，牠有什麼樣的技能都是注定的，但是我們怎麼玩這個遊戲，選擇權卻在每一個玩家手上，100 個玩家能夠玩出 100 個版本，相信你一定會認同，對吧！

但是，當一個人把你傷害以後，如果此時此刻你的能量很低，活在悲傷羞愧的情緒裡，你一定會覺得，活在這個世間太難受了。然後，你選擇放棄甚至自我了斷，代表你此生的遊戲已經結束了。

然後，你重新轉世投胎，一樣碰到相同的問題，她依然再傷害你一次，但你這次選擇不再結束生命，而是從此不再相信愛情，把自己的人生封閉，也徹底墮落了，最後死了重新再投胎，然後再被這個女人傷害一次。

看到這裡，我想請你暫停一下，你可否換個思維，這個人傷害我，你可以告訴自己，為什麼這個人要傷害我？是因為我不夠強大，身上沒有錢，所以我要努力讓自己強大，讓自己變有錢，我一定要成功。

因為這個轉念，反而激勵了我。於是，你就會從這件事走了出來，當你走出來之後，就會順利進入下一關。

你是否覺得人生就如同闖關遊戲一般，當一個人傷害了你，你過不去的時候，這個人的所有訊息、一切動靜，都會不斷在你的朋友圈出現，但是一旦你「放下」之後，這個人彷彿從此人間消失了，你有沒有過這樣的感覺呢？

接著，你進入了第二關，碰到了另一個人，她成就了你的事業，而且她很愛你，對你特別的好，你們選擇了結婚並生子，從此幸福快樂生活在這個地球上，OK ！遊戲到此結束，看得懂的人請在這一行寫個讚！

你遇到的每件事都是注定的，但是選擇權是在你手上，無論碰到任何事，請用一顆感恩的心，對待你身邊的每一個人以及每一件事，這個難關就會瞬間跨過。

懂得反思自己向內求，而不是向外求，**凡事發生必有其目的，並且一定有助於我**，當發生在你身上的每一件事，請反問自己一個問題:「這件事發生在我身上的十大好處是什麼？」，這件事很快會從壞事變成好事，並且瞬間過關！

行筆至此，相信你一定看懂了，有一天當你覺醒，你會發現這一切都是『天道的自然法則』，一切全是宇宙的真象，請用「是非之心」來取代「得失之心」吧！

《療癒心靈的秘密能量：第 7 天》

1 月 7 日
堅定

假如，你每次因為別人說了一些無謂的話，就氣得渾身難受，你將不斷受到情緒的摧殘。

如果，你總是把寶貴的時間，浪費在向人解釋自己的身上，你的快樂帳戶就會經常顯示餘額不足。

當你對某人生氣時，不妨先想一想，對方是否真的那麼重要，值得你如此耗心費神？然後溫和地對自己說：「他算哪根蔥？」

小人在背地裡對你說三道四，看似是一種負能量，但你若能反過來思考，它就能成為正能量，**你應當感謝那些散布謠言的小人，因為他們正在幫你重新「恢復名譽」。**

外界的聲音僅僅是一種參考，你若不開心，就別去參考！不必太在意他人無謂的惡言惡語，那只會消耗你寶貴的心力。

相信自己，堅定內在的價值，外在的聲音就無法撼動你。

生活已那麼累了，別再輕易地流淚！

《療癒心靈的秘密能量：第8天》

1月8日

四句真言

有四句話，當你說出來時，就會出現神奇的力量，可以幫助你改變臨下的困境。或者說，它有股深不可測的能量，能夠讓你未來的人生變得更好，它將為你帶來無限的喜悅與快樂。

這四句真言，將為你生命創造奇蹟、摧毀負面的事物，並為你帶來身心靈的富足，萬事萬物皆有能量，宇宙自然法則也會感受到你的真誠，帶領你前往快樂與夢想的方向。

假如，你現在身體出現了一個傷痛，請將你的手放在痛的部位，然後不斷地默念這四句真言：

「對不起！請原諒我！謝謝你！我愛你！」

此刻，你將感受到自己的身心，不斷保持在平靜的狀態之中，它能為你帶來奇蹟般的不藥而癒。

多說這四句話，對你不會有任何損失，萬一有效了呢？

1 月 9 日

心念共振

相信你一定聽過，宇宙自然法則的三個 SOP。

1. 向宇宙發出要求；

2. 相信自己已經擁有；

3. 滿心歡喜地接受。

無論你是否相信宇宙自然法則，它其實早已運行於你的生命之中，人在每個成長階段，都會體驗不同的情緒感受，當下所經歷的一切，皆會激發出特定的能量頻率。

你內心所渴望的一切，包括所遭遇的人與事，都源自於你內心的思想意念，當你停止吸引不想要的，開始積極吸引所嚮往的，生命的一切就會按照你的想法，在你的生活及運勢中展現。

從現在開始，請堅信擁有美好事物是你與生俱來的權利，你要清楚知道自己想要什麼，然後以正能量大聲說出來，宇宙將會回應你的心念，給予你應得的一切。

自然之道，遵循著宇宙振動的定律而運行，只有心念與之共振，美好的事物才會被吸引而來，當你用感恩的心，去珍惜當下所擁有的事物，同時熱切期盼更好的將來，正能量就會為你打開通往幸福的大門。

保持對生命的渴望和對美好事物的嚮往，用感恩的心態活在當下，美滿的人生就會不僅存於你的夢想，更會化為眼前的現實。

相信宇宙！相信自己！幸福將在不經意間與你相遇。

1 月 10 日

財富機遇

一個真正通曉宇宙、靈魂與因果法則的算命師，必會誠實地告訴你，儘管他精通八字和風水，但無法透過這些來助你一夜致富，你必須採取三個重要的行動，才能開創屬於自己的財富之路。

首先，**不吝於與人交流互動**，人際關係是宇宙中強大的正面力量，彼此連結就如脈動相通，會為你帶來無窮無盡的機會。

其次，**切忌向任何人散播內心的恐懼和負面情緒**，這將完全阻礙良性的人際交流，令正面能量和機會迴避而去。

第三，**多說祝福他人的好話，學會用心聆聽**，善用溝通的力量，如此一來，你就能吸引更多良師益友與資源的湧入，在生活中感受到身心靈的豐盛。

若你能做到以上三點，縱使沒有算命師的指點，這一生你仍能體驗真正的豐裕昌盛。

保持開放包容的心胸，積極推動正面的人際連結，財富和機遇，自然就會透過宇宙的網絡匯聚到你身邊。

1 月 11 日

光芒

在這個世界上，我們都是獨一無二偉大的人，因為你的存在，對這個地球運行很重要，因為你是整個宇宙的一部分，你付出的一切所有事物，如果沒有你的存在，這個世界就不存在光芒。

萬事萬物皆從相信開始，你相信自己每天充滿了正能量，你相信現在我寫的這篇文章對你有幫助，你相信宇宙自然法則，將帶領你進入和諧高我的境界。

當你感到負能量在你身邊圍繞的時候，請你舒服的坐下來，不斷放鬆你的身體，重複這些動作到無我的狀態。

現在，請留意一下你身體的感覺，如果跟一開始的感覺不同，代表此刻你的身心靈，已經和宇宙自然法則和諧一致，產生了正能量。

你一定要趁現在還活著健康，努力過好餘生的每一天，珍惜生命中的每一分鐘，每一個值得珍惜的人。

如果有來生，希望每一次的相逢，皆能夠化爲永恆。

1 月 12 日
敏銳

如果，你每天堅持做一件事，並且持續做了好幾年，你會領悟出另一層高我的境界，敏銳將成為你的第二天性。

當你觀察一個人外在的肢體語言，以及他所說的每一句話，你能在第一時間辨識他們內心的想法與思維，尤其當他們努力展現過去的「豐功偉業」，抑或談論自己不想要的事物時，宇宙自然定律，將會啟動你被封印的「覺察」天賦。這一刻，你會變得非常有能力，將一個人真正的言行意圖，無所遁形的覺察出來。

假如，你已經達到這種境界，代表你越來越有覺察人心的能力。換句話說，**你能辨別一個人說話的真偽，靠的就是四維感知力的提升。**

一個人的思維、感覺、心像、語言，所散發出來的一切，都將啟動並吸引到你的生命之中。

《療癒心靈的秘密能量：第 13 天》

1 月 13 日
平凡

當你想要不平凡，代表你其實很平凡；當你想要很平凡，其實你已經不平凡了。這跟你擁有的金錢與地位多寡、高低無關，卻跟自己深層的境界有著密不可分。

天道會接受你內心所想或每天所說的話，實現未來的一筆筆命運訂單，這個世界的規律，是無形的能量決定了有形的能量，看不見的事物決定看得見的事物。

當你拼命追求外在物質，期盼得到別人對自己的羨慕、尊敬、禮遇，**你只是把自己的快樂與痛苦交到別人的手上，由別人決定你的命運。在輸、贏、得、失之間震盪輪迴，但凡事往往不會如你所願，這就是生命掙扎和痛苦的根源。**

當你能體會到外在的一切，並非自己可以緊緊控制，而且變幻無常時，你就能漸漸從接受的態度中得到智慧。你能接受贏，也能接受輸，可以接受得到，也可以接受失去，你不需要不平凡來證明自己，但可以在平凡之中，得到平靜的信心與勇氣。

你一直是個活磁鐵，不斷吸引與你思想頻率一致的人和事，你潛意識所想的，也將不斷出現在生命的體驗當中。

《療癒心靈的秘密能量：第 14 天》

1 月 14 日
想要 vs 我會

你是否每一刻都想讓美好的事物，不斷吸引到你的生命當中呢？

遺憾的是，很多夢想總是無法如你所願，很多人總是抱怨「吸引力法則」那麼地不堪一擊。事實上，宇宙自然法則始終存在，你之所以會感到運氣不好，吸引力對你無三小路用，那是因為你所吸引的，並不是自己真正想要的事物，你所想要的，剛好都是你所缺的，所以吸引而來的能量，它會一直保持在你所「欠缺」的情境上。

你若想要求財，不能說我想要賺到錢，而是要向宇宙發出正確的訊號：『YES ！我一定會賺到錢。』

你要知道，「想要」與「我會」，兩者的能量可是南轅北轍。

身處在科技世代，我覺得人類最偉大的改變在於：「發現人們透過改變內在的心態，不斷觸發他們生命的外在面向。」

換句話說，你心裡想著什麼，就會呈現在你的外貌，但你總認為別人看不見，然而真相卻是當局者迷。

無論你相不相信，宇宙自然法則依然持續在運作。

《療癒心靈的秘密能量：第 15 天》

1 月 15 日
業力

這一生中，相信你一定碰過這樣的朋友，你對他再怎麼不好，但他如終就是對你好，原由就是他欠你的；你也一定碰過這樣的朋友，你怎麼對他好，但他就是對你不好，你還用熱臉去貼他的冷屁股，可是你怎麼想也想不通，你就是想要對他好，因為這是你上輩子欠他的，一切的根源皆是「業」。

你知道為什麼普通人都沒開悟嗎？因為他們的業障都太多了！

「身是菩提樹，心如明鏡台，時時勤拂拭，莫使惹塵埃。」

關鍵字是最後的「塵埃」，它代表我們這輩子所種的「業」，當你把人世間最後一個「業」清理之後，你就能瞬間開悟了，而開悟是所有痛苦的終結。

人生如同一場戲，我所以為的開悟就是：「我雖然處於這個世界，但是我不屬於這個世界。」開悟以前是在過生活，開悟以後不再過生活，而是讓生活來過我；換言之，開悟之前玉樹臨風，開悟以後風臨玉樹。

上帝讓我經歷痛苦，不是為了折磨我，而是為了讓我戰勝痛苦，讓我一轉身，幫助那些曾經跟我一樣正在經歷痛苦的

人。

我相信一個人身上的「業」，皆是因為過去欠下來的「債」，在今世輪迴相遇並且同頻相吸，你種下了什麼樣的福報，就會吸引什麼樣的人來到你的生命中。

遇到任何不好的事，以下這幾句話對你很重要，如果你看懂了，相信你的人生必能開悟。

別人怎麼對我是他的業；
我怎麼對別人是我的業；
我們永遠都不要造新業；
我們永遠要把老業還掉。

根據宇宙自然法則，人生就是一場體驗，來什麼體驗什麼，但是請你記得，我們永遠只體驗正能量而不是負能量。

1 月 16 日
能量轉念

你有沒有發現，有些人很努力但就是不成功；有些人並不怎麼努力卻很成功，你可能會說那是他的運氣好。當然，我的意思不是要你不努力，而是你若想要成功，必須在你的大腦植入高能量的意識，每天保持開心正能量的人，更能夠接收到宇宙給予的好運氣。

世間萬物皆是由能量組成，你所吃的食物、喝的水、穿的衣服，這些東西看似物質，但其實它們都會產生能量波，能量雖看不見摸不著，但它確實存在，就像手機的 5G 訊號、你所讀的每一本書，又或者我正在寫的這本書。這些無形的能量，皆會觸發人類大腦的思想頻率，產生不同的正負運勢。

這世界殘酷的真相就是：「看不到的決定看得到的」，我們都知道能量守恆定律，也就是同頻共振。一個低能量的物質，接觸了一個高能量的物質，這個低能量的物質，會瞬間被高能量的物質拉升 ；反之，高能量的物質，也會被低能量的物質拉低。

你一定有過這樣的經驗，今天你的心情特別好，遇上了一個朋友，這個人的負能量很強，剛剛跟老婆吵完架，甚至想結束婚姻。結果你聽完之後，很容易被對方的低能量，影響了一整天的情緒，為什麼會這樣呢？因為他把你的高能量拉低了！

今天，如果換成你出現情緒低落，甚至想不開，但你幸運遇見了一個高能量貴人，跟他聊天之後，突然發現生命無限的美好，因為他把你的低能量拉高了。

我所以為的運氣吸引力法則，在於提升我們的大腦意識，在我們有生之年，活著的每一分鐘都用來轉念，把它轉換為正能量為我們所用。

《療癒心靈的秘密能量：第 17 天》

1 月 17 日
提問力

如果，你正在生活某個節點卡關了，比如事業、愛情、財運、人脈、健康……除了相信自己有朝一日能脫胎換骨之外，還必須向宇宙提出你所遭遇到的難題。

相信你一定看過市面上關於「提問力」的暢銷書，為什麼要跟宇宙提出問題呢？因為懂得提問的人，才有機會掌控物質與精神的財富能力。換句話說，唯有開始提出你所面臨的問題，才有資格換取重大的突破機會。

你心裡所煩惱的一切事物，有時，祂會不經意透過一本書，又或者一位素昧平生的路人甲，指點路引並讓你瞬間開悟，同時找回生命最原始的初心。

我所以為的宇宙真象，祂會提供每一個深陷低谷的人，隨時都可以公平的取用，也只有提出問題的人，才能吸引心中想要的答案，並且以你所能理解的形式出現，直到你找到生命的真正軌道。

當你向宇宙提出問題，而且強烈希望知道結果，此時上天所釋出的答案，往往都是你目前所要的夢想。

為了接受天道賜予的答案，你一定要開始學會提問力。

1 月 18 日

先相信後看見

你知道相信的力量有多大嗎？這世界上沒有做不到事，只要你想做的，就一定可以做得到。

出書前，我曾每個星期天跑到誠品書店，想像自己的作品上架在書店的某個角落，沒錯！我向宇宙發出訂單，希望能在 2020 年出版人生的第一本著作，我完全相信自己已經擁有，同時滿心歡喜地接受，這樣的時間整整持續了四年，最後如願解鎖了出書成就。

當你夢想一件事，想像著自己，已經和宇宙產生了同頻共振，並相信自己已經擁有，天道將幫助你獲得巨大的力量，你相信的好事越多，好運將會靠你更近。別忘了！**在實現夢想的過程中，你仍必須滿心歡喜地接受，才能創造出不可思議的輝煌。**

萬事萬物皆是從無到有的規律，也是從你的腦海思想而來。所以，這個世界的本來面目，應該是先相信後看見，先相信寫出一本書，才能看見出版一本書，普通人都是先看到才相信，而高手是先相信後看見，因為只有先相信，才配得上擁有。

當你相信感受到的愛越多，你越有能量獲得一個充滿喜悅、和諧的美麗人生。

共勉！

1 月 19 日

財富認知

我們身處的世界，其實並非是一花一世界，而是一人一世界，每個人看到世界的樣子都是不同。因為，我們都帶著自己的認知和眼界，來觀看這個世界。

有些人眼裡的世界，充滿了貧窮、憎恨、黑暗、貪官污吏；但有些人的眼中，則是充滿了光明、大愛、財富、健康。

你的大腦認知，決定了你看到的是什麼樣的世界。

你永遠賺不到超出你認知範圍以外的錢，除非你靠運氣，但是你靠運氣賺來的錢，最後往往又會靠實力而輸去，這是宇宙的一種必然。

你所賺的每一分錢，都是你對這個世界認知的變現；你所虧的每一分錢，都是你對這個世界的認知有所缺陷。

這個世界最大的公平在於，當一個人的財富大於自己認知的時候，這個世界有 100 多種收割你的方法，直到你的認知與你的財富相匹配為止。

唯有擴大你的認知，你的財富才有可能增加。

記住！你永遠賺不到超出自己認知的財富。

以上這幾句話，假如能夠看得懂，你的人生即將發生翻天覆地的改變。

《療癒心靈的秘密能量：第 20 天》

1 月 20 日
空無

你是否會在忙碌的一天，抽出時間獨自一個人放空呢？

什麼都不想，用佛家來講叫「空」，用道家來講叫「無」。

為什麼佛法的最高境界是「空」呢？空，其實就是萬有，當你什麼都沒有的時候，才能什麼都有。一個杯子裝滿了水，即使你想裝東西也裝不下去，但假如原本的杯子是空的，你就能將最好的東西裝進去，把最好的智慧，一轉身變成你自己。

道家的最高境界是「無」，無不是沒有，而是萬有。無為不是不為，而是無所不為、無所不是、無所不在。我在此處也在彼處，我無處不在；我什麼都不是，我什麼都是，我無所不是；我什麼都不能，我什麼都能，我無所不能。

當你有幸看到這本書，請暫且把你的煩惱忘掉，然後用心來看世界，因為萬事萬物皆有能量。

稻盛和夫曾在他的《活法》一書中提到：「人類一思考，上帝就發笑。」

這句話是什麼意思呢？代表我們每一個人，心中都跟宇宙的寶庫有連接，在這座寶庫中，有你所想要的一切智慧。

「佛在靈山莫遠求，靈山只在汝心頭。」

普通人一輩子只想向外求，但越是想抓取，人生就會越匱乏；而高手都只會向內求，他們不是用腦在看世界，而是用心在看世界。因為用腦只能看到眼前，用心可以看見未來。

當你活在當下，每天靜心半小時，你會漸漸感覺跟天道和諧一致，能用「心」看見自己未來的奇蹟。

佛曰：「緣起性空」，適時地釋放你的壓力和緊張，自在的漂浮吧！讓每一天的好運，皆能為你所用。

1 月 21 日
奉獻

根據宇宙自然定律，如果你想要改變財物狀況，不是隨口說你「想要」變有錢，「想要」成為百萬富翁。因為，你所想的，正是你所缺的，宇宙會不斷回應你目前所缺乏的事物。你必須改成這樣說：「我是富足的、我是豐盛的、我是喜悅的，我是幸運的。」

經常說「我是」而不是「我想」，才是真正向天道下訂單。

同時，我也建議你去做一件非常棒的事，拿出你所得的十分之一，將它捐出去，或者在網路上分享一篇正能量的文章，不論是自己原創抑或轉貼的都行，**因為正能量能啟發更多人的求生意志，讓深陷低谷的人抽離困境，等於你也做了一件對世界有價值的事。**

這就是所謂的日行一善，如果你想要為自己的人生帶來更多的財富，這正是你所能採取的最偉大行動，請多多運用奉獻與靈魂的吸引力定律。

想像自己變得更富有的情境，試著說出與財富有關的能量，並讓自己沉浸在完全富有的感覺中。

記住！我指的財富，包括了「物質」與「精神」兩個不斷來回穿梭的層次。

1 月 22 日
講師、老師、大師

相信你一定聽過：「師者，所以傳道、授業、解惑也。」

但你一定不知道，所謂的老師，其實有分為三個境界維次。

第一種叫「講師」，所謂的講師就是照本宣科，他們大都只講別人成功的故事，但是自己卻從來沒有成功過。換言之，他的老師成功了，他將老師成功的課程紀錄下來，接著再講給你聽，最常見的就是照著 PPT 唸稿上課。

第二種叫「老師」，代表他已在某個領域有所成就，然後透過開課分享他的成功故事，他所講的方法以及如何賺到錢，請問你要不要跟他學習呢？我所以為學習別人的方法，最後只會讓自己深陷死路。為什麼？因為老師的方法再好，適合他不見得適合你；適合他的行業，但不一定適合你的行業。你得相信他的方法再好，過去等於過時，畢竟時空背景已經改變了。

行筆至此，你千萬別誤會了！我不是說學習這件事不好，我只想跟你說，如果只學習單一項課程，或者只追隨一個老師，不一定有助於你。

第三種叫「大師」，所謂的大師，從來不講任何方法，他們會分享我是如何找到自己的方法，讓學生生發並成為自己的方法。

老師是不斷給你灌輸，而大師是不斷讓你生發。

教育的最高境界，在於喚醒而不是輸入。如果你找到生命中真正的老師，那麼真正愛老師的表現，就是不斷超越他，站在老師的肩膀上，踩著他的肩頭上去，這才是真正的高手！

在這個世界上，永遠不要崇拜任何一個人，一旦開始崇拜他，你就會成為一個追隨者，**追隨別人就是奴隸，追隨自己就是領袖，如果真的要崇拜別人的話，那個人，永遠是你自己！**

1 月 23 日
修煉

你認為人生最重要的是什麼？在我看來就是一場旅程，名利有如過眼雲煙，最重要的是如何活得開心，開心的正能量比什麼都強，完成兒時夢想更是令人躍雀不已。夢想千萬不要等待，因為等你想做的時候，也許已經沒有機會了，不要讓你的人生留下遺憾。

生命本身就是注定的，該走的就一定會走；不該死的，再怎麼樣就是不會死。

「當生則生，當死則死，來去自如，生亦何歡，死亦何苦。」

普通人說世事無常，高手說事事正常，如果今天有人公開罵你，證明你是個高手，凡是罵你的人，都是不如你的人。所以你必須不斷修煉自己，運用宇宙自然法則，汲取更多的正能量。

假如你天天處於負能量，那麼天道將會反噬你，因為吸引負面的東西，會比吸引正面的東西更快。

發生在你身上的所有事，其實都是來修煉你的，如果你能做到如如不動，受到一點委屈挫折又算得了什麼，懂得跟負能量做切割，才能收到宇宙正能量的訂單。

1 月 24 日
臨在

不知你有沒有發現，有錢人的家，為何保持非常的乾淨整潔？而那些窮人的家，為什麼看起來總是凌亂不堪、烏煙瘴氣？

其實，這其中最大的差別就在於「感恩」兩個字。

為什麼普通人認為過去都是痛苦，未來全是恐懼？因為你一直沒有將自己處於「臨在」，沒有連接上「高我」。如果，你正對我所說的話感到懷疑，那麼這本書不會對你有任何幫助。假如，你時時刻刻還在想著過去的事，或者未來可能發生的事，擔憂與恐懼的負能量，將會不斷侵蝕你的福報。

為什麼小孩子學東西特別的快？因為他們心中沒有雜念，無時無刻都在享受「臨在」。一個三歲的小孩在這一秒犯錯，瞬間被大人狠狠修理了一頓，雖然他會立馬嚎啕大哭，可下一秒你會發現他又笑了，大多數的孩子不會再想上一秒發生過的事，所以他們學習任何東西，都會特別的快速敏銳。

看到這裡，你也許就能了解，為什麼大人學習東西特別慢？倒不是因為人老了，記憶力不佳了，而是我們的心並沒有「臨在」，**腦袋裡的東西，全都被雜念帶走了**。

什麼是臨在？就是活在當下。**臨在是連接高我的唯一通道，也是找到生命軌道最快的方法，達到忘我的最高境界**。它能讓你進入一個虛無的空間，瞬間聽見一個聲音，這個突如其來的靈感，會將你封印住的創意渠道全部打開。

於是，你得到了開悟，創造並發現不可思議的價值和未來！

這正是稻盛和夫所說的「神之秘語」，記住！這個世界沒有發明只有發現，**開悟是痛苦唯一的終結。**

假如，你能時時刻刻「感恩」你所擁有的一切，天道將會帶給你更多想要的事物，也能為自己吸引到無限好運的能量。

1 月 25 日
金錢恐懼

問你一個問題：「你的骨子裡，是否一直對金錢存有恐懼？」

你一定看過這樣的人，今天賺了錢明天被人騙了，投資賺到了錢結果又虧了，其實這一切全是內在的投射，你的潛意識基因所造成的。

我相信絕對大多數的人，無論對投資或花錢這些事，內心都會感到無比恐懼，因為在窮人的認知中，錢一旦花了就沒了。為什麼會有這樣的思維呢？這得從年幼的成長環境談起，當長輩不斷灌輸你，錢要省點花、賺錢不容易、錢花了就沒了……

YES ！從此刻開始，你已被植入金錢恐懼的程式碼，當你害怕錢的時候，你的大腦意識，只會給你更多恐懼的體驗，這正是宇宙自然法則，還記得嗎？《秘密》故事中的藍色巨人，曾經說過一句話：「你的命令就是我的指令。」

假若你能用「富人思維」來看待花錢這件事，他們其實對金錢是毫無恐懼的，因為富人認為，**唯有將錢花出去才是自己的，他們會不斷買入資產，讓金錢為他們工作，產生正向現金**

流，然後用賺到的現金流，去消費或購買奢侈品，說白一點就是延遲享樂。

假如你能練就一身「高我」，花錢其實沒有對與錯，也沒有好與壞，因為人生就是來體驗的，你想要什麼樣的生活，它就會給你什麼樣的體驗，一旦你對金錢懷有恐懼的時候，你的「高我」就會給你更多的恐懼體驗。

萬事萬物皆是由能量構成，你認為錢是否有能量呢？根據能量守恆定律，能量永遠不會消失，它始終永遠存在，只不過轉換成另外一種物質罷了。

窮人思維：錢花了就沒了。
富人思維：錢越花會越有。
假如你認為錢花了就沒有了，那麼錢真的就沒了！
如果你相信錢越花就會越有，那麼你就會越富有！

1 月 26 日
改變

在這個世界上，你永遠無法改變一個人，你唯一能夠改變的就是自己。

絕對不要試圖逼迫別人按照自己的想法改變，你必須慢慢的引導他們，因為自己改變而想改變。當他們發現你的改變出現了價值，他們也會順其自然、按部就班的去改變。

我可不是在繞口令，你若能激發身邊的人想要變得更好，這種改變的渴望才是真正的高尚。

假如你想要做到這一點，你只能讓他們自己來。同時，你得先讓自己變得更強大，才能產生同頻相吸的影響力。

記住這句話：「能改變自己的人是神，想改變別人都是神經病。」

《療癒心靈的秘密能量：第 27 天》

1 月 27 日

平靜

你相信嗎？你所看到的世界，並不是真的世界，而是一個倒立的世界，自我是二維，本我是三維，高我是四維。

你所看見的每一件事，其實都有正負兩面，**一個看似負面的事物中，裡面皆藏著未知的美好**，如果你能用四維的角度來看待負面，那麼你就能將負能量瞬間轉化為正能量。

為什麼大多數的人，都會將美好的事從自己身上抽離呢？很簡單！因為他們不斷將負面的事物貼上標籤，久而久之，自然就成為他們生活的「真實世界」。

然而，宇宙自然法則，並沒有告訴你什麼才是絕對的壞事或好事，只是你無法從一個高我的四維視野，來看清楚這個世界真正的事物。

你可能會問我，如何才能維持在高我的四維境界？方法並不難，你只需要每天給自己半小時的獨處時間，靜下心來審視沉思，慢慢的你就能領悟：「**平靜，來自於你的存在，終將成為美好的一切。**」

1 月 28 日

訊息

你平常是透過什麼樣的學習方式，吸收專業知識呢？

大多數人都是透過請教專家、看書閱讀或者花錢上課，來獲取自己所要的知識技能。但其實人生中，你所碰到的疑難雜症，有時會在不經意的情況下，突然收到一股莫名的能量，將你想要的答案，透過訊息 (message) 的方式傳遞給你。於是，你瞬間豁然開朗，然後贊嘆不已。

這是什麼意思呢？比方說，你面臨一個始終無法解決的難題，剛好在某個時間發生了預期以外的事，或者說隨性翻閱了一本書，看到其中的一段話，正是你所要找的答案，抑或聽到別人跟你講的某個關鍵字。發生這樣的情況，**代表天道此刻與你的能量對頻了，也就是所謂的「心有靈犀」**。

如果，你剛好無意間接收到這些「訊息」，千萬不要別錯過了！因為，這正是宇宙自然法則，想要傳送給你的禮物。

1 月 29 日

擔心是一種詛咒

你知道嗎？擔心或恐懼，其實是一種可怕的負能量，可惜很多人不知道，這就是意念自然法則。

與你分享一個故事：

一位從事電視企劃與採訪的年輕人，經常需要加班，工作日夜顛倒。

因為與家人同住，媽媽擔心他的健康，經常耳提面命：「要記得吃飯！別太晚睡！開車要小心！」

這種疲勞式的嘮叨，每天反覆好幾次，他早習以為常，但有時仍會感到不耐煩，所以只要一見到母親，就想要逃避。

有一次，年輕人採訪了一個大師，聽到大師說了一句話，他瞬間恍然大悟。

大師說：「如果一個父母常常擔心他的孩子，他的孩子會沒有福氣，因為福氣都被父母擔心掉了。」

大師又說：「如果父母希望他的孩子有福氣，就要多多祝福他的孩子，而不是一直擔心。」

年輕人聽完這番話十分興奮，一回家馬上轉述大師的話給媽媽聽。

從此以後，母親就很少再對他啐啐唸了，孩子看到母親也不再躲避，反而在下班之餘，會主動找母親聊天。現在，他覺得跟母親像朋友一樣自在。

母親是子女的靈魂人物，她掌握了一個家的和諧氣氛，我深信，如果沒有一個快樂的媽媽，就很難有一個健全的家庭。

然而，大多數的母親都過份擔憂自己的子女，比如說在課業、工作、婚姻、健康，幾乎是無所不擔心，你想想，這樣的媽媽會活的快樂嗎？

運用「天道規律」的說法，即是所謂的「心想事成」。

一件事情，如果你用「心念」相信它，它就會如你所相信的去「實現」。

一個媽媽如果相信，她的孩子有能力去面對自己的困境，那麼這個相信就是一種「祝福」，她的孩子也會因為祝福而得到好運。

反之，一個母親老是覺得她的孩子不懂事，不會照顧自己，經常會吃虧上當，那麼這個「擔心」可能就會成為一種「詛咒」，未來孩子的成就，就會如你所擔心的意念，出現令人無法控制的狀況。

心中的意念有多大，實現的力量就有多強。

請時時刻刻檢查你的「起心動念」，你對孩子的擔心多？還是祝福多？如果你真心愛小孩，與其擔心，不如給予祝福！

對於我們所關心的人，不論是家人、朋友、情人、恩人、同學、同事，也都要給予全然的祝福。

「擔心是一種詛咒！」

聽到這句話時，我突然有一種恍然大悟的感覺。

仔細去思考這句話的邏輯，它是多麼的精闢啊！原來詛咒是一種負能量。

從今天開始把擔心丟掉，讓祝福常在，境由心造，祝大家幸福美滿！

1 月 30 日

多少錢才夠

生活在資本主義的科技世代，多數人的慾望，無非是想要獲得財務上的成功，賺更多錢給家人更好的生活，想盡方法快速獲得財富自由。沒錯！運用金錢吸引力法則，的確能與財富產生同頻相吸。

但是，你覺得這輩子應該賺多少錢才足夠？每個人對夠用的定義不同，有些人覺得當個百萬富翁即已心滿意足，他們會將更多的寶貴時間，用心來體驗這個世界；但有些人認為賺一億仍然不夠，因為他看到別人賺了更多億，覺得自己要更加倍努力。

那麼，究竟賺多少錢才算財富自由？很簡單！**當你感覺到能擺脱對金錢的貪念就行。怎麼擺脱？不要靠意志力，而是要給自己設立一個行動邊界，就是不管賺多少錢，都不要輕易升級自己的物質生活，夠吃夠穿就好。**

所謂的財富自由，要比的不是誰的錢賺了多少，財務自由是一種生活方式，在我看來錢夠花就好。假設，一個家庭平均一個月的支出為兩萬元，其實只要你擁有三萬元以上的被動收入，就可以享受退休了！因為錢多不一定是好事，自己活得開心最重要。

人活著的目的不是為了賺錢，更不是為了吃喝拉撒，當你離開人世的那一天，能夠用帶不走的去換帶得走的，這才算是真正的財商智慧。

《療癒心靈的秘密能量：第 31 天》

1 月 31 日
順流而下

無論你現在從事什麼行業，記得永遠不要將一件事做的太滿。為何？因為一旦你將事情做的太滿，你的高我，或者整個宇宙想幫你的時候，祂們可能會插不上手。

很多人都認為人定必可勝天，可是我們為何要跟天比呢？天人合一不是更好嗎？

普通人為什麼始終活在「人在做，天在看」的境界裡？因為你的自我與本我不斷在瞎忙，然後高我在旁邊看笑話，代表你人生中所有的決策，都是用大腦在做決定。

那麼，什麼是「天在做，人在看」呢？就是人生中的所有決策都交給「心」，全都交給「高我」來做。

當你不斷用高我來做事，你會發現你的人生將是順流而下；但若是用「人在做，天在看」，就會變成了逆流而上，感到生活盡是疲累和痛苦。

你可以將你的專業，能力與熱情發揮到極致，但請留出一點不完美的空間，然後用心但不要用腦來做事。

「天在做，人在看」：順流而下，用心做事 (高我)。
「人在做，天在看」：逆流而上：用腦做事 (小我)。

2月1日

幸運的三個 SOP

不知你的身邊，是否有特別玻璃心的朋友？

你順口說一句話，對方就感覺你傷害他，於是懷疑自己是否太尖酸刻薄，不再輕易發表自己的看法。

有一些人喜歡抱怨，工作出現什麼狀況，想到的不是先解決問題，而是張口閉口說太難了、自己辦不到，每天愁容滿面繃著一張臉，原本你的心情不錯，但一見到對方的臉色，感覺生活黯淡了不少。

老實說，我很害怕跟這種負能量的人相處，因為負能量的人，不僅影響的是自己，更可怕的是，他還會吸走我們身上的正能量，讓人變得鬱鬱寡歡。

人一旦有了偏見，可怕的負能量就會隨之而來，它就像是一個大漩渦，將你捲入無底深淵。於是，你身上的正能量，就像吸收到了一罐毒藥，慢慢將你侵蝕耗盡。接著，你開始感到被同化，變得一樣喜歡抱怨，漸漸失去了理智，看不到生命的光采。

根據宇宙自然法則，一個高能量的物質，會被低能量的物質拉低。所以，請隨時保持警戒，盡可能遠離那些負面情緒、不斷消耗你的人。

享受幸運的三個 SOP：

第一步是遠離負能量的人；

第二步是靠近正能量的人；

第三步，也是最重要的步驟，就是自己去做那個正能量的人。

學做自己的太陽，除了溫暖自己，同時也能照耀別人。

2 月 2 日
跟著感覺走

有很多人問我:「老師！如何去除負能量，提升正能量呢？」

方法很簡單！首先你得改變你的環境，因為環境會影響思維，思維會影響行動，行動會決定命運。是故，環境是正負能量吸引力最重要的源頭。

你可以將自己人生的路，從黑暗走向光明，從負能量轉為正能量，如果你能用正面的思維來看待每一件事物，未來必能為自己活成一道光，這道光芒，能幫助你消除內心的恐懼。

善用你的感恩之心，行好事、說好話，透過行動和覺知，去開啟大腦意識裡的高我，並控制好你的思維頻率。一段時間之後，你會從低頻直接躍升到高頻，這是非常輕而易舉的事。整個過程看似短暫，但假如你能撐過這個階段，即可保持在正能量的頻率上。

此刻，你不再人云亦云，更不會因為負能量，對未來心生惶恐。

直覺，是一種洞悉事物的能力，請隨時用「心」來思考，然後跟著感覺走，就能順利走到你想走的路。

學游泳或學開車，一開始對任何人都很難，但只要你有決心，透過不斷的練習，假以時日都會成為高手，你說對吧！

2 月 3 日
引導

假如，你的朋友正在經歷一場生命難關，你可以保持一顆喜悅之心來幫助他們，因為你的美好感受，能夠提振對方的士氣，帶給他們更好的能量波。

那麼，具體該怎麼做，才能實際幫助到朋友呢？

答案呼之欲出，即是運用「引導」的自然頻率。沒錯！就是透過引導的提問方式，與你的朋友產生連結，他們便會掏心，跟你訴說不欲人知的痛點。**當他們對生活迷失了方向，你只需要溫柔的引導與傾聽，你的朋友就會主動訴說他們想要的一切。**

最重要一點，在談論的過程中，你也可以想像，他們已經完全度過了人生關卡，並告訴對方現在所面臨的困境，一切都已成了過去，同時完美解決了。

換句話說，當你和他們說話時，你就是一個引導者，協助他們與宇宙保持相同的頻率，如此一來，你的朋友便不再感到孤單，連下一秒都不是！

2 月 4 日

死而無憾

你相信嗎？你這輩子所經歷的每一件事，遇到的每一個人，都是為了讓你把「貪嗔痴慢疑」的五毒修掉，我們的生命才能夠上升到一個更高的維度。

假如，此時此刻是你生命當中的最後一秒，誰都不知道明天和意外那一個先到，若要給此生做一個總結，你會用那四個字來形容自己的人生呢？

很多人可能會用「死不瞑目」、「庸庸碌碌」，然後感到自己這輩子白活了。但換個角度想，你也可以用「死而無憾」來回答。那麼，究竟什麼樣的人會「死而無憾」呢？

第一，就是他找到了人生的使命，做了一番轟轟烈烈的事業。

第二，就是找到自己的靈魂伴侶，談了一場轟轟烈烈的戀愛。

第三，就是交到了志同道合的朋友，一起策馬奔騰對酒當歌。

當一個人瀕臨死亡的時候，突然會發現，這輩子所追求的名、利、錢、房、車，這些通通都帶不走，這輩子唯一可以帶走的，就是你的修為、你的靈魂、你的回憶、你的體驗。

稻盛和夫曾說：「我要讓我的靈魂走的時候，比來的時候更純粹一點。」

人生，就是一場不斷的享受和體驗，如果成功是為了享受，為什麼不從現在就開始享受呢？如果我們活著的每一天都在享受，到最後成功不成功，其實已經不重要了！

所以，從今天開始，你想要享受什麼樣的人生，就給自己創造什麼樣的體驗吧！天道，它將會協助你過著最美好的生命體驗。

《療癒心靈的秘密能量：第 36 天》

2 月 5 日
人生四個底層邏輯

生活中，我們都會碰到一些令人措手不及的事物，也因為這些問題造成負能量的出現，人一生的功課，就是要懂得轉念，學習將負面訊息轉為正向積極的思維。

記住！這個世界最值錢的就是問題和困難，普通人遇到問題都會覺得很痛苦，而真正的高手會感到太棒了！為什麼？因為他會覺得自己的機會來了，對富人而言，問題就是財富。

不知你有沒有發現？人類所有的創造發明，都來自於問題本身，以及那些敢於為問題解決的人。**所謂的創業，就是在生活中發現了一個問題，創造出一種產品和服務，然後提供解決的方案，並符合大眾的需求。**

你為更多人解決更多的問題，你就能賺到更多的財富，在我看來，我們一生中只會碰到四個核心的底層邏輯，只要你能夠打通任督二脈，也就解決了人類的終極問題。

四個核心的邏輯金字塔：

最底層的問題是「錢」 第二層的問題是「事」

第三層的問題是「人」 最高層的問題是「魂」

除了修持內在的高我，你還必須運用宇宙自然法則，讓你的人生增添更多的光采。

《療癒心靈的秘密能量：第 37 天》

2 月 6 日

逆境修煉

我想告訴你一個驚天的秘密，你這輩子所遇到的每一件事、每一個問題、每一個挫折、每一個小人，都是來修煉你的。

不知你有沒有發現，人這輩子為什麼會不斷成長？答案不就是有磨難嘛！**假如你生命當中，碰到的全都是好人，或者都是來捧吹、一直對你好的人，那麼這輩子你不可能有多大的成就。**

也因為你生命當中，總是碰到不懷好意的小人，才能提升你的認知能力，讓你的靈魂升級，同時也會將你的人生提升至另一個維次。

換句話說，是逆境幫助了你成長，普通人的世界觀總是認為，這輩子碰到了太多小人，會直覺人生太黑暗了！但看在修為人的眼中，他會覺得這些經歷挺好的，因為代表有小人來成就我，很開心自己的視野，又上升到更高的境界。

請感恩此生一切的磨難，它會讓你不斷的成長茁壯。

《療癒心靈的秘密能量：第 38 天》

2 月 7 日
喜悅

你一定會認為，此生賺到更多錢是一件美好的事，但如果賺錢超過一個臨界點，這些財富並不會帶來滿足和快樂，因為慾望不過是一種誤解，沒有任何人或任何事，可以持續帶給你幸福，他們或許可以提供你快樂的原因，或者很滿足的感覺，**但其實生活的喜悅，必須不斷從自己的內在去生發。**

為了創造明天更好的你，晚上睡覺前，請把今天獲得的體驗重新感受一遍，試著讓這些美好的時刻充滿著感恩之情，如果你希望未來能有所改變，請在腦海中不斷想像，你希望它呈現的樣子吧！

記住！入睡前多運用自然吸引力法則：「今夜我能睡得很熟，一覺醒來會充滿更多的正能量，明天將會是我最美好的一天！」

2月8日

契合的歸宿

情場曲折迷離，愛情總是讓人困惑重重，你總以為找到了命中註定的那個他，卻往往忽視了一個重要的真相——你所鍾情的人，未必就是靈魂的真命天子，生命更需要的，是與你頻率相通、心靈共振的羽翼，找到那個人，你們就能生生不息、相守到永遠。

不過，別著急！放眼整個宇宙，就是為你準備的舞台，你不妨向造化生命祈禱：「請賜予我心儀的佳偶。」

可是，如果太久仍未見分曉的晨光，或許宇宙的回應是：「我看著你歲月那些來來去去的身影，你值得被更好的人啟迪和珍視。」

你一直在等待的那個「對的人」，為什麼遲遲未現身呢？答案很簡單！唯有你願意選擇「放下」那些不合適的過去，上天才會賜予你最契合的歸宿，放下執著，宇宙的驚喜就會攏簇而來！

這個地球和世界，都需要你燃燒生命的光芒，而那個專屬於你的靈魂伴侶，也終將在命運的召喚下與你相遇，這才是你降臨在這個繽紛世界的使命所在。

什麼是幸福？不就是勇敢去吸引對的人，然後活出最真實的自己，對吧！

現在就放下包袱，努力去追求屬於你的幸福人生！

2 月 9 日
利他

問你一個問題：「你覺得人生最重要的價值是什麼？你創業的目的為何？是想賺錢？還是想服務人們的需求？」

魯莽草率做事，容易讓人忘記自己的初衷，當初創業的初心，希望能為所有員工帶來幸福的公司，卻在不知不覺中以營利為導向，借以創造更大的營收為考量，到頭來皆會落得不堪一擊。

因為，這些人是以「利己」為本，而不是以「利他」為終。

我想與你分享的是，如果你創業開公司純粹是為了賺錢，那麼你企業的格局和境界，將很難做到極致。

創業真正的價值一直藏在初衷裡，如果能搞懂自己真正重視的事物，努力為大家做事，然後以賺錢為輔，你就能持續創造財富的長久價值。

根據宇宙自然法則， 能先「利他」的人，最後才能「利己」。

2 月 10 日

定義自己

假如，你喜歡到處跟人比較，其實不見得是壞事，因為你可以學習別人的能力，來補強自身的不足。但假如比較太過，出現了憎恨、嫉妒、焦慮的情緒，此時請你回歸初心，努力修持內在的「高我」。

記住這句話：「在這個世界上，只有一個人不會拋棄你、放棄你，不會打壓你，更不會辱罵你，永遠只會接納你，那個人就是你自己。」

那麼，該如何做才能保持自信呢？所有人都可以否認你，只有你自己不可以否認自己，你是誰，是由你自己來決定，你心裡裝的是什麼種子，才能長成種子對應的參照物。

八萬四千個人看我，就有八萬四千個我，所以我是我，我非我，別人怎麼看我一點都不重要，我怎麼看自己才重要，只有我可以定義我是誰。

我與我無關，我在我局外，我什麼都不是，我什麼都是，我無所不是；我什麼都不能，我什麼都能，我無所不能。

2 月 11 日

觀照思想

如果，你開設電商或成立公司的目的，只是為了賺取消費者的錢，長久下來，只會不斷減少你的財富，唯有你所累積的福報，才能不斷實現財富變現。

你若能做到一個有愛的人，猶如一座愛的噴泉、一條愛的渠道，幫助越多的人，就會是福報顯化，傷害更多人就是業障，你能幫助多少人解決問題，你的財富格局就能有多大。

那麼，要如何增加自己的福報呢？很簡單！你的所思、所言、所行，如同一台 3D 打印機，整個世界都是由你自己打印而出，只要減少負能量，不斷增加正能量，就能改變你的命運與福報。

佛陀說：「思想會化為語言，語言會化為行動，行動會發展成習慣，習慣經過不斷強化後，就會顯化成性格，最後性格決定了命運。」

是故，平常多留意你的大腦思想，展現福報最佳的方式，就是讓它源自內心，從對眾生的關懷而生。

2月12日
當下

生而為人，你永遠都不知道明天會發生什麼事，這就是生命的無常，但是，你總是想控制自己的人生，更想知道明天會發生什麼事。

問你一個問題：「假如你擁有預知未來的能力，知道接下來明天會發生什麼，你覺得好不好玩呢？」

好個屁！剛開始總會感到很興奮，但不出幾年你就活不下去了！為什麼？因為你會感到生活太無趣，發生什麼你全都知道了。所以，你會看到一些喜歡算命的人，對未來處處充滿著恐懼。

人生這場遊戲之所以好玩有趣，在於生命是無常的變化，既然是無常，你就好好享受當下吧！來什麼就體驗什麼，悲傷來了就享受悲傷，好事來了就享受好事。

很多人活到一個階段，都會領悟出這句話：「過去都是痛苦，未來全是恐懼。」

但其實你可以選擇活在當下，也就是享受「臨在」，因為只有當下，才能找到真正的愛、活出自在與喜悅。

千萬不要對「臨在」感到誤解，以為「活在當下」什麼事都不必做了，這可是極大的錯誤觀念！

記得！時間是三維空間最大的幻象，在三維空間裡，時間不過是個長量，但進入了四維空間，時間就成為了變量。

換句話說，時間根本就不存在！

這句話你可能會看得一頭霧水，我來打個比方吧！如果你在街上看到兩隻小狗玩在一起，牠們會問你現在幾點嗎？不會對吧！因為時間是人類發明出來的，對動物而言，既沒有過去也沒有未來，牠們只會不斷享受「臨在」的當下。

假如還是看不懂，讓我再問你一個問題：「請問你何時過生日？」

你可能告訴我明天即將過生日，那請問明天是幾月幾日呢？2 月 13 日沒錯吧！ OK ！那生日不就是在未來嗎？我可以跟你說，你的生日永遠會以「當下」的形式進來。

人這輩子活著，最大秘密在於：「沒有過去，也沒有未來，只有當下，過去和未來全都是幻影。」

時間之所以被發明，是為了人類的頭腦方便於記憶分析，才被硬生生整理出來的概念，實際上人生只有當下，而當下即為永恆。

如果你想活得開心快樂，我建議你摒棄過去的痛苦，放掉未來的恐懼，珍惜你現在所擁有的一切，並好好享受當下吧！

《療癒心靈的秘密能量：第 44 天》

2 月 13 日
財富軌道

你一定有聽過財務智商吧？那財道呢？可能就很少人知道了。

什麼是財道？財道指的就是「財富的軌道」，我們每一個人都有屬於自己的一條財富軌道，這個世界不該有平庸之輩，90% 的普通人之所以活得平庸，只是他們沒有找到自己的軌道，僅此而已。

我所說的軌道，指的就是行業而非工作，天生我材必有用，行行出狀元，365 行總有一條是你的賽道。

所謂的換工作，並不是要你真的換工作，如果想找到你的軌道，第一個方法就是向外找，也就是換行業，換到你真正喜愛、而且最有感覺的那件事，將你的天賦發揮到極致，讓別人感覺你就是為這個行業而生。

第二個方法就是向內找，那該如何向內找呢？答案就是學習提升，內在若是豐盛，外在就能富足；內在若是匱乏，外在就會貧窮。當你的能量提高之後，屬於你的軌道自然就會顯化，但是當你的能量低落時，軌道也很難顯現，就算出現了你也把握不住。

我所以為的「滿則溢」，就像是將一杯水倒滿後，自然就會溢出來。「滿則溢」指的就是你的內在修為，當你的內在修持到一定的程度，外在呈現的面相也會相對改變。

在這個世界上，沒有比幫助他人或減輕重擔的人更能受到珍惜。

與你共勉！

《療癒心靈的秘密能量：第 45 天》

2 月 14 日
心念複印

改變未來命運的關鍵，在於決定一個特定的時刻，勇敢地站出來，選擇活在快樂的境界，不再忍受任何痛苦的折磨。

想要做到這一點，唯一的方法就是下定決心，堅定不移地尋找讓自己感恩的事物，當你開始專注於美好事物的光明，宇宙吸引力便會回報你，將你內心的想法傳送回來，帶來美好的結果，從此刻開始，你將持續獲得更多、更好的幸運。

吸引力定律，是一種動態的能量法則，就如同一台高效的影印機，它會精準複製你內心的想法和感受，然後將相同的複本反饋給你，這個複本就是你未來生活的藍圖，幸福會變得觸手可及。

想要改變外在的世界，唯一的方法就是先改變內在，只要你調整好心念，吸引力定律就會為你複印出夢寐以求的新願景，最終帶領你通往夢想的人生，這是一個循環不息的過程，正能量滿溢，美好自然孕育。

放下過去執念的痛苦，展望幸福的未來吧！從今天開始，讓心中最燦爛的陽光照進生命，你就能徹底改寫命運軌跡，活出屬於自己的非凡人生。

2 月 15 日

感恩之心

感恩之心，是通往美好人生的金鐘鼓樂，多數人只著眼於渴望的事物，卻忽略了對已擁有之物的知恩圖報。殊不知，如果內心缺乏感激之念，你就無法真正借助宇宙吸引力，將更多的美好帶入未來。

你可以自由選擇自己想要的任何事物，此時此刻，一切的願景都掌握在你的手裡。

感恩之心，猶如一陣醍醐灌頂的甘泉，將喚醒你內在最純淨的力量；反之，忘卻知恩則如同自掘墳墓，注定將你的人生親手掩埋。與其等待，不如從現在開始感恩並擁抱幸福，讓生命之花綻放最燦爛的芬芳。

現在，你有兩種選擇：

第一，從今天開始擁抱更快樂的人生；

第二，或者拖到明天再來擁有。

你覺得哪一種更適合你呢？自己去選擇吧！

《療癒心靈的秘密能量：第 47 天》

2 月 16 日
熱愛

你知道，人一生中最大的悲哀是什麼嗎？

就是找了一個沒感覺的人，做了一件沒感覺的事，人生中最重要的兩件事就是事業跟家庭，假如這個事業不是你喜歡熱愛的，那麼上班跟坐牢其實沒有什麼區別；你身邊躺的不是你心愛的人，是因為利益與金錢關係和他結婚，那還談什麼幸福美滿？

你的此生為何會過得如此疲憊不堪？人為什麼會違背自己的良心？其實你根本不想做這件事，全因為金錢恐懼或吃不起飯才免為其難去做。

說狠一點，違背良心所做的事，都是因為你的恐懼而生。

根據宇宙自然定律，更多的恐懼，只會讓你滋養出更多負能量的情緒，當你享受熱愛一件事，才能感受到生命真正的活絡，永遠不要當一個只有軀殼的殭屍。

假如，你在自己的行業始終賺不到錢，最重要原因只有一個：「你做的這件事，壓根兒就不是你熱愛的，你只是為錢而工作，而不是為愛而工作。」

人活著，就是要享受自己熱愛的事，熱愛才是三維空間最高的能量。

美麗的皮囊千篇一律，有趣的靈魂萬里挑一，我是一切問題的根源，愛才是一切問題的答案。

2 月 17 日
無我境界

假如，你今天扮演一齣被老公傷害的戲，當下的你會感到痛苦嗎？一般來說不會對吧！因為你知道那全是假的。

現在，請回到現實生活，妳被另一半劈腿背叛，妳怎麼知道被傷害這件事是不是假的？妳又如何知道是不是在做夢？妳覺察到自己只是一個演員，正在扮演一個被傷害的角色，僅此而已。

在這齣戲裡，老公傷害了我，妳可以體驗他對我的傷害，帶給我什麼樣的啟示，然後我是否能用愛永遠對待他。

宇宙的第一規律就是變化無常，你的長相、你的智慧、你的言行、整個世界都在變化，不要去反抗變化，而是要去接受變化，體驗變化之美。

我們再換個金錢的層面來看，如果有一個騙子把你的錢騙走了，其實你大可不必傷心難過，**因為從福報的存摺上，他已經將福報轉給你了。**

什麼是真正的財富？金錢嗎？錯！錢是假錢也是假財富，福報才是我們這輩子的真財富，因為只有福報，才能在你離開人世後帶走。

還記得這句話嗎？

上帝讓我經歷貧窮，不是為了折磨我，而是為了讓我戰勝貧窮，一轉身，幫助那些跟我一樣正在經歷貧窮的人。

你知道開悟後是什麼感覺嗎？很簡單！開悟前我活著，開悟後我看著自己活著，開悟才是所有痛苦的終結。

人生宛如一場精彩的戲劇，你可以盡情參與創造，無論是喜或悲，都是一種珍貴的體驗，但我們永遠只吸取正能量。

若能活出如此的人生，代表你已達到了無我開悟的境界。

2 月 18 日
境遇

你一定聽過「相由心生，境隨心轉」，對吧！

所謂相由心生，指的就是外面的一切物質，今天你顯現了一個窮相，都是你內在潛意識的投射。什麼是境隨心轉？境代表的就是境遇，你出門遇到了貴人，這個人幫助了你，這是一種境遇；你出門遇到了一個騙子，這個人騙了你的錢，這也是一種境遇。

你可能會問我：「為什麼有些人出門遇貴人，就偏偏我遇上小人呢？」

其實，這一切都跟我們內在的思維息息相關，假如你認為全世界到處都是騙子，我敢保證，你一定會吸引更多的騙子進入到你的生命中。說狠一點，**這些騙子並不是你「吸引」而來，而是被你「創造」出來的，假如你認為全世界都是好人，那麼有很大的機會，你出門就會遇上貴人。**

心生萬物，心是投影員，在三維空間不過是一個象而已，若要成功找到你的軌道，就得不斷向外去嘗試不同的行業，同時向內提升修為，有朝一日便可破釜沉舟。

每個人生下來都是一顆恆星，都應該像太陽一樣發光發熱。

祝福你找到自己的境遇，在人生的道路散發光芒。

2 月 19 日
願景

愛因斯坦曾說：「時間，只是一種幻覺。」

當你了解並接受沒有時間的概念，你未來想要的一切，其實都已經安排好了。這也是為什麼一旦你寫下想法、或說出你的願景時，應該使用現在式，而不是過去式或未來式，換句話說，你就是活在當下。

請在你的大腦、內心、身體之間散發出你的渴望，然後想像夢想已經來到你的面前，現在就能感覺並看見它的存在。

所謂的願景，代表內心正在創造自己想要的圖像，你即將把渴望的事物烙印在大腦的畫面，如果你能將注意力放在未來的事物，宇宙自然之道，就會不斷刺激了你的感官，並引發內心的正面感受。此時，你有兩種元素不斷在運作，第一是你的心智，第二是你的感覺。

生命中的每一天，我們無時無刻都在使用宇宙能量，無論這件事是你想要或者不想要，它始終陪伴著你存在。

每一個人、每一件事、每一個狀況，皆是透過宇宙之道，不斷出現在你的眼前。

2 月 20 日
專注

假若，你已低潮了好幾個月，該如何喚醒自己，讓不想要的事持續在自己身上發生呢？

我給你的建議是，不要去想你不要的東西，也不要把思維放在你不想要的事物上，因為任何引起你注意力的東西，都會被你全部吸引過來。

當你說:「我再也不要想這件事了。」

碰到這樣的情況，一旦你越想不喜歡的事，與它息息相關的思維，就會產生頻率共振的力量，並且激發出更多的負面情緒。因此，請將注意力從你不想要的事物挪開，然後專注於你要的東西，經過一段時間的練習，你就能從自身的感受分辨出來，內心所想的是否為你真心想要的。

2 月 21 日
頻率

你這一輩子，都一直與「天道」合而為一，沒有任何一刻不是，無論是你想要或不想要的任何事物，你都不斷與它呈現同頻。

當你開始努力編織一個夢想，最好一次只專注在一件事物上，然後透過不斷的練習，就能擁有強大的力量去駕馭你的能量，日後你便有能力聚焦在許多的事物上。

你的心智，就如同一支放大鏡，透過太陽照射並維持在同一個地方，慢慢地生出火花，放大鏡之於太陽，與你的心智之於宇宙，兩者間並沒有任何差別。

如果，你正準備開始運用宇宙秘密，我建議把焦點放在你想要提升的事物上，透過自己的想法和感知，昇華你的內在本質，並將你的頻率調整到跟天道和諧一致，因為宇宙的頻率，永遠會是你存在的頻率。

2 月 22 日
熱情

請問你是為錢而工作，還是為興趣而工作呢？假如你不滿意現在的工作，其實你並不孤單，因為很多人對自己的工作，幾乎都不滿意。

再者，如果你已達到了財富自由，還會留在這個工作崗位上嗎？如果答案是肯定的，代表你對這份工作保有很大的熱情。若是跟大多數人的想法如出一轍，等我有錢就要離職，不須再看老闆臉色，很有可能就是為了錢而工作。

英文有個單字叫 JOB，將這個字拆開會變得十分有趣。

JOB=Just Over Broke

意思是說，所謂的工作上班，只是比破產好一點。

如果是因為錢需要工作，才能支付日常生活所需，非但無法帶來成就感，更會是一種沉重的負擔，當你不需要為錢而工作，而是出自於興趣熱情，則可為你的人生創造價值，讓更多人受惠，這種感受就會截然不同，畢竟金錢換不到喜悅之心。

在自我實現的同溫層中，因為你的喜愛熱情，才會做出一番行動，最後讓夢想達成願景。

2 月 23 日
福報財富

我想告訴你一個驚天的秘密 ......

賺太多錢會是好事嗎？那倒未必！

把人做好了錢自然會來，不會做人你這輩子將很難賺到錢，就算你用任何手段或邪魔歪道賺到了錢，那也是暫時的。

這也是為什麼，有些人賺到很多錢後卻生不出小孩，或者身體一塌糊塗得了絕症，正是因為這種掠奪式錢財賺多了，沒有捐助行善做公益，就會演變成一種「業障」。

錢太多不一定能背得住你的德，同時你也會承載不住，宇宙自然法則會帶給你很多不好的體驗，對你來說反而是一種傷害。

所以，錢不是越多越好，錢是夠花就好，德不配位，太多反而不一定是福報。

不義之財守不住，君子愛財取之有道。

2 月 24 日
是非之心

如果，你一直用腦袋過生活，用得失心看待這個世界，你的人生將會過得疲憊不堪。

為什麼會如此呢？

因為做任何事有得我就做，失了我就不做，全用得失之心來計算，一旦得不到你想要的結果，就會失落萬分。

但是，假如你能用「是非之心」來看待世界，這輩子無論你做任何事，都會感到開心愉快，做事只要對得起天地良心就夠了。

所以，從今天開始，請用是非之心，當成你為人處事的唯一標準，不要再用得失之心，因為即使賺到更多的錢，你仍舊會感到很痛苦。

當你升起良知之心，做每一件事都會先問自己，我做的這件事是對還是錯，假如對我就做，錯我就不做，這與金錢得失沒有半毛關係。

隨時讓自己擁有一顆赤子之心，你所做的每一件事皆是有利眾生，利眾生者無敵，有朝一日必能活成一道光。

《療癒心靈的秘密能量：56天》

2月25日
調和

你是否經常對生活充滿抱怨與憎恨？

你會抱怨是因為有了得失心，出現憎恨是因為缺少了愛，如同黑暗缺少了陽光，貧窮缺乏了富有，生病缺少了健康，傷心缺少了喜悅。

所有一切負面的事物，不過是缺少了正面事物的調和，如此而已。

當你了解這一點就會知道，生命的目的在於自我的良好感覺，完美的實現自己的本質，這就是每個人出現在這個地球的原因。

花一點時間去思考，上天帶給你每一天的美好，並讓你得以生存的一切，記住！祂從未要求你做任何事來當成回報。

想像一下，整個天道都在協助你，一切都不斷在給予，你還有什麼本事去抱怨和憎恨？

2 月 26 日
雜訊

不知道你有沒有發現，手機一天當中所接收的訊息量，是我們祖父母年代人的一輩子份量。拜科技之賜，「知識焦慮」和「資訊疲勞」是現代人最大的雜訊。

換言之，我們活在一個資訊爆炸的世代。

如果你將手機設定「經常在線」的狀態，它的最大功能與好處在於，可以即時查詢或收集有用的訊息，但壞處也會浮上水面，它會讓你不斷沉溺在資訊之中，讓原本有效率的工作停滯不前，注意力變得更加匱乏。

你千萬別誤會，我的意思不是要你勿使用智慧型手機，而是在不過度依賴的情況下，能夠分辨出那些是自己真正需要的資訊，以及如何收集有用的訊息方法，與使用手機時間的控制。

當你認為「以防萬一、也許有一天會用到」，可以先將課程或資訊儲存起來，但其實到頭來幾乎都用不到，反而會佔用更多的時間，更可能影響你目前的工作進度。

根據宇宙自然法則，**當你將手機當成工具善加使用，祂就能為你迅速掌握真正必要的資訊，讓學習和工作如魚得水；**

反之，若是沉溺於無意義的聊天、吸收太多沒營養的新聞或訊息，祂就會為你帶來更多的雜訊與焦慮。

不想讓焦慮填滿你的大腦，請奉行「少即是多」的秘密。因為，有 80% 的資訊皆可丟棄！

2 月 27 日
念頭

假如，你今天做了一件後悔的事，請記得，後悔是這個世界上最大的負能量，「知行合一」的第一層境界就是知道後行動；第二層境界就是不悔，第三層境界就是一念起即為行，換句話說知就是行，行就是知。

當你的大腦升起惡念的那一刻，代表它在另一個空間已經行動了，你的福報就會瞬間被扣分。什麼意思呢？我來舉個例子吧！

假如妳今天跟老公吵架，吵著吵著突然情緒失控，腦袋立馬升起一個念頭：「你怎麼不去死一死！」。因為這個不好的念頭，福報存摺預先扣 1,000 分，結果很不幸妳又說了出來，福報再直接扣 10,000 分。

王陽明所講的「致良知」意思其實就是，每當你升起一個念頭，都要捫心自問，這是人還是鬼的念頭？是小人還是君子的念頭？如果是小人的念頭，又說了一堆負能量的話，我覺得你的嘴，需要一個「撤回」功能。

你的所思、所言、所行，就如同一台 3D 打印機，你的每一個念頭，都決定了你的福報存摺是加分還是扣分。

看到這裡，你還敢升起惡念嗎？

這個世界最大的愚蠢，就是把業障當事業來做；

這個世界最大的智慧，就是把福報當事業來幹；

這個世界最大的愚蠢，就是拿自己能帶走的，去換一大堆帶不走的；

這個世界最大的智慧，就是拿自己一大堆帶不走的，去換帶得走的。

2月28日
人脈資產

你一定聽過：「近朱者赤，近墨者黑」，對吧！

你想和哪些人建立良好的人際關係呢？

請仔細留意你想和什麼樣的人往來，身邊圍繞什麼樣性格的人，你也會逐漸變成那樣的人。假如你身邊都是善良的人，那麼你也會變得很善良；如果身邊都是墮落的人，你也會慢慢變得自甘墮落。

朋友的一言一行，即將影響你的思維與判斷，所以和什麼樣的人往來十分重要。

另外，不管是對自己或他人，請隨時保持一顆真誠的心，因為一旦欺騙別人，就會讓曾經建立的良好關係，一夕間化為烏有。

因此，我希望你能保持誠實坦率，也許，你會因為必須讓人看到自己最真實的一面而感到不安，但是當你表現坦率又真誠與人來往時，你將會得到一段更真誠的關係，而這樣的關係，就是你日後的人脈資產。

3 月 1 日
覺知

你知道喜悅是什麼樣的感覺嗎？

假如你想讓人生達到喜悅的狀態，就必須隨時覺察是否不帶抱怨，並理性觀察一個發生事件的能力，這代表什麼意思？

比方說今天遇上一個人，這個人無理取鬧傷害了你，原本你要發很大的情緒，突然間帶著覺知和覺察活了出來，於是你明白為什麼會遇上這樣的一個人，他來到你的生命當中，也許是在提醒你什麼，因為凡事發生必有其目的，並且一定有助於你，不是嗎？

在你身上發生的每一件事，馬上寫出這件事發生的十大好處，這麼做能讓你的情緒表再次升級。

所謂的覺察，就是對深念和受覺處的覺察，發掘出自己的情緒和身體反應，然後讓情緒抽離這件事，並且回歸初心。

一件事情的發生，必定有好的一面與壞的一面，如果你能再增加一個維度來看待這個事件，即可站在上帝的視角將自己看得更清楚。

懂得這個道理後，你就能明白，為何有些人會出現狹隘的心智雜念，因為你有『傲慢心』，而『傲慢心』即是佛家所講五毒之一的『慢』，假如能每天對自己的生活覺知，修掉傲慢之心，你會感覺到一天會比一天更好。

讓我與你手牽手，彼此督促一起往前走，帶著覺知和覺察的活著，一同努力修掉人生的五毒。

3 月 2 日

意念

當你為眾生而做事，你便會開始與天道產生強大的力量連結了！

此時，「宇宙自然吸引力」將十分受用，你可以感受到自己的生活已發揮到了極致。

一旦你盡情活出生命的深度，就有更多的東西可以利於他人。

記住！你的痛苦與不幸，對這個世界沒有任何幫助，但你的喜悅、以及淋漓盡致的生命體驗，可以提升整個世界的能量。

假如你一直很努力，但始終沒有成功，代表你正在以沒意識的方式取消了意念，你所想的每件事、所說的每句話、採取的每個行動，當下讓你感到惶懼不安，那麼就請求「自然吸引力」，你正在哪個節點失去了自信和意念，當你找到問題點之後，就可以清楚自己所要的方向。

3 月 3 日
隨喜

不知道你有否這樣的體驗？

在社群媒體上，看到好友秀出「幸福喜悅」的生活照，照理說我們都會順手按個讚。但不知從何開始，內心總會感到一絲焦慮，為何會產生惶恐不安呢？

很簡單！生而為人，你我多少都存有比較心理，有些人嚴重一點，甚至出現嫉妒之心。

關於這個問題，最近我在《這才是吸引力法則》這本書找到了答案，以下的內容，我節錄並改寫一小段的文章，與大家來一場心靈的饗宴。

通常你會感到喜悅，是基於你的行動跟你的意念達成了一致，若別人的行動和你的意念出現不同時，就容易感受不到喜悅。因此關於他人，你需要抱持不同的想法：「他們是他們的樣子，他們是自身生活體驗的創造者，他們會為自己吸引各式各樣的事物。而你呢？當然也能創造出屬於你自己的生活體驗，為自己吸引各種事物，這就是隨喜的藝術。」

一旦你看懂上面這段話，很快就會了解，他們並不如你心中所想像的那個樣子，刻意來擾亂你的世界，他們不過是在創

造自己的世界，對他們來說這一點都不混亂。

難就難在於，你看著自己的世界，無論眼前有多少豐盛的物質，仍舊會感受不到富足，也會覺得自己一直匱乏。

人活在這個宇宙，你會得到許多有形的體驗，一旦你了解宇宙有多麼富饒、資源有多麼無限，你就不必再杞人憂天了。

下回，若在社群媒體，看到朋友圈有人晒出他有多麼成功、有多麼好運，你只要誠心給予祝福即可。

記得！他們能創造吸引想要的事物，你也能創造吸引自己所想要的一切，每個人都帶著不同的使命來到這個世界。

你根本無須攀附、也不必比較，扮演好自己的角色，宇宙就會回饋你更美好的體驗。

3 月 4 日
覺醒金字塔

你曾想過，這一輩子要如何好好的活著？

在「覺醒」金字塔裡，有分為四個層級。

第一個是覺知；
第二個是覺察；
第三個是覺悟；
第四個是覺醒。

明白了嗎？你只要帶著覺知去生活，就能覺察到自己不可控的負面意識和情緒，然後才能感受到覺悟，有了覺悟之後便能體會到覺醒。

換句話說，能帶著覺知和覺察活著的人，才能叫真正的活著。

相信你一定有過這樣的經驗，當你心愛的人情緒一上火，對自己發了脾氣，請問此時你會不會跟他吵架？大部份的人肯定受不了，為什麼？因為他會把你的情緒拉升上來，對吧！但是當我帶著覺知和覺察活著，一旦對方情緒失控的時候，我就會選擇離開現場，於是這個架就吵不起來。

民間習俗講的「鬼附身」是什麼意思？

我認為是起情緒的那個你，壓根兒就不是人，也不是原來真正的你，那我為何還要跟你互動？當你能覺察到身邊的人起了情緒，立馬離開是最佳的方法，這麼做的好處是，不會被對方的情緒拉著走。

你有沒有發現，人之所以活得不開心，就是因為經常起了情緒，你之所以出現了情緒病，其實有 50% 都是因為別人的情緒把你勾引起來，但是當你有了覺察別人情緒的能力，你也會有 50% 以上的機率不會再起情緒。

以上我說的還不是最高級的，真正的 EQ 高手，他們能覺察到自己當下的情緒，會心一笑看著自己的情緒瞬間從身邊划了過去，這些人不但可以覺知到自己的問題，也能夠覺察到自己的念頭，想讓「情緒鬼」上我的身、附我的體？門都沒有！

生而為人最正常的事，皆會三不五時出現負面的念頭，而負面的念頭都會藏著一個負面的情緒，負面情緒的背後一定會有一個負面的結果，這個時候該怎麼辦呢？

方法很簡單，當你出現負面念頭的時候，請立馬升起一個正面的念頭，然後把它 cover 掉。

有句話說得好：「想讓這塊地不長荒草的唯一方法，就是種滿莊稼。」

如果，你能夠帶著覺知和覺察，並用一顆感恩之心，對待你生命中所遇到的每一個人和每一件事，即使當下是壞事，也能瞬間變成好事，祝福你每一天都能過上開心的日子。

3 月 5 日

思想波

你相信「心存芥蒂，終有惡果」嗎？

任何抱著惡念對待他人的人，所承載的負能量，必將如箭反噬，加倍傷害到自己。

世人常以為抱怨和負面念頭無關緊要，其實這是一種滔天大謊，當你正處於感恩喜悅的頻率之中，這些負能量根本無法影響你分毫，但假若你身處於羞憤愁怨的低頻，天意自然會將這份負面能量，如影隨形地加倍還給你。

在每個轉瞬即逝的今天，你無時無刻都在發送或大或小的思想波，而最終這些正負能量，都將在命運中凝聚為實質結果。

「思想波」不僅影響自身與他人，更有一股強大的吸引力，將主導你內心念頭的一切，無論是他人想法、事件情況抑或運勢際遇，都會全數吸引到自己的生命當中。

沒有人能將負面事物強行納入自己的生命，除非你那顆迷惑的心，自暴自棄降低了頻率，與宇宙的正能量格格不入。

正所謂「萬物隨心而造」，唯有心存善念，生命自能吸引到與之共振的一切美好，掌控好你的意念情緒，保持高頻正能量，就能徹底遠離負面之事，過上充滿喜悅幸運的人生！

3 月 6 日

身心靈修鍊

你是否曾經歷過那種感恩之淚狂湧而出的時刻？

當熱淚盈眶，源自內心的感激之情將如洪水般傾瀉而下，彷彿穿越時空，讓你重新感受到從前那些美好的片段。那一刻，你將真切體會到什麼是真誠的感恩。

想體驗如此深刻的感恩，請先放下塵囂、靜心凝神，盤點屬於你的生活點滴，也許是一次溫暖的家庭團聚，或許是朋友無私的支持鼓勵，抑或只是路邊一株盛放的野花。儘管再普通不過，但它們都曾在生命的重要時刻為你帶來力量，隨時感恩這些祝福，深深體會它們的可貴，直到熱淚潸潸。

你若能在喜怒哀樂間，時刻保有一顆感恩之心，宇宙自然定律會在短時間內啟動奇蹟，隨時喚起你昇華的體驗，隨著日復一日的修行，你的身心靈必將提升到前所未有的高度，與天道合而為一，達至無我的境界。

很多人過度追求名利金錢，卻忽視了身心靈調和，在我看來，他們的人生仍缺乏了愛與快樂。身心靈三個面向對人體的整體健康缺一不可，但多數人往往只重視有形部分的改善，諸如手術、藥物、營養、運動，卻常忽視心理與情緒的靈性狀態，其實這無形的部分，才是終結所有疾病的最大根源。

世間萬物一切，皆是無形之事決定了有形之事，擁有感恩之心，是通往幸福人生的金鐘路徑，願你能虔誠修鍊，化作吸引美好的強大磁場，徜徉在生命的至善至美之中。

3 月 7 日

握住相信

再說一次！如果你想創造一生想要的夢想與事物，有三個簡單的步驟。

第一是向宇宙發出要求；
第二是相信你已經擁有；
第三是滿心歡喜的接受。

其中第二個「相信」是最難的步驟，很多人之所以沒能成功，是因為不相信自己可以成功，你知道選擇大於努力，但是在努力的背後，唯有先相信，才能踏出人生宏偉的一步。

你要在相信這個名詞當中，不存在任何的懷疑，相信自己意志不會動搖，相信自己是絕對的信任，相信無論外在發生任何事，你的心智依舊堅定不移。

假若，你正在學習一套課程，你對老師或教學的內容不存在相信，那你永遠學不到東西。

只有當你掌握住相信，才能主宰未來的人生！

3 月 8 日
趨勢

科技日新月異，活在這個資訊爆炸的時代，有很多東西學都學不完，對吧？

雖然手機龐大的資訊，三不五時會干擾你的心流和專注力，但不可諱言，這也是你財富重新洗牌翻身的機會。

怎麼說呢？每個世代都有它的趨勢潮流，假如把過去的流行搬到現在，這可是行不通的。所以，**你必須提早洞悉未來的流行趨勢，提前一步掌握大眾的需求，並順著這波浪潮去行動，你不需要刻意逆勢而為，順應時代的趨勢才是上策。**

陷入低谷的時刻，不要只局限在一條路，多找找其他適合你的軌道，如果你對一件事充滿熱愛、熱情、喜悅，必有乘勝追擊的工具為你所用，努力順應時代的趨勢，你想不成功都很難。

3 月 9 日

完全擁有

你是否意識到，你就是宇宙的傳遞中心？

每分每秒，你都在以自己的頻率向宇宙發送訊號，同時也在接收宇宙回傳的結果，想要實現心中的夢想願景，關鍵在於不斷傳送出你的渴望，最有效的方法就是：全心全意的相信，你的願望已經在宇宙中顯化成真了！

但是，如果你的願景遲遲未能實現，那是因為你的內心開始動搖、產生了懷疑，宇宙就會自動中斷你之前的傳送程序。

當它失去了你之前的信號，反而會接收到你從未想要的負面量，宇宙自然會貫徹始終，回應你的新訊號，於是你所收到的，就只有自己傳送出去的訊息：「我渴望的事物並不在這裡。」

也就是說，當你開始盤算如何實現願望時，實際上是將自己渴望的願望再次推開，當你想盡一切辦法、千方百計的追求夢想時，你傳送給宇宙的訊號無疑是：「你並未真正擁有你渴望的一切。」

唯有從內心深處散發出「已經擁有」的頻率，宇宙才能準確接收到你的信號，並為你傳送自己想要的一切願景。

夢想成真的最佳之道，就是徹底調整自我，回到「全然相信已經完全擁有」的頻率之上。唯有如此，宇宙的能量才能與你的願望共振，為你帶來真心嚮往的一切。

保持內心的充盈和滿足，對已經擁有的東西心存感恩祝福，美好的一切就會持續湧現在你的生命之中。

3 月 10 日

命運 ABC 法則

問妳一個問題：「如果現在有個男人，看到妳臉上的化妝打扮，突然間吐妳槽：怎麼長的跟妖精一樣！」

此時，妳會有什麼反應？妳一定感到十分不舒服，甚至氣炸了，對不對？

其實，妳所認為的這件事或這個人，讓你覺得很傷心很難過，事實上是取決妳對這件事的「看法」，而且經由不同人所講出來的話，妳的認知與收獲也會有所不同。

假如，你很討厭一個男人，根本也不愛他，他說妳長的像妖精一樣，那妳肯定會覺得很難受，甚至想把他給「奄」了。但如果妳很愛這個男人，他說妳打扮的像妖精，是否會覺得他是不是在誇我？

說到底，妳會感到一個男人到底是在罵我還是誇我，當下其實不取決於妳，而是取決於妳對這個人的看法。所以，這世上那有什麼好事和壞事，一切都是自己給自己下的定義，不是嗎？

既然如此，能否將發生在自己身上不好的事，讓它瞬間轉化成好事呢？

當然可以！現在，請你寫下筆記，那就是我想教你的「命運 ABC 法則」。

A：指一個事件或一個人
B：指你對這件事的看法
C：指這件事的最後結果

再問你一個問題：「你覺得一個人的情緒能量跟什麼有關？」

答案是「人」和「事」。

生而為人，你覺得可以控制明天即將發生什麼事嗎？控制不了對吧！

當你認為是事件、甚至是事件背後的這個人，決定了這件事是好事還是壞事，此刻的你，已經將選擇權交給了別人。換言之，當你覺得是 A 決定 C 的時候，命運早已掌握在別人的手裡。

我想與你分享的是，這個世界的真相，其實是 B 決定了 C，是你對這件事的看法，決定了這件事的最後結果。這件事到底是好事還是壞事，跟 A 這件事或這個人本身無關，而是跟你如何看待 B 這件事有關。

說白一點，就是你對這件事的看法，賦予了這件事的意義。

當你認為一件事是好事，它就會是好事，也會往好的一面發展。

當你認為這件事是壞事，它就會理所當然成了壞事，也會往壞的一面生發。

如何將發生在自己身上的壞事快速變成好事呢？還記得嗎？請隨時寫上這件事發生在我身上的十大好處，這麼做不僅能幫助你改變命運，還能迅速化解困境，扭轉乾坤！

3月11日
現在就行動

每年新的開始，你或許會滿懷希望，列下一長串願望清單，比如年薪破百、學習烘焙、精通理財、提升英語、取得各式證照、閱讀百本書、健身減肥、堅持慢跑、甚至出書演講等等。這些目標看似美好，卻也充滿挑戰，因為人都有貪心的一面，渴望同時兼顧許多事物，最終可能什麼也無法達成。

想要實現目標，專注力是關鍵所在，你必須牢記一個重要的原則，就是把你的目標深深植入潛意識中。當你如此做時，宇宙就會知曉，並啟動你的大腦，協助你朝著目標邁進，但要做到這一點，你必須學會斷捨離三件事：

首先，避免時間的浪費，時間比黃金更珍貴，尤其在你專注學習的時刻，更要隨時注意避免無謂的上網、社交媒體或其他消磨時間的活動，將手機切換至飛航模式或關機，並在固定時間內回覆訊息。此外，將自己不擅長的事外包，用金錢換取更多時間，這也是我一直努力在達成的願景。

其次，遠離阻礙你成長以及負能量的人，有些人總是負面打擊你、忌妒你的進步、懶於進取、或者只會索取而不給予，這樣的人必須果斷遠離，因為他們會成為你前進的絆腳石。

最後，不要總想著準備好才要開始，也不必等待完美的時機，因為那一天永遠不會到，你必須先行動，機會才會來。

現在就開始，積極積累實力吧！唯有走在別人面前，你才有機會取得成功的果實。

人生充滿著挑戰機遇，讓你放眼未來，勇敢追逐自己的夢想，並記住專注、斷捨離的重要原則，逐步邁向成功的道路。

3 月 12 日
理時

生活在資訊爆炸的時代，你是否經常感到生活很煩躁？該如何讓心靜下來呢？

如果我建議你從無所事事開始，相信你很難認同，因為你生來就是一個工作狂、賺錢機器，如果 24 小時把自己逼得太緊，也不是一件好事，所以，你該適時地放空自己。

假如，我們將生活與外界接觸的這段時間稱之為「陽」，那麼靜下心來、自我反省的時間就是所謂的「陰」。假如「陰陽」無法調和，放任不理抑或放蕩不羈，你的生活將被「陽」時時刻刻緊迫盯人。

這麼一來，你就很難保有自我獨處的時光，為了平衡自己生活的樣貌，請適時停下腳步，切斷網路訊息並騰空時間，讓心好好的靜下來，享受當下！

每個人擁有的時間都是一樣多，但同樣的一小時，有些人可以產出三小時的工作價值，有些人卻只能產出十分鐘的低頻效率。**若你想要有效的利用時間，關鍵在於是否能善用空閒的時間，將空閒時該做的事寫下來，之後當你有空時，只要從清單中選一件事來做即可**，假如你能夠做到這一點，即可減少無謂的時間浪費。

唯有養成「理時」的好習慣，你才能成為值得被信任、並交予重責的人！

3 月 13 日
正面念頭

當你對生活中的點滴抱持感恩之心時，神奇的事將會開始發生，感恩不僅是一種情感，更是一種能量，它能吸引更多的美好事物進入你的生命。

你不需要刻意去追求好運，只需相信自己已經擁有所需要的一切，當你真誠感謝當下所擁有的東西，宇宙就會為你打開更多的大門，讓美好源源不斷地湧入你的生活。

你要做的是：「要求相信」，把自己置身於接收美好事物的頻率中，不要讓負面情緒阻礙你的道路，而是將每天的念頭都種植成美好的種子，讓它們開花結果，把生活染上幸福的色彩。

你壓根兒都不必去擔心負面的事物，也不要試圖控制它。**每天都有存在正面念頭，就能種下許多美好的想法**，當你開始擁有美好的念頭時，就會吸引更多美好的事物，因為所有美好的想法，都會為你消除一切負面的念頭。

3 月 14 日
富足

很多人存在匱乏的想法，總認為自己得不到內心渴望的富足，這個世界財富本來就有限，無法分配給所有的人，看到別人比自己更富有就感到不公平，你的認知是因為別人享受富足，才會剝奪其他人變成富人的權利，如果你總是這麼想，財富將與你漸行漸遠。

為什麼我這麼說呢？因為別人的成功模式，並非是你缺乏成就的主因，你之所以無法成功，是因為你內在的負面比較，把注意力放在無法達成的願景上。

當你指責別人不公義、浪費財富、自私，沒有足夠的財富可以分配給所有人，這麼一來，負面情緒將會跟隨你的財富如影隨形，讓自己陷入無法富足的狀態。

別人擁有什麼事業、賺多少錢、有多大的成就，這些其實跟你完全沒有關係，你的思維散發無形的正負能量，才是真正影響富足的唯一關鍵。

你所體驗到的富足或匱乏，跟其他人擁有什麼或做了什麼根本無關，它只跟你的想法、以及發出的思維訊號有關。如果你希望自己的財富增加，就要開始運用正向思維，來成就屬於

自己的故事。

你應經常保持這樣的正向思維：「我要努力變成自己最好的模樣，我的行為和生活方式，都會符合心中最好的美善，在這個有形的身體中，我想要與心目中最好的生活方式契合一致。」

3 月 15 日
洗塵忘憂

每一天的生活中，你可以隨時敏銳察覺自己內在的感受，只要感覺到負面情緒上身，請立即停止引發這種情緒的想法，因為代表這段時間，你正在創造出負面的事物。

唯有在你創造出負面才會產生負面情緒，因此，當你發現負面情緒不斷困擾你的生活，無論它從何而來，也不論實際情況如何，請立即停下手邊的工作，把思緒集中在令你覺得更快樂的事物上。你可以選擇閱讀一本書、欣賞一部電影、安排一趟旅行、遊玩一場遊戲、享受一頓美食、外出運動健身。

生而為人，努力的背後，總有彈性疲乏的時候，一旦超過這個載點，很容易引爆負面的情緒。

每天花 10 到 15 分鐘的時間，練習用心去創造生活，在不被人打擾或分心的地方，靜下心來洗塵忘憂。

感恩你所擁有的美好一切，想像周圍都是令你感到愉快的事物。

3 月 16 日
意念磁鐵

為了讓宇宙幫你推向快樂更美好的事物，首先，你必須環顧四周，感謝此時此刻美好的一切，請尋找生活中所有美好的事物，並珍惜上天給予你的恩典。

貪婪和不滿足，不會為你的人生帶來更快樂、更喜悅的事物。

這種感覺只會讓你卡在現狀動彈不得，若你能對擁有的一切表達感謝，就能將更多的快樂、更美好的事物吸引到你的身邊。

當生活出現計劃趕不上變化，並影響到你的人生目標時，通常都會把它貼上不好的標籤，若是抗拒或逃避這樣的改變，自己就會身處於悲傷、痛苦、受罪的情境中。

但是，你永遠可以透過自由意念，去選擇自己該走什麼樣的路，因為在整個宇宙中，絕對不會只有一條路，無論你發生什麼事，碰到什麼樣的人生低谷，永遠不會被困到沒有出路。

因為，你永遠都有兩條路可以選擇，一條是正面的；另一條是負面的，而我相信你會選擇走正面的那條路。

命是上天決定的，但運卻是隨機的，這便是自由意念的魔力所在！

相信我！你就像一個磁鐵，隨時保持豐盛與感恩之心，就能吸引更多幸運的人與事。

3月17日
堅持

我在網路上看過這麼一則故事……

在奧地利的鄉間，生活平淡的布魯克家庭貧困而艱難，母親早逝，父親後來也受傷無法工作，家中負擔落在布魯克的肩上，尤其有兩個年幼的弟弟需要照顧，他的責任更加沉重。

某日，一位匆忙的顧客帶來一雙破損的皮鞋，希望布魯克能修復，布魯克技術嫻熟，很快就修好了鞋底，讓顧客感到滿意，顧客感慨的說：「小伙子，謝謝你把我的皮鞋修好了，這是我最喜歡的一雙，你不僅修復得很好，還把它擦得像新的一樣。」

附近的同行私下議論說：「布魯克做得太多了，顧客只付了修鞋的錢，他為什麼還要幫他們擦得那麼亮呢？這樣做只會害了自己，注定一輩子都會窮困潦倒。」

然而，布魯克並不在乎這些話，他仍然默默地繼續自己的工作，他相信只要對得起自己的良心，就已足夠了。

後來，布魯克得到了一家皮鞋工廠的雇用，專門修補製造中的瑕疵皮鞋。多年後，那些曾經嘲笑過他的人仍在街上修補皮鞋，而布魯克已成為奧地利最大的皮鞋工廠製造經理。

布魯克用自己的努力和堅持，譜寫了人生的一段傳奇。

如果說，成功有捷徑的話，那就是完善自己，時時刻刻準備著——改變。

意志變強，困難就會變少，

眼光拉遠，機會就會變多！

3 月 18 日
成為對的人

與你分享一則故事的感悟……

一位年輕人到了陶瓷店買碗，他隨意拿起一個碗，然後輕輕地與其他碗相碰，但碰撞間發出的聲音都沉悶而不清晰，他感到大失所望，搖了搖頭，然後繼續嘗試下一個碗。

他幾乎試遍了店裡所有的碗，卻沒有找到一隻滿意的，甚至老板推薦的店裡精品，也被他失望地放回原處。

老板對此感到困惑，問他為什麼總是用手中的那隻碗去碰其他碗，意圖何在？

年輕人得意地告訴老板，這是一位長者傳授給他挑選碗的訣竅，當一隻碗與另一隻碗輕輕碰撞時，發出清脆、悅耳的聲音就是好碗。

老板恍然大悟，拿起一隻碗遞給他笑著說：「小伙子！你拿這只碗去試試，保證你能挑中自己心儀的碗。」

年輕人半信半疑地依言行事。

當他奇怪自己手中拿著的每一隻碗，都在輕輕碰撞下發出清脆的聲音，他不明白這是怎麼回事，驚問其詳。

老板笑著說：「道理很簡單！你剛才拿來試的那隻碗本身就是一個次級品，你用它來試碗聲音必然渾濁，你想得到一隻好碗，首先要保證自己拿的也是隻好碗，就像一隻碗與另一隻碗的碰撞一樣，一顆心與另一顆心的碰撞，需要付出真誠，才能發出清脆悅耳的聲響。」

自己帶著猜忌、懷疑甚至戒備之心與人相處，就難免得到別人的猜忌與懷疑。

其實，每個人都可能成為自己生命中的貴人，前提條件是你與人為善，你付出了真誠，就會得到相應的信任；你獻出愛心，就會得到尊重。

反之，你對別人虛偽、猜忌甚至嫉恨，別人給你的，也只能是一堵厚厚的牆和一顆冷漠的心。

3 月 19 日
相信希望

如果你現在很失意，對於前途感到十分茫然，你要相信希望就在不遠處，但該如何讓自己充滿希望呢？

以下我提供三個方法。

第一：寫下希望

拿出一張卡片，寫下心中最深的希望與需要，它可以幫助你在最灰心、最無助的情況，找到堅持下去的力量。

第二：相信希望

如果沒有打開窗簾，太陽升起你也看不到，如果你不相信希望，就感受不到自信，你必須表現得好像希望成真一樣，就能找回自信。

第三：走向希望

人生道路重要的不是出發點，而是你前進的方向，所以趕緊踏出你的第一步吧！

3 月 20 日
笑應

每天被生活壓得喘不過氣來，你的臉上已經多久沒有笑容了？

也許是一帖療癒劑，就能讓你笑口常開、胸襟開懷，大腦就會積極分泌三種能產生快樂幸福的激素：血清素、多巴胺、腦內啡。

這三種快樂激素，不僅能降低煩惱，讓身心健康愉快，常笑更顯得年輕，好處多多！

尤其爽朗笑聲也會感染周遭，使原來緊繃氣氛，變得和諧，「出手不打笑臉人」就是一個很好例子。

笑，既能使身心變得健康快樂，好處也多，你應時常保持和顏笑容自愉怡人。

與此同時，你更要學習彌勒佛的智慧：**「大肚能容，了卻人間多少事；滿腔歡喜，笑開天下古今愁。」**

3 月 21 日

寬心

一路走一路悟，隨著歲月的增長，你心中的智慧也將隨之加深。人生在世，最重要的就是懂得珍惜快樂，只要保持喜悅，希望就會一直伴隨著你，生活也會多姿多彩，未來必將充滿著無限可能。

生活就是平凡的凡塵，你需要做的是平凡的事，儘管柴米油鹽是瑣碎的，但沒有人能離開它們；大事小事雖然會讓人勞心，但你也無法避免它們，這就是生活的真實。

在煙火綿綿的生活中，溫暖在延延不斷，它足以撫平你心中的不安和浮躁，擁有這些平凡的溫暖，讓你的日子變得更加充實，你會發現，快樂其實一直都在你身邊。

想要快樂，就要保持寬心，想要走出困境，就要樂觀面對。人生中苦與樂是相伴而生的，但儘管面對苦難，你仍然可以從中找到樂趣。

所謂的智者，他們都懂得將苦轉化為樂，超然地面對人生的種種挑戰。

3 月 22 日
心路

世界上最難解的鎖是心鎖，最難開的門是心門，最難點亮的燈是心燈，最難走的路是心路。

當心門緊閉時，世界的美好就無法進入生命中，你需要感激兩種人：一種是那些敲開你心門的人；另一種是那些與你一同共度心路歷程的人。

人的一生，許多東西不是靠珍惜就能留住，有些人、有些事，無論你是否願意，都會悄然退出你的生活與記憶。

你不必過分執著，但要永遠珍惜那些值得珍惜的人，關心那些在乎自己的人，如此的人生，已經足夠。

3 月 23 日
人脈即財富

你知道如何讓別人喜歡與你為友嗎？

首先，你得具備良好的品德：

你對人真誠，待人厚道，心地善良；你守規矩、有方圓，待人有禮貌，並充滿愛心，與你相處讓人感受到溫暖和安心。

其次，你具備實用價值：

你能夠給予他人實用的幫助和價值。

再者，你具備豐富的見識：

和你交往能夠打開眼界，擴大思維的格局。

你擁有良好的溝通能力：

你願意聆聽別人的想法，並且能夠提出有價值的見解。

你能夠欣賞他人：

你願意認可別人的價值，欣賞他們的獨特之處。

此外，你具備幽默感：

和你在一起，能夠帶給別人愉快的心情，絕不會感到無聊。

最後，你懂得用心：

你懂得用真情和用心來交友，深知人脈就是財富，積極的正面能量能夠帶來無限的可能。

當面對事情時，你懂得保留一部分信息，不必將所有的事都說出來，不要輕易相信所看到的一切，聽到的話要加以思考和篩選。

經過一段時間的累積，你將會發現，你身上散發出的能量，會讓你成為更強大的人，同時也將成就大業。

3月24日
快樂做自己

生活，不是一場你死我活的激戰，別讓那競爭的霧氣籠罩了彼此的陽光，放下你的盔甲，攤開雙臂，用包容與理解的熱情來擁抱對方吧！那些曾經被冰封的心湖，會因此而解凍，清泉將重新湧現。

別以為這個世界圍著你轉，每個人都有獨特的人生軌跡，亦有各自不同的見解和領悟，與其僵化守著自己的立場，不如虛心學習，尊重彼此的獨特性。

有時，你會把自己看得太高，以為周遭的一切都該圍繞著你轉，摘下那頂高高在上的冠冕，打開胸懷，才能真正感受到這個多姿多彩的世界，放開心胸，包容他人，你才能真正享受幸福與自在。

人們總是對你忽好忽壞地評頭論足，但並不能決定你的價值，保持一顆淡定的心，你會發現那些流言蜚語就像風中的殘雲，轉瞬即逝。

反倒是，那些與眾不同的人，往往成為了眾人矚目的焦點，或許證明了你的與眾不同和卓爾不羣之處。

你無法左右別人的言行，但你可以選擇如何應對，拋開那層敏感的外衣，用開闊包容的心態去迎接這個世界，堅定地邁步前行，命運的大門將為你敞開！

3 月 25 日

看透一切

當你的視野遠大到能將整個世界盡收眼底，你不會對這個紛繁世界失去信心，反而會活得更加坦蕩自在，當別人向你獻上讚美的花束，你會淡然一笑，心如止水；當閒言閒語的暗箭射來，你亦浪不驚慑，靜若處子，就如庭院裡的嬌花綻放凋零，你對於得與失都視作雲卷雲舒，來去無牽掛。

當你看透一切，你的心胸也就寬廣無邊，你不會再對一些小事耿耿於懷，不會再為一點瑣事斤斤計較，你會甩開虛幻的束縛，不再無謂的人事物上空耗時光，你會擁抱最真實的自己，遠離虛偽，熱愛誠實。

當你看透一切，你會明白生命的無常，滄海桑田的變遷，你會對那些讓你難以接受的人事，報以寬容的微笑，因為你清楚知道，每個人都需要溫暖的陽光，遠離消極的能量。

當你看透一切，你會明白健康的重要無比，比金錢地位都更為珍貴，你會珍惜這具肉身，因為當它受創傷的時候，再昂貴的醫療費用也無人為你買單，唯有你自己承擔。

當你看透一切，你就會懂得生命的意義和價值，感恩這份生命的禮物，感恩這美好的人生，生命需要大愛的關懷，人生貴在掌握真知，活到最後，不過是一個「情」字，當然，那是說真情實意。

當你看透一切，你就不會再無故落入悲傷，不會再有太多遺憾，不要讓自己活得太累，也不要給自己和別人太多壓力，人生本就不易，活著就要互相珍惜。

當你看透一切的時候，你對生命最真實的感觸就是：「活著，真好啊！」

3 月 26 日
心淨

如果你的大腦，正想著一些負面的念頭，而你仍然不自知。現在，請立馬靜下心來，閉上你的雙眼，並且在 30 秒之內不要再想任何事。

你一定有過這樣的經驗，當你決定不讓任何負面念頭影響你的情緒，但它們還是會突然的冒出來，此時你就會了解，這些負面情緒會在你不知道的情況下出現，如果你的心智不聽從你的指揮，無法停止靜下來 30 秒，你能想像一天當中，生活會帶給你多少的負面念頭嗎？

想要改變負面念頭，並且掌控你的心智，其實很容易，你要做的就是練習 30 秒內不要有任何念頭，即使在很短的時間裡，你依然能夠停止所有的負面情緒，直到你決定是否要持續思考為止。

當你成為心智的主人，隨之而來的正面情緒將令你難以置信。最後，你也將成為擁抱正能量大師。

佛陀：「心淨則佛土淨。」

3 月 27 日

思想頻率

你知道嗎？你所說的每一句話，其實都存在著能量和頻率，經由你的嘴巴說出來，它就會被釋放到宇宙的空間裡，天道也會回應你所說的每一句話，當你使用非常負面的字眼，比如：

「我做不到！」

「這不可能！」

「生活帶給我許多恐懼壓力。」

如果你經常用這些負能量的思維，去描述你人生所有經歷的一切，等於你正在向宇宙發送一個強大的負面頻率，透過宇宙自然法則，祂只會將更多不好的負面能量，不間斷的回饋給你。

宇宙能量規律是中性的，祂只會對應你當下的思想頻率，於是，當你強而有力說出你想要的事物，以及使用強烈的負面字眼，說出你不想要的一切，這可有多麼嚴重了！

是故，你想要擁有財富的感覺，請相信現在已經擁有，然後讓自己身心處在快樂、美好、喜悅的感受之中，宇宙就會不斷吸引財富到你的身邊，同時也將帶給你賺錢的機會，至於能否掌握，一切就得靠自己了。

有句話說的很傳神：「金錢不會帶來快樂，但快樂卻能帶來金錢。」

3 月 28 日
內在顯化

《外在世界是你內心的投射》上篇

這篇文章非常非常的重要，你們一定要認真看，我也會對這篇文章進行一個解說。

親愛的朋友，你知道外面的世界都是你的投射嗎？我們經常藉由處理外在危機，來象徵性解決內心的危機，所有顯現在我們內心的都會被外在化，如果你目前正遭受生活的危機，比如婚姻危機、事業危機、信心危機，然後你告訴我，因為我事業失敗了，所以我常常感到很自卑，面臨新的危機。

常常聽到很多人告訴我，我的婚姻面臨危機了，因為我的先生或太太有外遇，我們之間沒有辦法溝通......

今天我想告訴你的是，一般我們所認識的自己，是外在危機發生之後產生的恐懼不安，這是因為你沒有找到自己的本心，一個沒有找到本心的人，會覺得事業危機，以及信心也跟著出現危機；因為我的婚姻出現了危機，所以我對人性充滿了失望，但是我們追求的身心靈不一樣，所有外在的危機都是你內在危機的顯化，我們常藉由處理外在危機，來象徵解決內心的危機。

這是什麼意思呢？我來舉個例子。

以臺灣來說，經濟正在走下坡之路，加上少子化，讓很多人開始擔心年輕人的未來，各個行業都比較蕭條，年輕人賺的錢越來越少，將來不知道怎麼養活自己。

大家知道為什麼會有經濟危機嗎？簡而言之，就是社會物質變得豐富，但是心靈的豐富，卻沒有相應的增加而造成焦慮。當你很窮的時候，目標很簡單明確，就是要賺錢，當一個社會普遍處於貧窮，千千萬萬的人目標就是要錢的時候，這個時候生命有沒有意義？有沒有挑戰的目標呢？

有！當社會所有人都有錢的時候，接下來的目標在哪裡？大家都會很明確的告訴我，花錢享受活得更長一點，其實你不太容易找到答案對不對？當社會裡大家都有錢的時候，缺乏了原本的目標，心靈就會產生空虛。當這個社會都有錢了，整個社會的層次反而沒有提升，未來若要開始追求更上一層樓，就得更強化心靈的富足。

但，回頭來看看我們的社會，當你開始慢慢有錢以後，卻漸漸地失去了生活的原本願景。比如很多夫妻在奮鬥的過程，感情非常好，有了錢就開始作怪，當一個家庭小康的時候，小孩子很團結，大家都很乖。當這個家有錢的時候，開始要用錢來打發小孩，然後因為有錢而漸漸失去了溫暖，婚姻關係亦如是，絕大多數的人會因為變有錢後，開始尋找其他的目標。

整個社會的人心，沒有因為經濟變好，而找到靈魂的目標和挑戰，所以社會經濟會再掉回沒有錢時的狀態，以至於變成有錢又是大家共同的目標了，這就好像**如果一個人失去了生活的重心挑戰，他就會生病，常見的就是頭暈、自律神經失調，因為他已經缺乏目標，這實際上是內心的危機，如果說社會面臨經濟危機，實際上是心靈的危機，是心靈缺乏了價值感，因為你不知道活著做什麼。**

沒有錢的時候，你很清楚，活著就是要賺錢養家餬口，當你有了錢以後，你根本找不到下一個目標，我跟各位保證這樣的人，他會掉回沒有錢的狀態，因為這種狀態下的目標他會更明確。

這就是痛苦的輪迴，也是我們來到這個世間，一直深陷貧窮和有錢之間的輪迴遊戲，我們一直在玩自我的遊戲，歷代經濟也是在玩自我的遊戲，自我的遊戲就是在很窮的時候，唯一生命的目標跟生活的意義，就是把孩子帶大，家裡要有飯吃，買棟房子、買輛車就覺得很滿足了，但滿足之後呢？我們很少會問自己一個問題，當你有了錢，可是心靈卻沒有提升起來，你會掉到沒有錢的狀態，以至於你又有了一個很明確的目標，就是要賺錢。

捫心自問自己：「一直把有錢設定為自己人生的定位，這真的是你要的人生嗎？」

3月29日

內心投射

《外在世界是你內心的投射》下篇

你曾遇過不想上學、唸不下書的孩子嗎？我經常能感受到他們面臨補習的課業壓力，以及內心的危機，因為這些孩子從小到大，他們不知道自己將來要做什麼，慢慢長大以後，他們活在完成父母的期望上，想要變成父母眼中的好孩子，但在自我內心卻找不到平衡點，這樣的孩子會讓父母很驚訝，因為他們從小很乖、很聽話、很上進，關鍵的時候卻突然崩潰了，這到底是怎麼回事？

很簡單！因為他面臨了自我認同的危機，一旦慢慢長大後，他不曉得要如何做自己，也沒有完全符合父母的期待，他對自己非常迷茫也找不到自我，這就是自我認同的危機，所有的危機都是內在危機的外在顯化。

親愛的朋友，過去的你不斷在處理外在危機，今天我要告訴你開始思考一件事，當你碰到事業危機的時候，可能不是事業危機，而是你對自己的信心產生了危機，因為你壓根兒對自己的信心不足，所以當你要轉行，或者你的事業想更上一層樓的時候，你卻不敢邁出那一步。

過去，我們一直認為被外在的環境所決定，但是今天我要告訴你，外在的環境是由你的心念決定的，但是心念不是說人家打我卻不生氣，或者說事業沒了叫我不要難過，而是要找到更深層次的創造性信念。

比如說，當你的婚姻出現危機，真的是你的婚姻危機嗎？它是否是你內心的危機呢？還是你安全感的危機？當你在處理婚姻危機的時候，其實是在處理對自己信心的危機，你如何回過頭來看你的內心，將從小到大遇到的危機重新審視一遍？

精神有疾病的人，會經常想去拯救這個世界，彷彿明天世界就要毀滅了一樣，任何想要赤手空拳拯救這個世界的人，其實他想要拯救的並不是這個世界，而是他自己的世界正在瀕臨毀滅的邊緣。

當一個人內在的危機投射到外在的世界時，其實他拯救的是自己，如果你想拯救這個世界，首先你得拯救自己內心的世界。

換句話說，你得先拯救你自己一個人的世界，再來拯救你所看到的周遭世界，如果順序顛倒過來，那就是本末倒置了。

所以，當你覺得這個世界不好，你需要先改變自己內心的世界，因為外在的世界是個幻影，內在的世界才是實相。眾人外在的實相，就是集體內心的投射，如果你想改變這個世界，或者想改變一個人的職業、未來的人際關係，其實很簡單，你必須從改變自己的內在世界開始。

記住這句話：「外在所有的一切事物，都是你內心世界的顯化。」

3 月 30 日
豐盛富足

你知道窮人為什麼窮嗎？因為他的內心世界，始終認為這個世界充滿了貧窮，充滿了匱乏。當你處於一個匱乏的狀態，根據宇宙自然法則，你就會吸引更多匱乏的人，進入到你的生命中，持續給你創造匱乏的象。

所謂內在豐盛外在才能富足，當你的內在一直處於富足的時候，自然就會吸引讓你富足的人和事出現，在你的生命組成一種境遇，讓你看到財富真的就像一個投影，那個投影屏幕之所以能夠投出影像，是因為投影員改變了這個投影。

我們活在兩個世界裡，一個是閉上眼睛，感受到的內在世界；一個是睜開眼睛，感受到的現實世界，外部世界是由內部世界決定的，物質世界是由精神世界決定的。

記住這句話：「內在豐盛外在才能富足」。

外面什麼都沒有，只有自己外在所有的一切，才是你內心世界的投影，從今天開始相信自己是原本具足，相信自己本身就是豐盛，相信自己本身就是財富，然後你就能活出原本具足的富足狀態。

3 月 31 日
相信的力量

我們往往太過沉溺於負面的想法與情緒，而忽視了正面能量所蘊藏的強大力量，是時候讓自己徹底解放內心，接納和相信那些積極向上、溫暖人心的力量了！

信任是一切事物的基石，無論是企業還是家庭，若缺乏信任的凝聚力，都將難以長存。對於企業而言，相信員工的能力、相信老闆的決策、相信客戶的信賴，這份互相信任將成就無數成功的合作契機。

這也如同你們的家庭一樣，父母相信孩子、夫妻相信對方、家人相互支持，這份家庭就會充滿溫馨和幸福。

健康亦源自信心的力量，當你開始相信身體會好運，身心就能遠離疾病的侵擾，活力自然迸發。

是的！假如你不相信，人生就不會真正開始，人生的每個里程都是從相信而生。

進一步將這份純粹的信念，昇華為堅不可摧的信仰，堅信美好的事物終將實現，堅信黑夜過後就是熹微的晨曦，堅信只要你用心相信，就能創造萬事萬物，當信仰在心中紮根，你就能化被動為主動，成為命運的主宰。

走過了人生的起起伏伏，你是否也感受到正能量的強大力量？

現在，就讓我與你攜手走向充滿希望的人生大道吧！

4 月 1 日
天賦、軌道、使命

你知道，人為什麼要有自信嗎？

因為自信是成功的基石，我從來沒有看過一個不自信的人可以成功，無論這個人做什麼行業，他一定是一個很有自信的人，為什麼會有自信？自信又源自於那裡呢？

你一定要記住，**自信來自於兩點。第一個就是夢想，第二個就是做你擅長的事**。上帝不會製造垃圾，每一個人來到這個世界上，都是帶著使命來的，上天為了讓你完成使命，它會給你一個天賦，當你拿到天賦進入自己的軌道、並且完成使命的時候，你會發現人生特別的順利。

為什麼很多人不成功？

因為他一輩子都沒有找到自己的天賦，一輩子都沒有進入自己的軌道，你的天賦是什麼？你的使命是什麼？你的軌道又是什麼？一旦你找到了天賦，找到了自己的軌道，你就會開始完成自己的使命，瞬間擁有強大的自信，所以自信最重要來自於這兩點。

你一定聽過這句話：「幸運的人，用童年治癒一生；不幸的人，用一生治療童年。」

4 月 2 日
升起夢想

有很多人問我：「老師！我怎麼樣做才能擁有夢想呢？」

其實，升起夢想最大的核心就是兩個字，叫做行動！

你的夢想是怎麼來的？沒有觀世界又何來世界觀。一個孩子沒有夢想，就像鳥兒沒有翅膀，長大以後無法飛翔，那要如何升起夢想呢？

帶他們走出去看一看，並見識一下這個世界。

生而為人，一定要有自信，一定要相信自己，每一個人都是自己世界的王者，都應該成為生命中的領袖，你跟文堡老師相同，也跟全天下所有成功的人一樣。

不管是馬雲、郭台銘、王永慶、李嘉誠、比爾蓋茨 ...... 他們曾經都和你如出一轍，所以你得強大起來，必須擁有自信，**當你有了夢想，才能實現自由。**

這個世界上很多人都沒有夢想，別人可以成功，你也一定能成功，文堡老師有自信，你也應該要有自信。

自信不是別人給你的，而是你自己感受生發出來的。

4月3日

大學生可否創業

大學生出社會該不該先創業？我的建議是NO！因為一創業就有可能GG，你未曾經過社會的歷練，你怎能去創業？而是先去找一份工作，並且體驗這個社會。

不論你再有錢，你也不能去創業，而是先去體驗，大學生想創業，應該怎麼去體驗呢？首先，先找一間非常大的公司，只有去過大公司，如果以後你的公司做大了，你再創業做大公司。第二個是找一個小公司，非常小的公司，就是剛開始創業的公司，第三個找一個中型的公司。

也就是大中小三家公司全部都歷練過，你會知道小公司是怎麼做大的？大公司是如何經營的？中型公司是怎麼轉型的？然後你要找成功的公司，也要找失敗的公司。成功的公司，你知道它是怎麼成功；失敗的公司，你也知道它是怎麼失敗，那麼你未來創業就可能避免失敗。

再者，大學生去打工一定要記住，要把那家公司當成你自己的公司來做，只有當你把那個公司當成你自己的公司的時候，你才能把自己當成公司的老闆一樣，你才能吸取到這個老闆的成功和失敗，這是第一點給你們的建議。

第二點是什麼呢？適合做什麼樣的工作？首先就是讓你能

夠成長的工作。**記住！比起賺錢，更重要的是成長，只有你成長了，成果自然就來，所以你要找能夠讓你成長的工作。**

比如說這間公司，它的培訓系統非常好，培訓公司若為直銷公司，一般來說培訓系統都非常不錯，可以讓你快速成長，那麼這種公司你就可以做，即使不給你加薪，你還是得願意做。

第二種就是你想創什麼樣的事業，你想在這個行業創業，你就去找一間這個行業的公司去做，因為你只要做過這個行業的公司，然後你再出來創業的成本是非常低的，而且成功率也會提高。

比如說一個人做 IT，他從來沒做過，他立馬跑去創業，那麼失敗率肯定很高。若一個人做了 15 年的 IT，他已經非常懂 IT 行業，而且透過 15 年的工作經驗，積累了 IT 界大量的人脈和資源，這個時候他再去創業的成功率將會非常的高。

其實很多小老闆創業成功都是如此，在同一間公司做了十幾年，然後非常了解，有了專業知識、人脈資源，然後一出來創業就有可能成功。

第三種公司，就是找一個能夠讓你快速賺到錢的工作，就可積累創業的第一桶金，激勵你的創業成本。

第四種公司，就是找一個能夠讓你積累人脈，也就是你能用到人脈積累資源的工作，不管是人脈還是項目資源皆為可行。

所以，大學生出來要懷著一個夢想，我要成為企業家，我要創業，但是我今天先打工，但是打工的每一家公司，都把它當成我自己的公司來做，然後不停地尋找，突然找到一個行業，你覺得自己要在這個行業創業，那麼就開始到這個行業最頂尖的公司上班，上過幾年班後，你積累了公司所有的經驗及人脈資源，這個時候才可以談創業兩個字。

如果到這個階段，你會非常有自信，因為在這個公司你已工作了很多年，已經知道這就是你的軌道，同時也找到你最擅長的工作。

成功就是找到自己的優勢，把它發揮到極致，沒有人沒有缺點，每個人都有缺點，高手不是把缺點變不見，而是找到優點把它發揮到極致。

有很多人問我：「我會進攻，但是我不會防守，該怎麼辦呢？」很簡單！**你就只做進攻的事，然後你再找一個只會防守的人，兩個人一合作就是雙劍合璧、天下無敵。**

所以你會進攻就只做進攻，夥伴會防守就只做防守，這就是所謂沒有完美的個人，但卻有完美的團隊。

期盼這篇文章能帶給大學生更多的自信，從此不再迷茫、不再痛苦。

4月4日
銷售信念

不知你有沒有發現，當你不好意思跟客戶銷售的時候，客戶就好意思拒絕你，你越不好意思對方越好意思；但是當你越好意思銷售，對方反而會不好意思，你越好意思對方就會越不好意思，對不對？

我來舉個例子，你有沒有遇過這樣的朋友，每次吃飯一定是你買單，他從來沒有買單，但是你跟他在一起，你不買單反而會不好意思，他不買單他會非常好意思，我就曾遇過很多這樣的朋友。換句話說，兩個人的磁場就是此消彼長，你知道是什麼意思嗎？

還是那句老話，你越好意思對方越不好意思，你越不好意思對方越好意思。**當你不好意思向對方銷售的時候，對方就會好意思拒絕你；當你好意思跟對方銷售的時候，對方反而不好意思拒絕你，你之所以今天沒有突破業績，就是因為你被人拒絕的次數太少！**

那麼，要怎麼讓自己突破好意思呢？方法很簡單，請你去大街上對著陌生人，然後喊三次：「我不要臉！」見人就喊，喊了三天下來，你就能完全突破了。

此時，你壓根兒就不會在乎別人怎麼看你了，你是否有發現，越是成大事的那些頂級領袖，越不在意別人怎麼看他。

所以，不要在意別人怎麼看你，84,000 個人看你就有 84,000 個你，所以你是你，你非你，沒有人可以定義你，只有你可以定義自己，只要你賣的產品真的能幫助到消費者，你為什麼會不好意思銷售呢？

你反而要大量的銷售，要大量的行動，要好意思去銷售，他不買是他的損失，永遠記住這句話：「成交一切都是為了愛！」

我想給你輸入一個價值百萬的成交信念，記得一個非常重要的銷售觀念，那就是－銷售最重要的是信念不是方法，教會你一百種方法，但你沒有銷售的信念，最後也用不出來。

只要給你輸入百分之百的銷售信念，你不需要學習任何方法，就可以生出百萬的業績為自己所用。

4 月 5 日
有感覺的做事

如果，你今天做那份事業不是你有感覺的，不要再去做了，你做一輩子也不會成功的，而是要去找一個有感覺的事業，有感覺的事你就會有激情，也會有自信，你就會生發成功的狀態。

所謂的成功，就是做有感覺的事，有感覺的做事。

人這輩子最大的悲哀，就是找了一個沒感覺的人，做了一件沒感覺的事；人生最重要的就是事業和家庭，如果你做的事業沒感覺，上班就如同坐牢一樣，還不如宅在家裡躺平。

身邊躺的那個人，你對他沒有感覺，我說過這樣一句話，叫做一個偉大的男人，背後一定有一個偉大的女人，女人引爆了男人，男人贏得了天下。但是為什麼你身邊那個女人無法引爆你，因為你壓根兒對她沒什麼感覺，兩個人在一起若沒感覺，說句玩笑話：「連做愛都疼。」

所以，人這輩子活著最高的境界是什麼？就是找到一個愛的人、在愛的地方、做愛的事業。什麼是愛？ 就是有感覺嘛！

以下這段話太重要了！

成功，就是做有感覺的事，有感覺的做事，成功就是做你自己。

你永遠無法成為完美的別人，但你可以成為完美的自己。

4 月 6 日

成功的信念

很多人都在追求成功，到底什麼是成功？

其實，成功是一種狀態，成功是一種感覺，你感覺到你是成功的，你就會成功。

很多人會認為有了錢才算成功，如果今天沒有錢，我就不成功，內心就會自卑沒自信，然後什麼事都做不好。

到底是你先成功了，才會有成功的感覺？還是你先有了成功的感覺，才會成功呢？答案一定是後者，**只有你先感覺到自己成功了，才會真正擁有自信、擁有夢想、擁有狀態，到最後創造了成功的結果，**

記住！是感覺在前，結果在後。

沒有人會全力以赴做自己沒有感覺的事，你都不相信自己，怎麼可能做好這件事呢？明知道對這件事沒感覺也做不成，為什麼不去找一個自己有感覺的事業來做？

每一個人都可以成功，只要你找到了自己的優勢，只要按照本書講的信念，你就可以創造無與倫比的成功人生。

我在成功的彼岸等著你！

4 月 7 日

活在當下

什麼是「臨在」？如果你看不懂，我用最簡單的一個詞來解釋，那就是「活在當下」。

你多久沒有活在當下了？你知道人為什麼會痛苦嗎？**人之所以會痛苦，那是因為你始終活在頭腦裡，我們的大腦裡只有過去和未來，而過去全都是痛苦，未來全都是恐懼。**

你有沒有發現，當你開始用頭腦思考，它就會將你拉回過去或未來，當你正在看這本書時，發現人在但心不在，那麼這本書對你絕對沒有幫助。

我想跟你說的是，其實人的大腦只是一個工具，它的最大功用是記憶和邏輯分析。換句話說，它不具備創造力，人類所有的靈感及創造力，都源自於我們的心，這個世界最偉大的力量是心的力量，而不是腦的力量。

佛學最高的經典是「心經」而不是「腦經」。所以從今天開始，請你從頭腦裡走出來，將過去不好的記憶從大腦拋棄，一輩子千萬別再回到過去。

現代人為什麼如此焦慮？我發現越有錢的人，看身心科的比例不減反增，但你有沒有想過，很多焦慮的事其實都沒有出現，也來不及發生，因為它一直都在未來，一切都是你「憑空」想像出來的。

說白一點，你所有的焦慮和恐懼，全都是未來尚未發生的事，但你又何苦杞人憂天？

「未來公司倒閉失業了該怎麼辦？」—你根本都沒失業在擔什麼心？

「我的小孩考不上好大學怎麼辦？」—大學都還沒考你在煩惱什麼？

「老公跟別的女人跑了怎麼辦？」-—妳想太多囉！老公根本還沒跑嘛！

「等我老了小孩不孝順怎麼辦？」—放心！你會安排過好你的下半生。

看到這裡，不知你有沒有感覺，人所有的痛苦和煩惱，都是大腦自己想出來的，而且那全都是假的，因為一切都尚未發生。

你的人生既沒有過去，也沒有未來，人生唯一可以去的地方就只有當下！

所有的過去，都是由每一個當下所構成；
所有的未來，都是由當下每一刻所組成。

當你安住於當下的時候，你會發現原來這個世界如此地美！
因為，當下只有愛、喜悅和祥和。

4 月 8 日
朋友感恩

人生，有如一場盛大的冒險旅程，朋友就是你最可靠的伙伴嚮導，他們用真誠點亮你的黑暗，用理解拂去你的迷惘，用包容溫暖你的寒冷，即便路途崎嶇，有了他們的陪伴，風景便如詩如畫。

看看身邊的朋友吧！有的就像一簇燭火，照亮你的夜路；有的則如一縷陽光，為你的心房帶來溫暖。無論你在哪裡遊蕩，總有一雙等待你歸來的眼睛；無論你經歷了什麼，總有一雙手攙扶你重新站起來。

朋友之間的感情，猶如一把鑰匙，能打開你心扉最隱秘的角落，在他們面前，你無需偽裝，可以盡情展現真實的自己，友誼之樹，在相互的灌溉下越長越茂盛，枝繁葉茂遮天蔽日。

這個世界固然艱難，但只要擁有一份真摯的友誼，你的人生便會如夏花般絢爛多姿，懂得感恩的你，會在每一份友情體會生命的可貴，在每一次相聚獲得力量和勇氣，去直面一切苦難與挑戰。

珍惜你身邊的朋友吧！用真心對待他們，也用心去聆聽和包容，讓友誼這盞永不熄滅的燈火，為你照亮無盡的前程。

感恩的人，永遠不怕拿到滿手爛牌！

4 月 9 日
評頭論足

午後的庭院裡，一位小女孩在綠草如茵的草坪上嬉戲，天真浪漫的笑聲在暖陽下格外悅耳動人。此時，鄰家的阿姨走了進來，她和小女孩的媽媽談起了家長裡短。

不經意間，阿姨說起了自家孩子的一些小毛病和煩惱，話音雖壓得很低，卻還是讓在場的小女孩無所遁形地全聽了進去，這些話雖然出於無心，卻也讓人側目。

直到阿姨離開後，女孩的媽媽叫過她，輕聲細語道：「寶貝！剛才阿姨說的那些話，可能會給別人帶來一些困擾和不快！就好像如果她不小心把錢包遺落在我們家，我們自然不能隨意拿給別人，對吧？」

「那當然不行了！」小女孩睜著水靈靈的大眼睛，理直氣壯地回答。

媽媽繼續說：「阿姨今天在我們家，留下了比錢包更加寶貴的東西——她的私密話語。雖然這些話現在存放在我們這裡，但它們始終屬於她，我們沒資格拿去隨意傳播，你能明白媽媽的意思嗎？」

「我懂了媽媽！」小女孩用力點點頭。

從那天開始，她便懂得如何對待他人的隱私和信任，那些「悄悄話」和「私密語」，注定只能深藏於內心，任何人都不該肆意評頭論足。

這個世界上，你身邊處處都存在著「評判系統」，他人的行為舞步，無不被置於聚光燈下分毫不差地檢視。更糟的是，很少有評判者會當面說出，大多是在暗地裡將那些「不可告人」的流言蜚語傳播開來，宛如一根根尖銳的芒刺扎在背上，暗自作痛難忍。

你憎惡被人評頭論足，但自己也樂於評判他人，由此便形成了「人人是我非，我非人人是」的矛盾衝突而深感無奈。

我常常在反思自己，在不同的生活階段，是否也曾做過類似的事？對別人的一切毫不留情地評頭論足？想到這裡，內疚和羞愧便油然而生。然而，事實擺在眼前，這樣的毛病，大多數的人或多或少都會有一點。

為什麼人總是如此樂於評判別人呢？答案其實很簡單，因為人都有一顆以自我為中心的想法，一個人看世界，往往帶有狹隘的自我色彩，將主觀臆斷和有限認知混為一談，遂生許多的誤解和分歧。

你會發現，那些喜歡挑剔別人的人，自身也必定存在種種的心理問題，當一個人內心藏著嫉妒或其他的負面情緒，就容易對外界事物有過多的否定和批評。

私下人們總是喜歡指指點點、說三道四，這似乎已成為一種固有的習慣，甚至演變成某種性格特徵，長久以來，這種行為已如同口頭禪般深植生活中，而你不自覺將其視為理所當然，這種慣性的指責，往往是無意識地釋放，但它卻可能導致你在不自知中變得偏執。

這樣的行為，往往源於過去的不愉快經歷，或許是對他人的不信任、嫉妒或其他負面情緒的積累。一旦你能意識到這一點，便能用同理心，看待別人的缺點和過錯，用友善和善意對待他人，努力營造一個充滿和諧友愛的生活。

古語云：「不責人過、不發人隱私、不念人舊惡，三者可以養德，可以遠害矣。」

4 月 10 日
認真的活著

假如，你的生命中還剩下最後 5 秒鐘，你能為自己的人生做一個總評嗎？

我相信很多人窮其一生，都是因為過得沒有意義的人生。**如果你的生命，過一天跟過 30 年沒有什麼區別，就像一杯白開水般，那麼其實你並沒有認真的活著。**

假如，你的生命還剩下最後 5 分鐘，你最想做的事是什麼？很多人都說，我會想陪我最愛的人，陪我的孩子、陪伴自己的父母。但如果你的生命還剩下最後 5 個小時呢？你會想做自己喜歡做的事、或者出去環遊世界，對不對？

再假設，你的生命還剩下最後 5 天，除了這些答案，陪自己愛的人做自己愛的事，還有呢？你想為這個社會留下點什麼？

換成是我，生命若還剩 5 個月或者更長的 5 年，我最想陪我的愛人和家人，然後做自己最愛的事，**那我肯定要為這個社會留下點什麼，我一定要做更有意義的事。**

如果你跟我的想法如出一轍，那麼恭喜你！你現在的生命有可能還剩下 50 年，為什麼不此時此刻陪自己愛的人、做自己愛的事、給這個社會做一些有意義的事呢？

你知道為什麼我願意樂此不疲寫這本書嗎？

第一，我為了讓自己能夠成長，為了我的生命能過的更有意義。

第二，就是為了一個使命、一個夢想，為這個社會留下點什麼。

相信你一定能感受到我寫的每篇文章，未來能幫助無數的人改變命運。所以，為了能幫助更多的人，為了能讓這個社會變得更加詳和，這就是我要給你的答案，當你今天看完這本書，你覺得普通人和高手中間的區別是什麼？

也許，你的腦袋裡只有自己，只有自私自利，只想讓自己過得更好，過得更舒服一點，你沒有為了自己的成長負責，沒有為了讓自己的生命更有意義，也沒有為這個社會付出一點什麼，我覺得，這就是普通人與高手的最大區別。

4 月 11 日
問心無愧

如果，你問我為什麼要出書，將畢生的絕學分享出來，我會說是為了自己。

為了什麼？為了自己的成長、為了自己的使命、為了自己的夢想、為了自己仍活在這個美麗的世界，假如出書是為了賺錢，我可能會寫不下去，因為我會變成錢的奴隸。

再假設，你的生命即將在 5 秒後結束，如果用一個成語，或者用一個詞，來給自己這一生做一個評論，你會留給自己什麼樣的詞呢？我看到很多人給自己寫下 4 個字：「庸庸碌碌」，碌碌無為悔恨，終生平平淡淡，懵懵懂懂。

你知道如果是我，會給自己做一個評論，你覺得我會寫下什麼？

「自信平生無愧事，死後方敢對青天。」

也許，真的就是那種感覺，為什麼我很喜歡王陽明，就是因為他看待人生的態度，跟自己看待人生如出一轍，我只想用心過好餘生的每一天。

還是那句話，**死亡不可怕，可怕的是，你壓根兒沒有認真活過。當你一生庸庸碌碌活著的時候，其實不叫活著，而是一**

個行屍走肉。

我跟你一樣會迷茫、會發慌、會恐懼，也會覺得生命的意義到底是為了什麼？最後我找到讓自己可以不迷惘的方法，那就是唯有讓自己忙起來，才能感受到生命的真諦。

所以，我會透過不停的看書、不停的學習、不停的輸出、不停的分享、不停的讓自己成長。

這些年下來，我找到了一個比看書、比學習成長更快的方法，那就是去教會別人。**所謂教就是最好的學，比起自學，教會別人才是最快的學習方法。**

我所寫的每一篇文章、每一本書、錄製每一部影片，只要持續上架到社群平臺，這些作品可以永遠留存在網路上。後人再過 3 年、5 年、10 年、30 年、50 年、100 年、200 年，他們都可能再看到我的作品。

這麼做是為了什麼？就是為了想幫助更多的人，幫助無數人改變命運，為了讓自己跟你們成長，讓生命過得更有意義，僅此而已！

而你，想為這個社會留下點什麼？

怎麼做並不重要，為什麼做卻很重要！

一旦你解決了動力源的問題，你就能找出 100 種方法來成就自己。

4 月 12 日
心靈叩問

我將人生分為三個層級，一是生存，二是生活，三是生命。

我們很多人都活在生存的維次，為了衣食住行、為了金錢、為了恐懼、然後拼命的工作、拼命的賺錢。雖然物質生活已不餘匱乏，但是仍有很多人進入這樣的死循環，慣性的陷入缺錢的思維，為了錢不停的工作，為了物質不停的賣命。但是，你從來沒有為自己認真的活過。

你有多久沒有陪伴自己的家人了？人類需要事業也需要家庭，需要顧好自己健康的身體，這三個維次在生命當中，每一個佔的比重都是 1/3。但是很多人關注過多了事業，它佔據你人生的 99%，沒有時間照顧自己的健康，也沒有時間陪你的家人。

當最愛的人離開人世，你可能會特別懺悔，為了事業把健康整得一塌糊塗，這是很多人都曾犯的錯，包括以前的我亦是如此。

你從來沒有認真地生活過，連第二個生活維次都沒有進去，更不要說第三個維次生命了。那什麼是生命？你為什麼而活？為什麼要活在這個世界上？生命的意義到底是什麼？

很多時候，我們根本沒有這麼叩問過自己的心靈，這個世界物質極其豐盛，但是今天很多人仍過得不開心，幸福感反而遠不及 70 年代的人富足。

曾有一個學子考上北大後，第一天就自殺了，他給母親留下了一封信，信裡寫著：「我替你考上了北大了！以後不要再煩我了！請不要把我的屍體送回家，因為我討厭這個家。」

類似這樣的案例，在社會上比比皆是，每次這種事件發生的時候，我都特別的驚訝，是否因為太久沒有關注過孩子的心靈成長，讓他們心靈家園一直長滿了荒草？

是故，這篇文章我想分享給你一個生命的主題。

接下來，請用你的生命來傾聽，這幾句傾心的叩問。

第一句：生命已經喘息過半，剩下的日子，除了愛，不再耕耘其他。

如果你能把這句話聽懂，可能很多人都會特別觸動吧？我相信此時此刻的你，如果你有用心看，一定會很有感觸。

第二句：你生而有翼，為何卻要天天爬行？

每個人都是天使，每一個人都是天才，老天爺給了你天賦，但你卻沒有找到自己的天賦，沒有走在自己的軌道，始終活的庸庸碌碌。

第三句：沒有一面鏡子，還能恢復成鐵；沒有一塊麵包，

能變回麥子；沒有一粒成熟的葡萄，能再變回青澀的果實。讓自己變得成熟，不再成為更糟的你，變成一束光照亮這個世界。

第四句：不要悲傷！你失去的任何東西，都會以另一種形式回來。你的存在，就像黑夜中的星星，照亮了無數迷途人的心。就像迷途的孩子，終於找到了明燈和皈依的懷抱。你還不知道嗎？是你發出的光點照亮了這個世界，我們都生活在陰溝裡，但仍然有人仰望星空，生活不止眼前的苟且，還有詩和遠方的田野。

當你看完以上四句話，不知你內心深處有沒有被觸動？如果你能用心感受，一定會有很大的感觸，因為這是來自你心靈和靈魂的叩問。

如果你能感到我像光一樣照亮了你，就證明你此時此刻活在黑暗當中。

你應該從夢裡醒來，從物質世界裡面掙扎出來，不要再關注物質，拿出更多的時間來關注生命，並且學會生活。

從生存到生活，再到生命，其實很多人早已經過了生存的階段，今天有誰沒有房子住？有誰沒有飯吃？你其實已經衣食無憂，物質極其豐盛，但是內心仍極度的匱乏，你總是在建設自己的物質家園，卻讓心靈家園長滿了荒草。

如果，你是一個企業家，或者是一個創業者，假如你已經財富自由，你應該花更多的時間陪伴你的家人、陪伴你愛的人、做你想做的事，關注自己內心的成長。

如果，你現在仍是一個上班族，需要為一日三餐奔波，也不該讓自己的心靈荒蕪了！你可以撥出 1/3 的時間，關注自己內在的成長。因為只有內在成長了，外在才可能顯化更多的物質。

內在決定了外在，內在匱乏，外在就會貧窮；內在豐盛，外在就能富足。

4 月 13 日
不再迷茫

很多人為什麼活得很痛苦？就是因為內在空虛。

不管你有錢還是沒錢，當你的內在和心靈世界是空虛的時候，你會發現人生活得庸庸碌碌。解除憂慮胡思亂想的法門，就是將你的生活行程排滿，當你把自己的行程排滿之後，智慧自然就會出現了！

你一定會覺得我在唬爛！行程若排的太滿，不是會把一個人徹底壓垮嗎？其實，很多人迷茫就是因為他太閒了啊！如果你的人生是排滿的，又做著自己喜歡的事，你怎麼還有時間迷茫呢？

我所以為的迷茫，其實就是清醒看著自己沉淪......

給自己人生做一個行程表，然後不停的學習、不停的成長，將工作事業發揮到極致，讓家庭關係美滿，讓自己更健康，活得更好！

4 月 14 日
孩子五自金字塔

大家都聽過「在家靠父母，出門靠朋友」這句話，但你知道培養孩子最重要的關鍵核心是什麼嗎？

第一，讓孩子升起一個夢想，孩子沒有夢想，就像鳥兒沒有翅膀，長大以後無法飛翔，一個沒有夢想、沒有自信的孩子就會自卑，失去方向就會迷茫痛苦。身為父母就是幫助他托起夢想，教會他實現夢想，這是培養孩子的第一步。

第二，就是把孩子的主還給他們，我要跟你分享一個「五自金字塔」。

最底層叫做自主。

什麼叫自主呢？我們都看過基督徒在禱告的時候會說：「主啊！保佑我吧！」

什麼是主？就是當你幫孩子做主的時候，孩子就會失去自主，此時你就是孩子的主；當孩子離開你到學校，老師就是他的主；當孩子找到一個對象，老公老婆就是他的主；生了孩子，孩子就是他的主。很多人一輩子都沒有主見，沒有主見的人，很難成為一個領袖，只能成為社會中 10% 的普通人，所以一定要把「主」還給你的孩子，培養孩子自主的能力。

第二層就是自信。

如果孩子沒有自信，他永遠不可能成功，自信是所有成功的基石，非凡成功者都是擁有自信的人。

第三層叫做自立。

想讓孩子靠自己立起來，不是靠父母也不是靠家裡，而是靠自己。

第四層叫做自強。

什麼是自強？就是孩子的復原力。舉個例子，當一個孩子天天考 100 分，日日考第一名的時候，到了一個頂尖大學，突然間只考了 90 分，這個孩子可能就會受不了而鬱鬱寡歡。這種案例在華人圈屢見不鮮，為什麼？因為他沒有自強的能力，也沒有復原力，從小若不讓孩子遭受困難，一旦孩子在自己的道路經歷挫折，他鐵定會承受不了。孩子因為失戀自殺，沒有考上好學校而自我了斷，就是從小沒有培養他的自強能力。

金字塔的最上層就是自律。

一個真正的領袖，他必須擁有要求自我的自律性，假如他沒有自律性，就不可能成為領袖。

從自主、自信、自立、自強到自律，如果你能把這「五自」培養到孩子的身上，他們就可能成為少年的領袖，長大後也會成為一個領導者。

期望我們所有的父母，如果你真心愛你的孩子，一定要按照「五自」金字塔來培育他們，讓他升起夢想，把主還給他，然後擁有自信、擁有自強、擁有自律，這是我要與你分享培養孩子最重要的教育核心。

4 月 15 日
崇拜 vs 寵愛

曾有人問我：「老師！我選錯伴侶了，該怎麼辦？」

我想告訴你，第一，提升你自己，換老公不如換自己，只有當妳提升了，他也會跟著提升。其實所有的問題，都是妳個人的問題，如果連自己都不改變也沒有提升，對方是不可能改變的。

第二，當妳真正了解自己問題的時候，就要不斷的要求自己，一旦妳拿到結果之後，妳自然就能潛移默化影響另一半。

男人最想要的，就是崇拜自己的女人，今天回家後記得跟自己的老公說：「親愛的！我覺得你就是我生命中的男神，我發現以前我全錯了，你才是我們家的頂梁柱，我太愛你了！我太崇拜你了！你贏！我陪你君臨天下；你輸！我陪你東山再起。」

記住這句話：「男人想被崇拜，女人想被寵愛。」

4 月 16 日

原本具足

佛祖說：「天上地下唯我獨尊。」

耶穌說：「我即是道路，我即是真理。」

老子說：「我即是道。」

在座的看倌，請問你怎麼稱呼自己？

「我！對不對？」

但是，這些聖賢指的我，是指他們自己嗎？

當然不是！真正的答案是：

每一個向內求活出真我的人，都是天上地下唯我獨尊的人。

每一個向內求找到真我的人，即是道路，也是真理。

你正在尋找的東西，它也在尋找你，其實所有的一切都在你體內，當你開始向內求的時候，你就能完全活出生命本質的狀態，你原本具足，你不需要尋找財富，因為你本身就是財富，你不需要尋找智慧，你只需要活出智慧。

4 月 17 日

學習分享

你知道為什麼你的人生，活得如此疲憊不堪嗎？眼前看到的生活，真的是你要的生活嗎？我想告訴你的是，如果你想改變，這一切都不會太遲。因為，「當下」永遠都是你最年輕的時刻。

你知道這個世界 97% 的人為什麼窮嗎？因為他們靠脖子以下賺錢賣體力，而 3% 的人靠腦力賺錢，所以我告訴自己一定要學習，不斷輸出我所學到的知識，藉由分享讓自己更成長茁壯。

如果，你不努力學習，生活就會狠狠的教訓你，然後逼著你去學習，為什麼非得要等到被生活狠狠的嘲笑過，你才要往前走？

不要認為你今天可以拒絕成長，因為沒有人可以抗拒成長。生而為人，最大的快樂，就是持續的分享，活到老學到老，只有你幫助到需要幫助的人，那個真正幫你的人才會出現。

4月18日

擺對價值

在生命的最後時刻，一位慈祥的父親將家傳的懷錶交到兒子手中，對他說：「這隻錶已經陪伴了我們家三代人的人生歷程，承載著無數美好和難忘的時光，在我把它交給你之前，我想讓你了解到一件事。」

父親續道：「你先沿著第一條街走到那家老店舖，問問老闆願意出多少錢購買這枚古董，但切記不可脫手。」

兒子依言而行，很快便得到了回覆，老板只肯開價5美元。

聽聞此話，父親並未動怒，而是溫和地說：「那麼就再去那家咖啡館詢問看看吧！」

兒子再一次帶著錶前往，很快就收到回覆，老闆願意以10美元的價錢，將它作為裝飾品擺放在店內。

父親點點頭，又吩咐兒子前往博物館試試。

果不其然，博物館欣然同意以高達100萬美元的價碼，買下這枚歷史悠久的傳家之寶。

眼見兒子滿臉驚詫，父親憐愛地摸摸他的頭，溫聲說道：「兒子啊！你明白了嗎？物品的價值，往往取決於被人所重視

和欣賞的程度。一件無價之寶，若放錯了地方，就會令它的光輝暗淡無光，與其在不被珍視的地方自甘墮落，不如找到能欣賞你獨特價值的所在，在那裡綻放出最耀眼的光芒。」

父親的眼中閃爍著慈祥的光輝，語重心長地對兒子說：「你的人生路還很長，未來將有無數的選擇和機會在等著你，但我希望你永遠不要迷失自我，要學會在對的時間找到對的地方，才能讓你的人生價值得到最大的發揮。」

這番叮嚀，深深地烙印在兒子的心中，成為他今後人生的重要箴言。

話說，多年以前，我曾經將最愛的古典音樂割愛到跳蚤市場，一片進口CD賤價100元賣出，外行人仍舊嫌你貴；內行人，殺價後卻暗自竊喜。

有些人願意用最少的價錢買到最大的價值，我懂！但是可遇不可求！

只有真正了解自己，才能將價值擺對地方，因為好的價值無法用價格衡量，切莫賤賣自己的價值。

再狠一點，你今天之所以還是一個混蛋，只是你還沒有將自己擺在對的地方，僅此而已！

期盼這篇短文，能喚醒你塵封已久的智慧。

4月19日
體驗人生

你知道人為什麼會痛苦嗎？因為總有一個目的想達成，他們總想為一個目的付出，遺憾的是若沒達成目的，內心就會感到痛苦，對吧！

其實我想告訴你，人生是一場沒有目的的旅行。假如，你非要給自己的人生找個終點的話，那麼不好意思，從你出生那一天起注定是要往生的，因為死亡就是我們每一個人的終點。

你知道什麼是人生嗎？很簡單！**從生到死之間就是人生，你想擁有什麼樣的人生，只需要給自己設計什麼樣的體驗，你這輩子給自己設計的體驗是快樂的，那麼你就會擁有一個快樂的人生；你給自己設計的人生體驗是痛苦的，那麼你就會擁有痛苦的人生。**

人生，就像一場旅程，這場旅程的唯一目的地，就是從此刻到此刻，從此處到此處。

4 月 20 日
真愛

你知道什麼是愛情嗎？你真的懂愛嗎？夫妻為何成了怨偶離婚？當年你是為了什麼結婚？摸著良心問自己，真的是為了愛嗎？

假如兩個人組建一個家庭沒有感情了，只是為了責任維持在一起生活，這個家一定好不到那裡去，因為責任等於消耗，這件事可以說不斷在消耗你的能量，你的人生呈現了螺旋式下降。

但是，如果兩個人在一起就是為了愛，彼此靈魂伴侶的那種純真，我能保證，你的家一定是呈現螺旋式上升。

婚姻經營出現裂痕最大的原因，在於當年的你，是為了錢而結婚？還是為了父母使命免為其難湊合？抑或奉子成婚？你真的是為了真愛而結婚嗎？

人這輩子，如果能遇到一個懂自己的人，才能得到真正的幸福。

心永遠勝於長相，懂比愛更重要，人心才是最好的風水，你就是我的靈魂伴侶。

4 月 21 日
金錢奴隸

為什麼美國人從不存錢？因為誰都不知道明天跟意外那個先到，美國人嘲笑我們，華人最大的悲哀就是存了一輩子的錢，還沒享受人就走了，換句話說人在天堂，錢在銀行。

我們總是認為，只有在自己口袋裡的錢才是我的錢，我想跟你說這個觀念是錯的，在你口袋的錢可是負債，因為它一直在貶值，只有把錢花出去才是你的。

你知道美國人怎麼做嗎？他們不但把錢全花了，還刷了信用卡，到最後人死了但錢沒還完，意即人在天堂債在銀行。

所以，只有當你把錢花出去的時候，這些錢才是真正屬於你的，為什麼窮人會窮？因為窮人小氣啊！可你會吐嘈我，因為沒錢才小氣，不是嗎？

錯！是因為小氣才會沒錢，這真的是事實，沒有人喜歡小氣的人，大家都喜歡大方的人，對吧！

你想想，窮人把錢當爹，所以有錢人給他錢，他就會去工作，於是就把有錢人當成爹，他自己是孫子；富人則是把錢當兒子，然後把兒子生出去，讓別人為他幹活。

為什麼窮人看到富人會緊張發抖？因為孫子見爺爺肯定會

緊張啊！

有時，說出真相的確很難受，**當你把錢當成主人的時候，你就會變成錢的奴隸，同時被金錢給駕馭。而且不是被錢所駕馭哦！而是被全天下有錢人駕馭，因為只要誰給你錢，誰就能夠駕馭你，然後你就變成富人的奴隸，這就是真相。**

《富爸爸窮爸爸》的第一課，就是窮人為錢工作一輩子，變成錢的奴隸，但富人不為錢工作，而是讓錢為他工作。這句話其實已揭密了金錢遊戲的精髓，一旦你開始為錢工作的時候，你的人生似乎已經結束了，永遠只能成為錢的奴隸。

從今天起，你一定要搞懂，金錢只是個工具，你怎能淪落成工具的工具呢？人類發明錢的目的，只是為了讓我們生活變得更便利，但是今天我們非常悲哀淪落成工具的工具。

所以，這可是行不通的，你覺得不改變行嗎？

4 月 22 日
心寒

真正的心寒，並不是表現出哭泣或發脾氣，而是逐漸變得沉默和冷漠，當某人不再關心你的一言一行，代表你的一舉一動不再引起他們的興趣，這便是心寒的真正跡象。

對你發火的人，或者那些總是煩你的人，實際上仍然在乎你；而那些不斷關心你、不斷黏著你的人，也表明你在他們心中占據著重要地位。這些人之所以如此，是因為他們在乎你，因此他們的情緒和行為，容易受到你的影響。

如果對你漠不關心，如果不在意你的感受，那麼誰會願意一次次靠近你，誰會願意一遍遍追求你？

當一個人的心寒了，他們除了保持沉默，也只剩下冷漠。對你的事不再關心，不再傾聽你的話語，不再對你的一切產生好奇心，你就像是一個陌生人，與他們無關。

再多的甜言蜜語，也無法溫暖一顆寒冷的心；再多的實際行動，也無法彌補已經失去的關係。

無論是友情還是愛情，無論是朋友抑或愛人，都應用心關心對方珍惜彼此，不要讓他們的心變得冷漠，因為一旦心寒了，再多的言語和行動都無法挽回。

4 月 23 日
真心

朋友之間，話可以愛絮叨，但行動才是最佳印證。真心的人，你看得到；虛假的人，早晚也能看穿，與人相交，但求一個「實在」；為人處世，但求一份「真誠」。

友誼，就像是一盞溫馨的燈，時刻照亮你我的心田，它不在於華麗的言語，而在於可信賴的實際行動，緣分讓你我相聚，但能走到最後的，只有那些心心相印、患難與共的親密無間。

當你陷入困境，真正的朋友不會說漂亮話來哄你開心，而是第一時間伸出援手，與你並肩作戰；當你取得成就，他們也不會加油添醋吹捧你，而是發自內心為你感到高興，與你分享喜悅。

生活的酸甜苦辣，誰又能獨善其身？你我都曾在逆境中掙扎，也都曾在順境中喜極而泣。

朋友之所以可貴，正是因為他們會在你最絕望無助的時候，給予你一絲希望和溫暖；也會在你最驕傲自滿的時候，給予你一點人生的忠告和理性的聲音。

願你能在這個世界擁有這樣的摯友，讓生命不再孤單，也希望你能成為他人生命的那一束溫暖陽光，在對方最需要的時刻，給予無私的支持和鼓勵。

擁有善良和感恩之心，比擁有豐厚的財富更加寶貴，一個人即使處於低谷，但只要對生命心存感恩，就永遠不會迷失人生的方向。

人這輩子，一定要用心記得對自己好的人！

4 月 24 日
功成

你知道什麼叫做功成名就？然後功成身退嗎？

很簡單！就是當一個人在事業最巔峰的時候，選擇隱居幕後，最成功的例子就是馬雲，他可非等閒之輩，因為馬雲是修行人，他看得懂所有的一切，他知道在紅塵中，一個人的生命，猶如一張曲線圖有起有落，懂得在最高峰的時候急流勇退。

成功並不厲害，功成才是高手，成功的最後一步是功成，你可以通過坑蒙拐騙，或者透過運氣而成功，但是如果你一直想追求成功名利，活到最後的結果，只有死路一條。

財商的最高智慧，不是讓你擁有錢，而是要讓你放下錢；生命的最高境界，就是要拿帶不走的去換帶得走的。

4 月 25 日
氣度

人生旅途中，你經常會遇到各種人，有的人會為你錦上添花，有的人會為你雪中送炭，但重要的不是別人的言辭，而是他們的真心。

做人應該憑借內心，而非嘴巴，關係應建立在真實的基礎而非虛偽，真心的人遲早會被看到，而虛偽的人也會被識破，在人際交往中，只求真實誠懇。

朋友的花言巧語，遠不如他們的實際行動可靠，而關係的牢固，不如真誠的情感有效。真正的朋友是願意互相幫助的，堅固的關係是相互扶持的。

每個人都曾經歷酸甜苦辣，每天都有不同的挑戰，這一切，不要失去自己的品德良善之心。記住！人際關係最重要的是真心待人。

生命中能遇到一位真心對待你的人，是一種緣分，你應加倍珍惜這份緣分，別讓怨氣破壞了溫情，也不要讓怒火留下遺憾。

原諒別人並不是軟弱，而是一種胸懷和聰明的選擇。

在人際交往中，保持真誠，珍惜那些對你好的人，這才是人生的智慧。

4 月 26 日
殺死恐懼

如果你感覺一直活得憂苦不堪，甚至把過去當做痛苦，未來當成恐懼，擔心自己未來一事無成或變窮，請將以下的內容多讀幾次並實踐，你就能豁然開朗、打通任督二脈。

(1) 老天爺讓你經歷的，是你自己選的，是為了來成就你，借成就你來成就更多的人，所有的問題即是答案。

(2) 這個世界根本沒有成功，也沒有失敗。所有的成功都是偶然，只不過是與道合了，叫做合道；所有的失敗都是必然，因為背道而馳。

(3) 窮人投資賺錢是為了錢，而富人賺錢不是為了錢，是為了享受賺錢的樂趣。窮人為什麼窮？因為他的內心種下了匱乏和恐懼的種子，怕什麼來什麼，怕窮來窮，怕病來病。

如果，你能殺死內心的恐懼，你將從此無所不能！

4 月 27 日

釋放的智慧

職場上，你總會遇到一些表現良好的同事，他們不僅待人友善、性情溫和，幾乎難見其發怒的樣子，這讓你不禁好奇，他們是如何保持情緒的穩定？

我有一個朋友，他在公司裡人緣極佳，無怨無悔地對待每個人。有一次，我造訪他的住家，卻意外目睹他在頂樓對著飛越天空的飛機大吼大叫，我禁不住好奇詢問原因。

原來，他居住的地點靠近機場，飛機噪音經常干擾到他的生活。後來，他發現了一種獨特的舒壓方式——每當內心積累太多負面情緒時，他就會衝上頂樓，等待飛機飛過，然後對著飛機狂吼，發洩心中的鬱憤，待飛機飛離，他的怨氣彷彿也隨之而去，重拾平靜。

聽完朋友的分享，我頓時領悟——原來他之所以能保持良好情操，關鍵在於懂得適時宣洩情緒，長期壓抑負面情緒無疑是害處多於利益，在現今生活步調急遽的社會，你應學習有智慧的釋放壓力，才能活出身心豁達的人生。

有句名言說得好：「船若無壓，則不能遨遊萬里。」

適度的壓力是必要的，關鍵在於如何有智慧化解負面壓力，讓生命的航船，在人生的大海中克服重重難關，最終抵達理想的彼岸。

記住這句話：「當你的人生走到谷底的時候，不管往那走都會向上。」

4 月 28 日

孝道

你出生在什麼樣的家庭，這輩子碰到什麼樣的父母、遇到什麼樣的人、接觸到什麼樣的事，這一切都是老天設計好的，你只不過是來享受遊戲，僅此而已！

你知道，什麼樣的人不怕死亡嗎？這個世界我來過、我奮鬥過、我拼搏過、我不後悔，我更不在乎結局！

記住一句話！你和父母的關係，就是和生命萬物的關係，一個不懂得孝順父母的人，他在財富上是不太可能有大建樹的。同時，他在兩性情感關係上，也很難得到幸福。

因為職業命理師之故，才能有幸踏入有錢人的豪門堪宅，當我真正見識到這些頂級低調的富人時，我才驚覺他們的格局與境界，與一般人有著很大的不同。而且，我發現越有錢的人，越是大孝子。

如果，我們將人比喻成一顆樹，那麼父母就是我們的根，一個不懂得敬愛父母的人，這棵樹怎麼可能變得茁壯？唯有底下的根是好的，樹木才能夠枝繁葉茂結出果實。

是故，愛父母的表現，小孝叫做陪伴，大孝則是成為父母心中的驕傲。

4 月 29 日
選擇

你知道嗎？這世界只有一種病，叫做窮病。什麼是窮則思變？你之所以不成功，是因為你過的太安逸了！

你若沒有逼自己一把，永遠不會知道自己有多麼強大，窮人之所以窮，真的不是你努力不夠，而是你選擇出了錯誤。

選了一個和你認知不同的伴侶，天天跟妳吵架，妳想去上課進修，他說妳有病；妳想創業，他說妳在搞傳銷，要跟妳離婚……

試問，妳要怎麼成功？

然後，妳又選擇一群全是負能量的朋友，你何德何能成功？然後選擇一個老師，很不幸你的老師也是三腳貓功夫，那你又該如何成功？

人生不是選擇大於努力，而是選擇決定了成敗。**人這一輩子最重要的，就是做對三個選擇，選對伴侶、選對圈子、選對教練。**

如果你能找到生命中三個重要的貴人，你離成功的路已經不遠了。

4 月 30 日
語言能量

你有沒有發現，當一個人說他窮的時候，真的會變窮；當一個人說他會富有，真的就會變成有錢人；經常說自己身體不好的人，他的健康狀況一定特別糟糕。

你的思想、你的語言、你的行動，三個加起來等於一台 3D 打印機，聖經裡講的「言即肉身」，代表你所講的每一句話都會成為真相，也會決定你成為什麼樣的人，別忘了語言是有能量的。

你的認知不等於事實，但是在某種程度上，你的認知又等於事實。雖然你始終認為認知不等於事實，但是你骨子裡卻又認為那是事實，所以它真的就會變成事實。

再者，凡是說錢要花在刀口上的人要小心了！窮的時候沒事，但一有錢後刀刃就來了，因為開刀手術都是你吸引而來的。

想要觀察一個人是否存在負能量，很簡單！只要觀察他的面相是否呈現霉暗即可，換言之就是氣色凝重、印堂發黑。

再說一次，語言是有能量的，能量雖然看不見摸不著，但是它確實存在，而能量的背後就是情緒，這一切都是宇宙自然

法則。

記住這句話：「這個世界是由看不見決定看得到的。」當你的腦袋突然出現一個負面想法的時候，馬上升起一個正面念頭把它覆蓋掉，唯有如此，你才能擁有正向的人生。

5 月 1 日
豐盛

你知道嗎？我們平常所說的每一句話，都具有力量的胚芽，它會按照你所說的話給你指引方向，並不斷的擴張生長，最後生發為實際的情況。

假如你想要喜悅的意識，就請你持續反覆說出「喜悅」這個詞，宇宙會幫你設定一個震動的頻率，讓喜悅的胚芽開始萌芽生長，直到你的內在充滿喜悅為止，這並非單純的迷信，而是自然的真理。

起床後面對嶄新一天，請記得對自己說：「我是喜悅的、我是豐盛的、我是富足的。」

如果你能樂在其中，一天說幾百次都沒有問題，但是在說的過程中，要非常非常的慢，每一句話都得咬字清晰：「我 -- 是 -- 喜 -- 悅 -- 的」。

當你慢慢說出來時，並用心去感受這些字的意境，然後體驗你內在喜悅的感覺，每天都沉浸在美好的感覺中，你就會活得很開心。

記住這句話：『內在豐盛，外在才能富足。』

減少對外在狀況的反應，你就能輕鬆改變內在的狀況，因為喜悅將會吸引更多的喜悅，它能讓你的情緒恆定在高頻能量中。

5 月 2 日

活法

這個世界上，很多問題沒有標準答案，人不是只有一種活法。

堅持自己的同時，也要記得尊重別人，不以自己的立場去評價，不以自己的認知去指點，不以自己的三觀去衡量，放下偏見，給予對方更多的理解和自由。

餘生中沉澱內在的自我價值，包容他人的不完美，不去內耗精力於無謂的糾纏，而是向內求索生命的意義，活出坦蕩大度、順遂自在的人生。

與好學不倦的人相處，你將增長知識見識；與懷抱遠大理想的人為伍，你將充滿遠見和希望；與樂觀積極的人在一起，你將感受到真摯的喜悅；與使命感堅定的人為伴，你將散發出無私的愛心與魅力；與心胸寬廣的人為友，你將放大視野、擴展格局；與心地善良的人交往，你將能懷著慈悲之心。

人性最大的弱點，就是在意別人如何看待自己，過分在意他人看法的人，將難以輕鬆過好這一生，因為你始終為別人而活，而沒有真正為自己活過一天。

5月3日
善念

不管別人怎麼對你，記住這句話！你對別人好，別人會不會好天知道，但是你肯定會越來越好；天天總想著算計別人，你能不能把別人害了不知道，但肯定到最後你一定被害。

你的每一個念頭，你說的每一句話，你的每一個行為，當你升起一個惡念的時候，你的福報存摺就會被扣分，這個世界最大的財富就是福報，當你被別人騙了不要自怨自艾，如果從錢的層面上來看，雖然小人把我的錢拐走了，但是在福報存摺上，他已經將福報轉給你了，相信你一定看得懂我在寫什麼。

還記得這句話嗎？

「不要悲傷！你失去的任何東西，都會以另一種形式回來。」

你所感受到的痛苦是信使，傾聽他們帶給你的信息，因為痛苦的背後是禮物，老天爺把問題扔在你身上，一定是你能夠背得住扛得起，而且絕對不會把你玩死，這就是天無絕人之路。

時時警惕自己心存善念，永保一顆赤子之心，你的生命將會更燦爛美好。

5 月 4 日

真財富

在財商世界裡，我們把財富分為兩種，第一種是核心財富，第二種是外圍財富，也稱做真財富和假財富。假財富的特徵是什麼？第一是具有背叛性，今天是你的，不代表明天一定是你的。第二是招災惹禍，什麼是招災惹禍？就是當你沒錢的時候還 OK，一旦發了財反而有人找你麻煩，假財富它具有背叛和招災惹禍的特性。

那什麼才是真正的財富呢？第一，它永不背叛；第二，它不會讓你惹禍，而且還幫你擋災。

現在，我們來看看什麼是真財富和假財富？你們認為的名、利、錢、房、車、公司……普通人是不是都在追求這些東西？其實這些財富都是假的，有如過眼雲煙，追求假財富的最後結果，就是你方唱罷我登臺。

那究竟什麼是真財富？**第一個叫做福報**，你們有沒有聽過？釋迦牟尼說，每個人都有一本存摺，這個存摺不是你們銀行的那種存摺，它叫福報存摺，今天積一份福德，你的存摺就會多一筆福報，今天做了一件壞事，你的存摺就會被扣掉一筆福澤。

你有沒有發現，一群人做了違法的生意，有些人不會被抓，為何你一做就被抓，什麼理由？因為別人有福報而你沒有（注意！我的意思不是要你去做壞事）。福報是別人拿不走的，是你自己生發而來，而且還會幫你擋災。

第二個真財富叫做智慧。

今天錢是你的，明天就有可能被政府沒收；今天公司是你的，有可能第二天就被你親手創立的公司趕出去，賈伯斯就是一個例子，因為它具有背叛性。但是我想問你，不管是誰，他能把你的智慧拿走嗎？他能把你的能力帶走嗎？離婚可以把你的財產分走，但另一半能把你的能力分走嗎？不會對吧！所以智慧永遠是你的。

第三個真財富是健康。

你們知道科技社會人類最大的悲哀是什麼嗎？這個世界97% 的人之所以過得苦，因為 97% 的人每天在做一件事，就是拿真財富換假財富。而 3% 的人之所以過的好，是因為他們拿假財富換真財富。

第四個真財富，就是時間。

這個世界只有兩種人，一種人拿時間換錢，另一種人拿錢換時間，拿錢買時間幾乎都是富人，用時間來換錢多半都是普通人。今天一個小老闆，不願意請員工幫他做事，什麼事都自己來，就是拿自己的時間換錢，只要能用錢搞定的事，富人都不會自己來，因為他們懂得時間才是真正的財富。

真正的財富不是你賺了多少錢，而是當你停止工作後可以活多久。如果一個月沒了工作，無法支付開銷生活，證明你就是普通人。

這個世界的錢是無限的，但是時間是有限的，拿無限的金錢去換有限的時間，這才叫高手。

最後一個真財富是什麼？答案是人脈。

你的朋友、你的兄弟、你的親人，這些也都是真財富，假如他們是你的朋友，不管你有沒有錢，他永遠都不會背叛你，出事了還會幫你。父母、親人、子女，他們永遠是你的財富。但有些人創業為了自身利益，把老婆和朋友全出賣了，多麼可悲的眾叛親離啊！

這種案例在現實生活屢見不鮮，這個世界最愚蠢的事，就是拿真財富換假財富；這個世界最智慧的事，就是拿假財富換真財富。

5 月 5 日

心念

宇宙運行有著奇妙的自然法則，就像一部龐大的 3D 投影機，能將你內心所想、所感真實地映照在你的生活中。

當你發現生活中，總是充斥著你不喜歡的事物時，或許是因為你從未真正察覺自己內心的渴望和感受，只有時刻保持對自己內在感受的覺知，當負面情緒湧上心頭時，你才能及時停下來，調整自己的想法和感受。

想要實現這一點，方法其實很簡單——培養美好正面的心念，當心中充滿讓自己感到愉悅的念頭時，痛苦和煩惱便無法同時存在，因為你的感受往往受到思想的影響。

美好的念頭是否真的能夠產生力量，取決於你對這些想法的堅定信念，如果你對自己缺乏信心，美好的言語就只是空泛的語句，缺乏改變生活的能量。

若你懷抱著堅定的信念，深信自己的想法和言語，它就會為你開創美好的機會，助你實現內心所渴望的一切。

人的一生，就是心念的投射和具現，保持善念，將吸引美好的機遇，若心懷負面想法，生活則將充滿阻礙。

保持對內在感受的覺知，以積極正面的心念引領著人生，如此你就能創造出一個令自己稱心如意的美好未來。

5 月 6 日
真愛

你知道什麼才是真正的愛嗎？為什麼有些夫妻感情不睦，最後鬧上離婚呢？

很簡單！因不了解而相識，因了解而分離。

但，這句話可是過時的梗，我就直說吧！你若懂愛才是愛，不懂愛則是傷害。

了解以下男女心理的差異，有助你在情路上更得心應手。

男人再辛苦都不怕，就怕沒人理解。
男人再困難都不怕，就怕沒人支持。
男人再失敗都不怕，就怕沒人信任。
男人最需要的是信任，女人最需要的是寵愛。
男人最需要的是理解，女人最需要的是讚美。
男人最需要的是支持，女人最需要的是傾聽。
男人最需要的是崇拜，女人最需要的是陪伴。
男人最需要的是自由，女人最需要是安全感。
男人最需要的是認可，女人最需要的是忠誠。

人這一輩子，若能遇到一個懂自己的人，這才是真正的幸福。

5 月 7 日

覺醒眾生

有人說，自己的命運掌控在自己手中，就像問答題一樣，任由自己去發揮作答；但事實上，人生更像一道又一道的選擇題，你或許可以決定為自己作答，但手中擁有的選項終究是有限且無法掌控。

現實生活裡，並不是每個人死前都能夠擁有成就，也不是每個人都能有機會帶著尊嚴死去，人生如此無常，「努力的苟活」常常成為芸芸眾生迫於無奈下的最佳選擇。

佛陀是已覺醒的眾生；

眾生是未覺醒的佛陀。

在你沒有覺醒以前，這個世界上沒有所謂的成功。

所有的成功都來自於偶然，所有的失敗都來自於必然。

這個世界既沒有過去也沒有未來，一切就只有當下。

5 月 8 日
心靜

你知道嗎？心靜才能聽見自己最真的聲音。

不盲目、不盲從，才可以從容不迫、冷暖自持；口不能隨心，得有尺度；欲不能隨性，得有節制，塵世間的喧囂，皆因人心浮躁，皆因人言可畏，是故寡言是一種境界；包容是一種胸懷；淡泊是一種智慧；克己是一種修養。

靜下心來，才能聽到內心的聲音，放低自己，才能更準確的認清自己，每個人的才華、時間和精力都是有限的，人各有所長也各有所短，各發揮所長，功能互補，才能形成最好的團隊。

一顆善於反省的心，勝過一張炫耀的嘴，腳踏實地的朝著適合自己的方向努力。人生難免會失敗，但你卻從不輕易言敗；心堅意持，選擇自己所愛的，愛自己選擇的。

5 月 9 日
心態命運

說個故事給你聽 ......

大雨過後，一隻蜘蛛艱難地攀爬著牆壁上支離破碎的網，牆壁潮濕滑溜，每爬一段就會滑落，但蜘蛛並不氣餒，堅持不懈地向上攀爬，展現著頑強的精神。

這一幕引起了三人不同的反應和體悟。

第一個人嘆息道：「我的人生是否與這隻蜘蛛相似？辛勤耕耘卻得不到回報。」他開始消沉失望。

第二個人說：「這蜘蛛真是愚蠢，為何不從乾燥處繞道而上？我絕不會犯同樣的錯誤。」於是，他變得警惕機智。

第三個人則被蜘蛛屢戰屢敗卻不屈不撓的精神所感動，變得更加堅韌。

看完後你有什麼感覺？沒錯！就是心態的力量！

你擁有什麼樣的心態，就會過上什麼樣的生活；你做出什麼樣的選擇，就會塑造什麼樣的結果，這個世界是你相信的樣子，意識創造一切！

擁有樂觀的心態，處處都能看到希望和動力；懷有消極負

面的心態，只會在生活的阻礙中徬徨，擁有正確的心態，人生的每一步都會踏上通往成功的道路。

生命之路錯綜複雜，充滿了無數的挑戰與考驗，惟有保持堅韌不拔、永不放棄的心態，才能跨越重重難關，最終攀登到夢想的巔峰，實現心中的夢想。

《療癒心靈的秘密能量：第 130 天》

5 月 10 日
堅毅

2024 年，願你能修煉一顆堅毅而寧靜的內心，當機遇來臨時，你能把握住而無所畏懼；當機緣已逝時，你也能放下執著，不再糾結挽留，展望未來，懷抱熱忱之心，步伐堅定有力，明天的陽光依舊會為你升起。

人生中每一段經歷，無論甘苦與共，都是你自己的選擇和創造，此刻你思想心念，將決定著你的將來，每個人想些什麼、說些什麼、相信些什麼，都將主宰你將來擁有怎樣的人生體驗。

你所持有的種種想法和念頭，決定了你的命運走向，你所經歷的一切，皆源自你內心的期許和追求，並非來自外在他人的安排，命運的先天稟賦固然重要，但後天的追求更為決定性，有志者定能自己開創美好的人生。

人生舵手操縱自身，選擇大於努力，只要你懷抱遠大理想和積極態度，堅持不懈地為之奮鬥，必能在人生的航程中循序漸進，最終抵達理想的彼岸。

《療癒心靈的秘密能量：第 131 天》

5 月 11 日

正向念頭

此刻，我正在跟你說實話！

你要知道，心中出現負面想法，但這並不是你的，因為你真正的本質是美好的。所以，當你不經意出現一個負面念頭時，請努力的提醒自己：**「這些負面想法都不是我的，它們不存在我的生命中，我一切都過得很順，我對待每個人，都只有用正面的念頭。」**

欲停止消除負面的念頭，最重要的方法，就是將注意力放到你的心，請深呼吸一口氣，並聚焦放在你的心上，然後去專注感受你心中的愛，接著請慢慢吐氣，一樣持續將焦點放在心上，感受你當下心中的愛，記得不斷重複這個過程七次。

一旦你確實做到這一點，你的心智和身體必能同時感到極大的不同，你會發覺當下的你更平靜、更放鬆、更為祥和，那些存在你大腦的負面念頭早已停止。

5 月 12 日

做對三個選擇

誰的生活不免混雜瑣事，只是，有人選擇狂瀾怒吼，有人選擇沉默無言，有人則擁抱美好選擇，時光深淺得其所，歲月遠近任其恬靜，生命之途，莫貽時光虧欠，淡定從容。

撥散那難以擺脫的煩惱和疲憊，以清爽的時光，滋養自己的靈魂，別為難自己，莫負歲月的厚待。

提醒自己，每一個美好的日子，都是今天，珍惜當下，深切的感受此刻。

人生中，請做對三個選擇，你就能無往不利。

第一是伴侶（對象）；
第二是圈子（朋友）；
第三是教練（老師）。

再說一次：「你想體驗什麼人生，就給自己設計什麼樣的人生。」

5 月 13 日

人生使命

生命洪流滾滾而來，劫數難免橫生，唯有歷盡人間沉浮，方能遠離紅塵執念，超凡脫俗，無論你我處境如何艱難，都當淡然自若，逆境常有轉機。

風雲變幻不居，命途多舛卻步伐從容，學富棒不在征人，乃在洞見自我渺小；財贏人後非炫耀，乃擔起揚善重任；地位顯赫非自賞，乃引領群倫同心；浩蕩無疆非壓人，乃為自由盪懷抱。

一個人有了能量，不是為了滿足私慾，而是為了承擔更多的使命。

5 月 14 日

大腦資產

你覺得錢是越花越有？還是覺得錢花了就沒了？

答案很簡單，一切就看你的大腦是否有財務智商。

我們常說捨得捨得、不捨不得、大捨大得、小捨小得，我所講的越花越有，請記住是往你的資產花錢，如果你往負債花錢，那真的就會一貧如洗！

究竟什麼是資產？能夠為你帶來價值的東西叫做資產。那麼什麼是負債？能將你口袋裡的錢掏出去叫負債。

如果你買車只是為了裝闊，那麼這台車就是你的負債，你有繳不完的油錢、保險、維修保養費；但假如你買車是為了業務需要，能為你簽下更多的業績單，那麼這台車就會成為你的資產。

如何實現財富自由？以下我講的這句話很重要，請你務必牢記於心！

「不斷的增加資產，不斷的減少負債。增加資產，就會增加你的被動收入；減少負債，就會減少你的主動支出。」

當有這麼一天，你的被動收入大於支出的時候，你就實現財富自由了！

但是在這之前，你得搞懂什麼叫資產和負債。

房子是資產還是負債？股票是資產還是負債？黃金是資產還是負債？比特幣是資產還是負債？

有人說是資產，但也有人說是負債，其實這些答案都是錯誤的！因為這些東西到底是資產還是負債，跟這些東西本身無關，而是跟每個人的財商有關。當你的大腦財商提升了，你買的這些東西都會變成資產。但是當你沒有財商的時候，你買的這些東西都會虧錢變成負債。

窮人與富人最大的差別，並不是身上擁有多少錢，而是大腦的思維能力。

在我看來，人類唯一的資產就是自己的大腦，即思維方式即財商，你的大腦經過訓練變成資產，所有東西在你手上都會變成資產；你的頭腦沒有經過訓練，所有東西在你手上都會變成負債。

你相信嗎？對一個有財商的人，中樂透可是天大的好事；但是對一個沒有財商的人，中樂透卻是天大的災禍。

我想與大家分享的是，什麼錢你都可以省，但凡是能幫助你成長，以及學習的錢千萬別省，因為只有把錢花在大腦上，有朝一日它會為你創造更多的金錢。在我的認知中，只要是往大腦花的錢就不叫花錢，而是自我的投資。

你覺得還有什麼比投資大腦更值錢、投資回報率更高的東西嗎？資金盤嗎？別鬧了！唯有把錢轉到大腦銀行，生出的利息會讓你翻倍到不可思議。

善用人類最大的資產，就是不斷投資自己的大腦，願我們一同努力實現金錢自由！

《療癒心靈的秘密能量：第 135 天》

5 月 15 日

隨遇而安

再煩憂，莫失微笑；再焦急，語氣溫和；再艱辛，堅持不懈；再疲憊，善待自身。低調做人，一次次踏實穩健；高瞻做事，一次次卓越優異。

盛年勿忘往昔艱難；落魄當知未來可期，有望可圖盡力拚搏，無望亦無需介懷，輸贏心態自可從容。

人生路上聚散難免，世事無常皆有定數，終悟自在臻於心境，看淡得喪方成瀟灑，內心淡定乃至高遠，美好的相遇，猶如鮮妍的風景，撒下體諒的種籽，將綻寬容之花，珍而重之播下，定結幸福甘果。

餘生祈願，歡喜以溫柔待人，沐浴溫暖的生活，溫柔是貼心的體現，溫暖是關懷的具象。歲月有情，有你溫柔可親，有我溫暖可感。

願彼此常懷笑顏，快樂盈心頭，不強求，隨遇而安，順其自然。

5 月 16 日

靈魂伴侶

請仔細聽好囉！

接下來我要講的話，雖然會讓你感到難受，但這些話可都是真象。尤其是男人，你所選擇的伴侶可能決定你此生的成敗，要知道你永遠無法找到絕配的女人，你也無法改變任何一個人的想法，你唯一能改變的就是你自己，只有你自己先改變了，這個世界才會因你而大放異彩。

如何判斷一個女人是不是你的靈魂伴侶？

你只須謹記以下幾句話……

「難聽的話只有老婆會說，這叫做忠言逆耳。」

「好聽的話只有妖精才會講，那叫做口蜜腹劍。」

「那些和你過著日子、耍著性子、和你要過一輩子的女人，才是你最應該珍惜的人。」

「那些只想花著你的票子、惦記著你的房子、坐著你的車子，只想和你混一陣子的女人，才是你最該防備和遠離的人。」

5 月 17 日

心境塑人生

人生不在於你看透多少世事，而在於你以怎樣的心胸看待，不在於認識多少人，而在於有多少人在你困境時與你並肩。

昨日的美好已成過去，今日的艱難仍須勇往直前，無人能致你煩憂，除非你自己願受困於心，放不下的，唯有你自己不願改變而已。

逆境需忍耐以渡，順遂時要知收斂；不佳時莫失涵養，無論遭遇何等問題，都非推諉他人所能解決，喜怒哀樂，皆由自我而起，無路是走不通的，只有人想不開而已。

莫囿於現況而自我束縛，反省自身並勇於改變，錯誤需改過，方能把握更美好的前程。

長樹先長根，立人先立德，根乃樹之基，德乃人之本。

《療癒心靈的秘密能量：第 138 天》

5 月 18 日

口德

一個人的言行舉止，就像是一面鏡子，能反映出他的品性和風采，有些人儘管外表看起來華麗動人，卻經常在言語上失分，讓自己的形象大打折扣。

或許，你曾經讚美過某人，用盡花言巧語形容他的優點，但這些話語並不會深深印在對方心中。相較之下，如果你在背後進行誹謗，或者戲謔他的缺點，這樣的印象對他而言會難以抹去。

言語雖然無形，卻有著強大的力量，一句無心之言，可能會給人帶來深深的傷害，同時也會影響到彼此間的相處關係，如果你能多說一些正面的話，對方必定會感到溫暖，同時也會為你的善良而加深印象。

想要給人留下好的印象，保持良好的言行舉止至關重要，說好話是積口德，說壞話很缺德。

言語佈施不需花錢，但說人是非，心中對你有怨念，會影響你的磁場。

《療癒心靈的秘密能量：第139天》

5月19日

信用無價

燃燒千金相待一餐，盡情歡笑共把酒言歡，即使一百元的欠款仍必須償還，這是信譽的基本原則。

紛擾落魄之時，切勿以欠債交友；身陷困境之際，言語更應謹慎謙虛，絕不可辜負他人對你的信任，因為別人之所以信賴你，是因為你在他們心中有價值，人生之路漫長，切莫以自己的過失阻礙前進之路。

擁有良好的信用，方能建立廣泛的人脈，言行一致，方能向前邁進，以真摯坦誠之心待人，必能在世間獲得敬重。

把人做到極致，就不用再做事，因為有很多人會助你成事，錢也會自動流進來，永遠不要透支身邊的人對你的信任，多一點真誠，少一點套路。

有一天，若有人提起你名字的時候，最起碼讓別人說：「這個人還行！信用滿分！值得信賴！」

若能讓人相信自己的信用滿滿，你的人生資產將是無價之寶。

5 月 20 日
摯友

在人生的旅途上，你難免會遇見各種人，有些成為了你最親密的朋友，而有些只是匆匆路過的陌生人，與你心靈相通的人，自然成為了你的知心好友；若是性格不合，也只能擦肩而過，與不同類型的人相處，往往會受到他們品性的影響，逐漸與他們趨同。

結交良朋益友，定能拓展你的視野，解除你的煩憂，讓你的心胸與人生觀不斷提升。

真正的好朋友，就像是一座寶藏，充滿了正能量，不斷為你帶來人生的喜悅與意義，這樣的友誼極其珍貴，絕對值得與之終生相伴。

友誼的基礎是心靈的契合，是情感的交融，更是彼此的真誠相待。

懷著誠意的朋友，能夠深入你的內心世界；以真情對待你的朋友，必定會溫暖你的餘生時光；真誠無虛偽的朋友，才是你人生路上最值得信賴的伴侶。

5 月 21 日
人心

與信任你的人打交道時，永遠不要欺騙他們，對於欺騙你的人，也不要輕易相信。

有時的情況，會讓你看清楚一些事，而這些事也會讓你認清一些人，以為對別人真誠相待，就能換來對方的真心，竭盡全力讓身邊的人開心，但最終會發現傷害的其實是自己。

不要期望每個人都跟你一樣，只需要保持真誠和問心無愧就好。

人心有真假，時間會證明一切，感情有冷暖，經歷風雨考驗，歲月流逝，無法保留虛幻的所有，經歷後，才能領悟緣分的無常，平淡中感受人情的冷暖。

有心的人，不管你在不在身邊，他都會關心你；無心的人，無論你好與不好，卻總是漠不關心。

走過一段路，總會有一次覺悟；經歷一些事，才能看清人是否真心。

5 月 22 日
情商

有些人對你唧唧喳喳，指手畫腳，只因他們眼紅你的優秀，人的價值觀各有不同，沒有絕對的對錯，但有些人習慣挑剔別人，若你的做法與他們不合，他們就會責怪你，說你不守規矩，挑剔你與眾不同。

或許，有人出於經驗提點你，希望你有更好的發展；也有人純粹嫉妒你，目的是損害你。與其被他人批評困擾，不如專注於自己，在當下的環境中，培養高度的心智，才是你應該努力的目標。

記住！傷人的話最終只會傷到自己，有高情商的人不是不會反駁，而是不想與一些人無謂爭論，放下那些負面言語，繼續朝著成功的道路前進才是上策。

《療癒心靈的秘密能量：第 143 天》

5 月 23 日

敞開心扉

活到人生這把年紀，終於領悟到最好的人際關係，就是相處自在不累人，不需勾心鬥角，互相防範，你瞭解我的難處，我也體諒你的艱辛。

與那些讓你感到賞心悅目的人為伍，無需刻意思前想後，小心翼翼斟酌用字，想說什麼便直率吐露，想做什麼也無須扭捏害羞，更不必提心吊膽擔憂對方有什麼意圖。

相處自在的好友，能與你分享喜悅，分擔愁緒，無需存有任何偽飾，亦不必顧及所謂的面子。

餘生，只求能與這樣的知心好友相處，疲倦時毋需強撐，難過時可掉淚痛哭，軟弱時無謂裝堅強。

人生苦短，與人為伴何必疲於應付？能與你敞開心胸，盡情卸下心防的人，才是你這一生該好好珍惜的知己。

5 月 24 日
包容

與真正的知己相處，彼此無需算計欺瞞，只有坦誠相見的真心，大家互相信任、互相依賴、互相欣賞對方的長處。

高興了就笑開懷，傷心了就盡情哭泣，委屈了便直言相告，生氣了也能痛快吼叫，毋須遮遮掩掩、畏畏縮縮。因為好朋友瞭解你的個性脾氣，自會體諒包容，給予無條件的原諒。

與他們在一起，你無需假裝作揖，也不必裝模作樣，被看透的你，仍會獲得諒解疼惜，有什麼心事可大膽傾訴，他們絕不會向外揭露傳播，提出任何要求，好友都會盡力滿足，他會視你的事如同自己的事，不求回報盡心盡力為你效勞。

一生中能結交知己實屬不易，摯友相知相守更是難能可貴，最美好的感情，就是相處自在不勉強；最好的關係，就是濃淡得當恰到好處。

最值得珍視的朋友，就是無論遠近都互相關照；最難得的緣份，就是能夠順其自然，不做作不勉強。

《療癒心靈的秘密能量：第 145 天》

5 月 25 日
邂逅

原諒某人或許簡單，但要重拾對他的信任卻絕非易事，溫暖一顆心需時日沉澱，卻只需轉瞬即可讓它寒涼。

活在當下，我們理應善待自己，別總在別人的生命裡麻煩插科打諢，無論是友誼還是愛情，你來時我熱情以待；你離去我也能釋然歸零，不屬於自己的東西勿去強求，別人不由衷給予的也不必在意。

時過境遷，人事俱非，有些事縱使再怎麼努力，也終究無法回到從前，很多時候，寧可被誤會，也不願多做無謂解釋，信與不信，在乎與否，其實全在一念之間，懂你的人無需多說，不懂你的人再解釋也無用。

我嚮往這樣的心境：淡然處之，不再計較得失。

有時，這個世界廣闊到一生難以邂逅，有時又小到彷彿咫尺之遙，當緣分讓你我相遇時，請懷著感激之心，相處請務必好好珍惜，轉身離去時請優雅莊重，揮手道別時請帶上微笑，因為自此之後，說不定一輩子也無緣再見。

5 月 26 日

幽默感悟（一）

第一天，小白兔釣魚一場空，第二天又去還是沒收獲，第三天終於遇見了一條大魚，大魚氣呼呼的說：「你要是再敢拿那該死的胡蘿蔔當餌，我就扁死你！」

人們常常以為別人需要的，其實只是自己主觀臆測的東西，活在自我理解的世界付出，往往是徒勞無功。

馬克·吐溫曾在宴會上對一位出挑的女士說：「您真是位美人。」

女士：「可惜我無法對您說同樣的話！」

馬克·吐溫機智的回應：「沒關係！你只需像我一樣說一句謊話就行了！」

女士頓時無言以對，羞愧地低下了頭。

有時，口無遮攔的傷害他人，最終反過來傷害的卻是自己，語言擁有強大的力量，若是惡意中傷，只會給自己增添更多陰暗。

《療癒心靈的秘密能量：第 147 天》

5 月 27 日

幽默感悟（二）

有位醫生朋友，在一次手術中發現病情比預期嚴重，無法切除癌腫，只好將病人縫合好。在向那位來自農村的病人解釋時，對方顯然聽不太懂術語，堅持認為「手術做了，病就會好」，醫生無可奈何，只好讓他出院。

沒想到，一年後這位病人竟然重新恢復健康，癌細胞不翼而飛！

原來樂觀正面的心態，才是最佳的良藥啊！

再說一件趣事！

一位醫生在咖啡店等朋友，一位女孩突然走來問道：「你是不是來相親的？是李阿姨介紹的對象嗎？」他往女孩一瞥，恰好是自己喜歡的類型，於是心想與其錯過這良機，不如將錯就錯，便笑著點頭說：「對對！請坐！」

到了結婚那天，新郎才向新娘吐實：「其實那天我不是去相親的。」

沒想到，新娘也樂呵呵的說：「我也不是啊！只是想藉故和你搭訕而已！」

機會就在眼前，把握還是錯過就看個人眼光了，有勇氣抓住幸運，人生自然會添上許多歡樂的篇章。

5 月 28 日

幽默感悟（三）

別再正經八百了！來聽我說兩段幽默的小品吧！

話說，有幾個女生參加班花選舉，相貌平平的小婕在演講時說：「雖然我長相算不上惹火，但過幾年，妳們就能對老公得意的說，我上大學時比班花還正呢！」

你猜最後如何？她高票當選了！

原來贏得人心，不在於你有多麼出眾，而在於你能讓別人覺得自己也很牛逼！小婕就是這樣智慧無雙，把選票統統收入囊中。

有一次，一隻老虎在籠子裡鬱鬱寡歡，看見野外那隻自在逍遙的同伴，就羨慕得要死，兩隻老虎於是商量著交換位置。

開始時，牠們都很開心，野外那隻以為重獲自由，籠內那隻期待舒適生活，可過沒多久，野外的那隻就餓死了，而籠內的那隻也鬱悶而亡。

人就是這麼傻！總是覬覦別人的生活，而忽視自身的幸福，其實你手中的寶貝，就是別人夢寐以求的東西啊！

人之所以痛苦，就是總把焦點放在缺陷上，而忘卻所擁有的一切。

《療癒心靈的秘密能量：第 149 天》

5 月 29 日

修為

修行和生活可不是陣營對立，而是陰陽並濟的道理，你我本有自性明明白白，可就是迷失在這個鬧市中，東奔西跑尋覓啥子，把自己最重要的寶貴遺忘了。

佛祖就在吾心，吾心就是佛，別往外頭找去了，但願大伙都能自拾自信，有多少個信心，就有多少個成就，認真學就要堅持修，一門心入了定慧，今生還怕解脫不能？

好不容易爬到一個位置，就巴不得把別人的腿砍了！你以為把誰壓下去就算贏了？其實啥都沒贏！

真正的強者，從來不是看他壓垮多少人，而是看他扶助了多少人，服務了多少人，團結了多少人，成就了多少人。

未來屬於善良有正能量的人，絕不是那些陰險小人得志。只有懂得付出、知恩圖報、談笑風生的人，才是這世間的主人。

記住這句話：「善待他人，就是善待自己！」

5 月 30 日
不必在乎

永遠不要向任何人解釋你自己，因為喜愛你的人不需要解釋，不喜愛你的人也不會相信任何解釋。

切勿讓某個人成為你生命中的優先考量，尤其當你僅是他們生命中的一個選擇時。

人與人之間的關係，唯有彼此達到平衡，才能運作最為恰當。

每一個清晨醒來，你都可以作出兩個簡單的選擇：回頭繼續沉浸於夢境之中，抑或起身追尋夢想，選擇權全掌握在你手中。

你總是讓那些在乎你的人，為你傷心流淚，卻又為那些永不在乎你的人哭泣，你也總是在意那些永遠不會為你流淚的人。

這是存在於生命之中的必然奇景，雖奇怪但卻如屬真實，一旦你了解這一點，想改變一切都不會太遲。

《療癒心靈的秘密能量：第 151 天》

5 月 31 日
銷售秘密（一）

《打開富人的秘密：上篇》

這篇文章源自於周文強老師日精進的音頻，這篇文章就是要教你成功最重要的法門，如果你今天仍是一無所有，感到現在很迷茫很痛苦，沒有創業也尚未存到第一桶金，那麼你一定要看完此篇文章。

這個世界上有兩種人，第一種人叫銷售者，第二種人叫消費者，97% 的人是消費者，而 3% 的人是銷售者，想要學會買，一定要先學會賣。富爸爸曾說過一句話，任何一個公司和任何一個人，在這個社會上都扮演了兩個角色，一個是銷售者，另一個是消費者，你在公司上班，你就是銷售者， 當你出去消費或吃飯，你就變成一個消費者。

那怕你只是一個負責在百貨公司掃地的阿姨，你也是一個銷售者，你在銷售自己的體力，**而賣體力是這個世界上最不值錢的工作。**

所以，你到底能賣什麼呢？

首先，從賣產品、賣能力、賣智慧、賣頭腦開始，接著變成了賣自己，到最後就變成了賣夢想。

所有創業者的老闆，以及上市公司的老總，他們其實就是在賣自己的夢想。

全世界所有的人都是從銷售做起，比如李嘉誠賣房子，黃光裕賣電器，比爾蓋茨賣電腦軟體，賈伯斯賣蘋果手機，這些人都曾是銷售者。

若你想要成為 3% 的人，就一定先要學會銷售，因為銷售是成立一份事業的開始，銷售等於收入，其它的全都是成本。

《療癒心靈的秘密能量：第 152 天》

6 月 1 日
銷售秘密（二）

《打開富人的秘密：中篇》

我繼續分享銷售秘密的第二個主題。

如何做好一個銷售人員？今天很多人他不屑於做銷售，如果你看不起做銷售的工作，你這輩子永遠都不可能把產品賣出去！再偉大再厲害的科學家，若沒有銷售者幫你把產品賣出去，那麼你的發明創造就只是一堆垃圾，只能放在實驗室。所以偉大的人物都是從做銷售開始的，一定要敢於推銷自己，一定要敢於銷售自己的產品。

那麼，究竟什麼是銷售？

所謂的銷售，就是信心的傳遞，情感的轉移。

永遠記住一句話，賣產品不如賣自己，消費者買你的東西並不是買你產品的功能，而是買對你的信任，認同你這個人，所以你要想成為銷售者，第一個核心是什麼？把它寫下來，叫做自信！

一個人沒有自信，他永遠不可能把這個產品賣出去，因為你壓根兒都不相信你自己，不相信你的公司，不相信你的產品，怎麼可能有人會相信你？銷售，其實是你自信的一種傳遞，你對自己的產品、對自己的公司、用自信傳遞給了客戶，覺得買你的東西一定能夠有幫助，他才會選擇購買，所以文堡老師從未見過一個不自信的人可以成功，一定要擁有自信的能力，每一個人天生都是有自信的，只是你一直被負面的信念思維封印住。

你知道為什麼東西賣不出去嗎？你知道你為什麼不成功嗎？

《富爸爸窮爸爸》這本書曾說過這麼一句話，因為你被人拒絕的次數太少，我一聽懵了，怎麼會被人拒絕次數太少？我每天被許多客戶拒絕。然後富爸爸說，全天下最成功的人，恰恰都是那些最會被人拒絕的人，任何一個名人有正面就有負面，今天的馬雲或李嘉誠，負面永遠比正面更多，並不是所有人都會認同他們，**你之所以銷售不成功，是因為被人拒絕次數太少**，今天被人拒絕了，你就失去信心，但是一旦你被N個人拒絕多次後，你就會從拒絕裡看見希望。

銷售的核心，就是那個窄門以及那個針眼，你之所以還是97%的人，還沒有轉到3%的那一邊，就是因為你無法突破窄門，甚至你都不知道有窄門這個東西，而窄門又是什麼東西呢？

這是一個非常大的秘密，只要你找到了這個秘密，就會瞬間成為了一個超級厲害的銷售員，知道這個秘密是什麼嗎？**這個秘密叫做意思，它分成了『好意思』和『不好意思』**。

當你越好意思的時候，對方就會越不好意思，當你越不好意思的時候，對方就會越好意思。

6 月 2 日
銷售秘密（三）

《打開富人的秘密：下篇》

今天我們繼續來分享，銷售秘密的最後一個心法。

你有沒有發現，當你不好意思跟客戶銷售的時候，客戶就好意思拒絕你，你越不好意思對方越好意思。但是當你越好意思銷售的時候，對方反而會不好意思，你越好意思對方就會越不好意思。

你有沒有遇到過這樣的朋友，每次吃飯一定是你買單，他從來沒有買過單，但是你跟他在一起，你不買單你反而會不好意思，他不買單他會非常好意思，代表兩個人的磁場此消彼長，你知道這是什麼意思嗎？

還是那句話，你越好意思對方越不好意思，你越不好意思對方越好意思。**當你不好意思為對方銷售的時候，對方就會好意思拒絕你，當你好意思跟對方銷售的時候，對方反而不好意思拒絕你。**

你之所以沒有穿越富人的窄門，就是因為你被人拒絕的次數太少。這就是事實啊！那麼該如何突破不好意思呢？有一個簡單的方法，就是去大街上對著陌生人，然後大喊三個字：『我不要臉！我不要臉！』見人就喊，幾次下來就能完全突破了，你壓根兒就不在乎別人怎麼看自己！

不知你有沒有發現，越是成大事的那些頂級領袖，越不在意別人看他的眼光。

不要在意別人怎麼看你，84,000 個人看你，就有 84,000 個你，所以你是你，你非你，沒有人可以定義你，只有你可以定義自己是誰，只要你賣的產品真的能幫到消費者，為什麼會不好意思銷售呢？你反而要大量的行動，好意思去銷售，客戶若不買，那是他們的損失。

永遠記住！成交一切都是為了愛！

最後，我要給大家輸入幾個價值百萬的成交信念，那就是，銷售最重要的是『信念』和『方法』，假如教你一百個方法，卻沒有銷售的信念，那麼你一條都用不出來，文堡老師與你分享百分之百的銷售信念，你不需要學習任何方法，你自然就可以生出千萬個法則為自己所用。

《價值百萬的成交秘密》

- 成交一切都是為了愛，銷售的關鍵就在於成交。

- 成交一切都是為了愛，愛客戶就要幫助他成交。

- 只有徹底成交才能徹底幫助他，不買是他的損失。

- 我百分之百相信我自己，我百分之百相信我的產品，我百分之百相信我的書籍。

當你把這幾條成交的信念，在成交客戶之前反覆的自我確認，當你有信心向他們銷售，而且沒有不好意思，客戶就會被你的激情和自信感染，任何人都會跟你購買產品。

想賺錢嗎？想！
想成功嗎？想！

那麼就請做一件事，把你的臉和你的面子全撕下來，踩在腳底踩兩腳，然後再扔到垃圾桶，你覺得面子一斤值多少錢？等到你功成名就時，再把面子重新找回來漂白一下，接著準備衣錦還鄉。

請隨時保持這種感覺：『你又有什麼不好意思的呢？』

當你有了信念的時候，最後一條就是方法了，所以想成為銷售高手，最重要的就是向高手學習，用高手的方法一轉身為自己所用！

《療癒心靈的秘密能量：第 154 天》

6 月 3 日
擁抱

很多人說，擁抱是最疏遠的方式，因為看不到對方的臉龐，但我卻認為，擁抱是最親密無間的方式，因為彼此的心靈貼在一起，無遺馳盼。

成長的路上難免有傷，有痛有樂交織而生，你得勇敢面對一切傷害，毫無畏懼的長大成人。

喜歡的東西就是最好的，別人的看法想怎麼說就怎麼說吧！喜歡勝過一切道理，原則也抵不過我的喜好，但也要分清是非黑白，不要盲目，也別太過敏感矯情，沒有任何事值得你不開心。

人生最美好的風景，莫過於內心的淡定從容，頭腦的睿智清醒，最奢侈的擁有，是一具健康的身體，一顆永不止息的信念，還有一個與你永遠牽手的摯愛。

做個安然自在的快樂人，用美好心情去享受人生，時光就是一片無垠的荒野，蒼茫之中也會冒出嫩綠新芽，采一襲碧水藍天的心緒，許個安祥的心願，一路摘花種草，一路詩意芬芳，心懷善意，這就是歲月賦予的寬容與大愛。

不如意的事終將過去，痛苦之後必有驚喜，命運的一切安排，原來就是最好的注定。

《療癒心靈的秘密能量：第 155 天》

6 月 4 日

真誠

心，這個東西可貴了，給對的人來說無價無價，給錯了人，可就一文不值。

喜歡跟善良，可以免費但不廉價，遇到讓你不舒服的人，就少來往吧！如果每個人都這樣，那就該考慮換個圈子，好相處就處，不好相處就別處。

這個世界上最難的事，莫過於在多變的世界裡，維持不變的關係，愛和吃，唯獨這兩樣不能湊合，因為心和胃都太小，承受不了虧待。

能永遠征服人心的不是小聰明，而是厚道；能感動人心的不是語言，而是行動；能始終如一的永遠不是偽裝，而是真誠。

人與人，舒服就好；情與情，交換就好；心與心，珍惜就好；若是心累，放下就好，記得初心，沒有什麼是不變的，唯有因果可信。

人與人相處最佳的方式，就是從不高估自己在別人心中的份量，及時止損。別有所奢望、別過度矜持、別過分期待、別太過盼望，如此才能避免失望的降臨。

6 月 5 日
相遇

其實，每個人都有自己的月台，需要出發沒有藉口，每個人也都有自己的驛站需要再見，而這一程旅途的距離之間，相隔的便是一個人愛恨情仇的江湖，是一個人苦樂相伴的年華。

光陰的味道，一情一意，千絲萬縷，帶著一如既往的期許，而能夠等待的，總是生命無盡的希望，古老的話語，煙花易成泥，生命的承繼，像一朵花開了又謝，去了又來，來了又去，聚散如風絮，愛似流年語 ，看煙花易冷，嘆人事易分。

花開十里，終會零落成泥碾作塵；誓言再美，終究躲不過時間的荒涼。

人生，總要留下遺憾或殘缺，才能讓你在悔恨中懂得珍惜，才會小心翼翼，把握生命中的每一分相遇。

6 月 6 日
靈魂

生活如同一面鏡子，它容納著你風塵僕僕的自我，和酸甜苦辣的記憶，你能看到光彩照人的外表，卻無法看見悲傷脆弱的內心。

有時你笑著，有時哭著，有時達成心願，有時卻無能為力，你的心是多麼複雜，為了生活，你也許勉強微笑，付出了多少辛勞和淚水，承受了多少委屈，你喜歡戴著面具前行嗎？**生活不斷給予你難題，你只要給予生活回應。**

在結痂的傷疤下，蘊含著一顆敏感易碎的靈魂，生活並不容易，願你珍惜眼前的一切！

《療癒心靈的秘密能量：第 158 天》

6 月 7 日
道補

在他人陷入困境時，伸出援助之手，或許只需舉手之勞，或許需要一些付出，重要的是力所能及，不僅可以錦上添花，更能如雪中送炭。

當你幫助他人時，他們未必會記得你，在別人有難的時候，你給予幫助，別人會記住你一輩子的好，在你有困難的時候，人家也會同樣幫助你，你的路才會越走越寬。

生命中常遇到的種種情況，諸如生病住院、喜事悲事、自然災害，你的幫助和關懷，將永遠存於他們心中，拉近彼此的距離。

補身最好的是道補，其次是人補，再次是氣補，然後是食補，最後才是藥補。

身體的標準：

筋骨柔軟，體魄強健！

情感的標準：

心胸寬廣，志向遠大，性格開朗！

智慧的標準：

智慧充沛，念頭正確，行為善良！

人與人之間的激烈競爭，表面上看重的是：
房產、汽車、財富、社會地位。

核心競爭在於：

能力、資源、人脈、社交圈。

真正的競爭則在於：

思維、認知、價值觀、品德。

《療癒心靈的秘密能量：第 159 天》

6 月 8 日
順暢

每個人都渴望快樂，但經常卻找不到。原因很簡單，因為你太過自私，每天的想法都圍繞著「我」，我想要、我需要、我喜歡、我不能……

無論做什麼事，你總是把自己放在第一位，這種行為在自己看來似乎理所當然，但佛陀告訴我們，這恰恰是引發痛苦的根源，當你追求自我利益的心切之時，所帶來的痛苦也將更加沉重，因此，你應該放下心中的自私之念。

那些活得疲憊的人，心中總是充滿了不喜歡的事；更加疲憊的人，總是為明天的事情操心，那些無法挽救的人，則是負擔了許多不該承擔的事。

你常常在貪欲中失去幸福，在忙碌中失去健康，在猜疑中失去信任，在計較中失去友情。

若能不爭，心靈將更加輕鬆；若能不比，人生將更加順暢；若能不求，生活將更加平靜。

6 月 9 日

超脫凡塵

把時間盡可能花在自我改進上，這樣就沒有時間胡思亂想，也不會與人做比較，讓自己的能力大到不必擔憂，高尚到不會生氣，堅強到沒有恐懼，快樂到沒有麻煩。

想肯定自己的優秀，並向全世界宣告這一點，不是用大聲的言語，而是透過偉大的行動，我要帶著信心過好每一天，只有忠於自己最好的一面，整個世界都會站在你這邊。

在家裡安逸最舒適，錢多了反而燒得難受，寧靜可致遠，淡泊可明志，我認為還是在家裡養養豬攢點糞實在，現在外面的世界太糟糕了，什麼事都不穩定，人生的精彩都在不成熟的世界中，成熟的情感與世界都很質樸。

蘋果就是蘋果，梨就是梨，蘋果與梨的混合調，雖能一時搶眼，卻難以持久，只宜作為表面的裝飾，而非內在的核心。

順應因緣，參透禪悟，從容自在，任性而行，你我皆是平凡人，雖然心中渴望超脫凡塵，但人生事事隨緣，唯有順從心意，方能得到安寧。

6 月 10 日
小人

莫與小人爭論是非，在腐敗的世界中，高尚品德反被指為過錯；在小人的世界裡，他們永遠自以為是清高的。

欲成就偉大事業，切勿與渺小之人爭鬥，將軍有劍卻不屑砍殺一隻蒼蠅，寧可與賢哲英豪切磋砥礪，莫與無知者辯駁對錯。

智識高低有別，何須勉強一致，永遠不要和小人生氣，也不要和小人糾纏不清，明瞭只有那些不如你的人，才會在背後對你誹謗中傷。

人生說到底，就是一場場直播，沒有預行彩排，也無法倒帶重來．有些事情，縱使你再後悔，也無法重新來過。

所謂的日後還很長遠，卻難敵世事難料，我們不堪受創，不敢賭注，不能失敗，也無法耐心等待。

珍惜眼前的人，好好走過當下的路，好好過著現在的每一天。

6 月 11 日
堅韌

歲月寂靜無語，轉眼之間，愛情便成為過往的故事；回首過往，年華已化作眼前的風景，放不下的情懷，難忘的相思，都在歲月的流轉中，化作了或深或淺的詩句。

輕撥一縷心香，譜寫一曲相思曲，人生短暫，當學會看開看淡，一切隨緣自在。在人之上時要看得起人，在人之下時要看得起自己，保持樂觀的心態，學會知足常樂！

傷疤之所以會疼痛，是因為你熱衷於去撫摸它、回味它、炫示它，若情牽掛於往事，必然心痛於過往，愚者因此愈加傷痛，智者則因此而更加堅強。

一切的喜怒哀樂，都將隨著時光而逝去，你無須過於惆悵、抱怨、懊悔，過去已然無法抹去，未來又豈會拖延？

相信那些你無法勝過的、克服的、忍耐的、寬容的，只要不曾將你置於絕境，都將使你更堅韌有力。

6 月 12 日
百順

有個禪師，他有一個常抱怨的弟子。

一日，禪師將一把鹽放入一杯水中，讓弟子飲用，弟子說：鹹苦難喫。

禪師又將更多鹽撒入湖中，讓弟子再嚐湖水。

弟子飲後說：純淨甘甜。

禪師說：生命中的痛苦就如同鹽，它的鹹淡取決於盛載它的容器，你願成為一杯水，還是一片湖？心胸似湖，自然無怨無憾。

人生的幸福，一半需要奮鬥，一半需要順隨。

奮鬥，不是與他人爭鬥，而是與困境掙扎；順隨，不是盲從潮流，而是知所止而安之。

奮鬥，人生少有遺憾；順隨，知足者常有喜樂，最可怕的是該奮鬥時卻不奮鬥，該止步時卻不止步，總是在掙扎中痛苦糾纏。

當遇逆境則堅韌，當順遂則知所止足。

人這一生不要與自己反目，不要活在他人的眼中，請學會欣賞自己，不與他人比較。

你羨慕我的車，我羨慕你的房，我們都是目光短淺，看不到眼前的幸福，當你學會與生活和解，心態順暢，生活自然百事亨通。

《療癒心靈的秘密能量：第 164 天》

6 月 13 日
底線

《守護底線，方能自重》

有時，你過於客氣禮讓，會遭遇一些無理取鬧的人，他們或是故意挑起爭端，或是將你的善意視為退讓，大多數情況下，退一步讓是大智若愚的做法，無須與人爭論。然而，該捍衛的原則還是要捍衛，該拒絕的要求還是要予以婉拒。

當有人觸碰到你的底線時，你理應堅定地表明立場，不能任由對方繼續胡作非為，寶貴的時間，請留給那些能體諒彼此的人，不要浪費在那些唯我獨尊的人身上。**記住！底線的存在不是為了傷害他人，而是為了保護自己，若有人故意踩踏底線，就讓他知道，上面已插滿了尖銳的釘子。**

當生活陷入困頓，無論如何努力都無法掙脫枷鎖時，心灰意冷是難免的，你必須歷經悲傷、憤怒、羞愧等劇烈的情緒起伏，請謹記黎明前的黑暗總是最令人絕望的，你有幸置身於這充滿奇蹟的人生之途，決不能就此放棄。

相信自己，堅信自己一定能重拾希望，再次感受生活的喜悅與熱情，只要熬過那段灰暗的時光，等到雲開雨散，你自能重獲笑顏，與世界共存共榮。

《療癒心靈的秘密能量：第 165 天》

6 月 14 日

善念

吾所欣賞者，乃是那種無論是敗是勝，都不失其本真的人，答應了便須實踐，借了人情必當回報，這等分文不差的君子，方堪與共憂患，同甘同苦，他們絕不會為了錢財，出賣同伴，也不會為了私利，算計於人，做事光明正大，行事本分謹慎。

吾所珍視者，乃是那種雖然遭逢千難萬難，也決不會玩陰的、耍詐的，即便淒涼潦倒，也不會占人小便宜，待人寬厚有度，施恩絕不強人所難。

吾所敬重者，乃是那種簡單質樸、心無旁騖的君子，言行一致，表裡如一，做錯事有錯就改，生事端也會主動賠罪，用心良善，絕不小覷於人，對父母孺慕有加，交友必定重義氣，行事低調，不喜張揚，做事踏實負責，絕非蓋世無能。

吾所喜愛者，乃是那種懷著寬廣心胸、處事公正的君子，無論歷盡了何等艱辛際遇，良心正義永為重，靠著自己的勤勞所賺，絕不佔他人一錙銖便宜，也不會從他人手中硬奪一絲利益。行事光明磊落，做人堂堂正正，言必信、行必果。

這世間，人品好壞，心地善惡，自有天理主宰，行善積德之人，自是受人愛戴敬重；為惡作亂之人，必遭人痛恨排斥。

修身正己，方作賢良；篤行仁義，乃行大道。

循規蹈矩，方能立足；不離不棄，守得雲開。

我佛示眾：人身難得，當好自珍惜，遠離是非迷戀，嚴守道德規範。

行善積德，無愧於心，自可超凡入聖，化凡成賢。

《療癒心靈的秘密能量：第 166 天》

6 月 15 日
善緣

仁者有心濟世，用善念良行廣佈天下，助人自助，功德無量，倘若你的一錯再錯，觸犯了這等善良之人，定會引發連鎖反應，禍及池魚，一人被害，無數人受其殃。

反之，若你以善意待這等君子，他們必將善緣廣施於人，你亦因此而獲無窮福分，做一件善舉，福澤遍及；做一件惡事，殃及無辜。

與人交往之時，切記時刻虔誠持重，絕不可疏忽大意，輕易去傷害他人，那些周遭的善良之人尤其如此。

古話常說：「欺負身邊的老實人有罪，欺負善良的人罪過就更大了！」

記住這句話：「別人怎麼對我是他的業，我怎麼對別人是我的業。」

精明人吃老實人；
老實人吃老天爺；
老天爺吃精明人。

《療癒心靈的秘密能量：第 167 天》

6 月 16 日
無爭

人生短暫，何須爭鬥？爭奪金錢，臨終亦付之東流；追逐名利，歸根結底一場空，為房產相諍，親情勢將反目，與友人爭執，情誼難免抵離；與愛人爭吵，關係定將疏遠；與家人爭論，家庭和睦將不復存在，做人處事，寧為不爭，一旦爭來金錢，人心將盡失；爭得名利，信任將被摧毀；爭取道理，情誼將遭棄絕，經年累月的爭鬥，百年之後，金錢化為廢紙，房產僅成擺設，一切皆付之東流。

人生短促，安詳渡過才是上策，安祥度日，豈不恬淡？日日算計，豈非勞累？處處爭奪，豈非厭倦？為他人所有而爭奪，反失所擁有者，最終適得其反，一無所有。

人生僅此一遭，寧可退讓謙恭，自知足之為睿智，越是爭奪，越是不幸；越是計較，越是不快，學會退讓，心胸自然開闊，對名利自能淡然。

以知足的心境生活，方能在人生路上收穫幸福，越行越美好！

《療癒心靈的秘密能量：第 168 天》

6 月 17 日
說好話

生活中，最具挑戰的部分之一就是說話，儘管嘴巴本是用來進食的器官，卻常常低估了言語所帶來的影響。

很多時候過於輕率的說話，卻未曾深思語言可能帶來的後果，每個人都十分敏感，一句話、一個詞語可能引發別人種種的情緒和聯想。

與人相處時，謹言慎行至關重要！**言辭是一門藝術，一句話可以啟迪人心，也可能摧毀關係。**

具有高情商的聰明人，從不說難聽的話或大話，善待他人同時也是善待自己，他們最終能開放心胸，獲得更多幸運。

在言語上保持謹慎善意，這是與人相處最重要的技巧之一。

6 月 18 日
美麗人生

生活

猶如一曲悠揚樂章，錯綜複雜而富韻味；
喜怒哀樂，恩怨情仇，酸甜苦辣盡在其中。

心情

如江河川流不息，時而湍急，時而平緩；
汪洋恆起浪花粼粼，卻也難掩幽靜恬淡。

夢想

譬如畫家筆下遼闊無垠的風景畫廊；
百態紛呈引人入勝，令人神馳意往。

人生

燦若恆星在浩瀚蒼穹中熠熠生輝；
每一顆星子散發獨有的光暉華彩。

健康

好比春花綻放，姹紫嫣紅，蘊藏無限生機；
每個春天，它們爭相綻放，嶄露迷人容顏。

微笑雙眸

才能感受遠山渺渺的詩意韻味；

望盡層林疊翠，任憧憬心思長遊。

淡泊寧和

才能擁有由內而外、綻放的笑靨；

不經雕琢，坦蕩自然，賞心悅目。

壯闊夢想

可以為人生勾勒絢爛無垠的遠景；

敞開心胸，追尋不竭的希冀夢囑。

多姿多彩

生活方能如明媚錦繡般斑斕嫵媚；

悠遊其間，體味人間百味，品味生命百態。

6 月 19 日
善知識

無論你的專長是什麼，即將邁入火紅的 AI 世界，要學的知識多到不勝枚舉，你必需要勇於做出取捨，將一項技能熟練到爐火純青，此時你的經驗、能力與專業，將會顯得更有價值，任何人無法隨之取代。

我，曾經是失意好幾年的大魯蛇，想與大家共勉的是，人的思想及運勢，會隨著環境及流年而變。今天失敗，不代表永遠失敗；現在成功，也不代表永遠順風順水，隨時警惕自己，相信成功就在不遠處。

你也許不會跑得最快最遠，也不一定能達成目標，但走到人生終點時，起碼做了一件無悔無憾的事，品嚐回憶與滿足的里程碑，生命的付出不會徒留白費。

智慧重的時候煩惱就輕，煩惱重的時候智慧就輕，如果發現自己最近脾氣大了、心不靜了、想不開了，就說明對善知識的熏習少了。

堅持不斷的學習聖賢教育，親近善友不斷給內心充電，保持良善的狀態，煩惱自然就會少，一些慾望也就隨之而去了。

6 月 20 日

解脫

有一個人深受煩惱之苦，無法自拔，於是求教於一位禪師，希望能夠擺脫困境。

禪師睿智地告誡他說：「解脫之路，唯有你自己能走，外人無法替代。」

那人感到疑惑不解，反問道：「可是，困惱與迷惘之源正是我自身啊！」

禪師淡然一笑，繼而開示道：「既然苦惱是你內心所生，那麼將它拿捨，也唯有你自己能做主了。」

頓時，那人如獲重明，原來執著無根，煩惱由心生，解脫自性，亦在自心。

人生路上，讀過的書籍能淨化心靈，積累智慧；走過的路能開闊視野，擴大胸襟，這些都是你的人生格局，遇見的每一個人，都能讓你學會感恩珍惜。

願你明白因緣，樂在當下，自在解脫。

《療癒心靈的秘密能量：第 172 天》

6 月 21 日

本心

人生這道題，無論你怎麼選擇，都會留下遺憾。

當你做出決定後，就不要再去想其他選項的好壞，吃了一顆蘋果，不必再比較其他水果的味道；走過一條路後，也無需後悔沒有選擇其他的路。

在做出選擇的同時，學會承擔其帶來的後果，因為這是成長的一部分。

不要後悔對任何一個人好，即使你被辜負或是看錯了人，因為你的善良不應該取決於別人的反應，而是取決於你自己的本心。

糾結焦慮，往往源自於過去或未來的想像，唯有專注於眼前的事物，方能真正享受當下的快樂，進入更高維次的高我。

6 月 22 日
淡定

人生有度，做人要守著自己的分寸，你或許無法掌控命運，但能掌握自己的心境，不求生命燦爛奪目，但求人生無遺憾無悔。

快樂是一種境界，尊重他人才能獲得幸福。「己所不欲，勿施於人」，眼前的一切都是過去因果的結果，你得到的東西本該得到，無需驕傲；失去的命中注定，也無需懊悔。得與失隨緣而來，為何不以淡然的心態看待？

達摩祖師曾說：「若得榮耀美譽等，皆是宿世因緣所感召，今方獲得，緣盡仍將無有，何喜之有？得失緣起緣滅，心無增減，喜憂不動，必在慈悲之中。」

人生短暫，願你不留遺憾不懷悔，得與失無常，但求心情平和安定，只有明白因緣，才能無所畏懼，自在恬然。

《療癒心靈的秘密能量：第 174 天》

6 月 23 日

獨一無二

前幾天，我聽到一首非常有感觸的音樂，想與你分享這首歌，希望未來的幾年，你能過得更好。

如果以下這首歌詞，仍然無法觸動喚醒你，也許，這輩子就只能這樣了。

這首歌揭露了整個生命的真相，人活著到底為了什麼？我從哪裡來？要到哪裡去？在這首歌裡全講完了，這是一個大覺者、明心見性的人所寫出來的。

我太愛你了！所以我想與你一起覺醒，但我要提醒你，聽這首歌的時候，請用心去感受，而不要用腦去聽。

現在，請掃描以下的二維碼，與我和這首歌臨在 87 秒，一起追求生命的真諦。

歌名：獨一無二的你

記得不要活在別人眼裡
而要活在自己心裡
該堅強就堅強
該善良就善良

獨一無二的你

想哭的時候就放聲哭泣
記得不要在乎別人非議
要習慣性選擇忘記
把所有冷眼嘲笑都當作一種鼓勵
就不會覺得有多委屈
無所謂平凡與偉大
這世界賜我們獨一無二的你
你所有的努力就是成為自己
這比什麼都有意義
要記得麥田和遠方
還有你那再也回不去的故里
要珍惜每個人陪伴或是偶遇
永遠知道心存感激

聽完了嗎？你有什麼感覺？聽了會想哭嗎？

如果，人生可以重新再來，你準備怎麼過好這一生？

做自己愛的事，找自己愛的人，成功就是做自己，你永遠無法成為完美的別人，但你可以成為完美的自己。

我愛你如同愛自己！

《療癒心靈的秘密能量：第 175 天》

6 月 24 日
境界格局

你知道什麼叫做「境界」嗎？

假如我一天收入 100 元，你罵我，我會動怒生氣；一天收入 1,000 元，你罵我，我會不屑一顧；一天收入 10,000 元，你罵我，我會視若無睹，甚至會同情你的無知。這就是所謂的「境界」，決定了一個人的視野高度。

什麼叫做「格局」？

身上若有積蓄，大多能擁有格局，格局都是金錢鑄就的，一個人所有的煩惱，都源於收入太低，唯有壯大自己的實力，提升個人的格局，才能百毒不侵，能力決定了人生的下限，格局則決定了人生的上限。

我很欣賞這句話：「心中有事裝作若無其事，便是閱歷；心中有事還能若無其事，便是格局！」

擁有境界和格局，方能高視遠矚，視野洞察力自然也就不同，保持淡定冷靜的心態，內心富足自在，就能超脫外物之干擾。

《療癒心靈的秘密能量：第 176 天》

6 月 25 日

光芒

《銳意扎根，方能恆心成材》

人生猶如逐步開拓的旅程，切勿心浮氣躁，當下的你，寧潛心內省，積淀力量，等待蛻變的時機。

讓那份將屬於你的宏偉，在適當的季節綻放；讓那份將屬於你的美好，在適當的時刻盡情綻放。

前程漫漫，莫強求瓜熟；惟有沉潛靜心，耐心俟機，方能在日月遷移中，與時俱進，綻放獨具的光華。

有句話說的好：「當生活給你一百個理由哭泣時，你要拿出一萬個理由笑給它看，現在比過去好，這就是希望。」

當你有一個宏偉的夢想，你就可以吸引無數沒有夢想的人，或夢想比你小的人，來為你工作，幫你實現你的夢想。

心大事就小了，努力為自己活出一道光吧！

6 月 26 日
恩賜

你的人生，如止水般平靜，澄澈清淨，與芳草花香相融，與時光共酌美酒，當你學會放下不必要的煩憂，擁有獨立而睿智的心態，才能真正領悟生活的真諦，遺世並非漠視世間，而是一種生活的境界，讓你能在前行的路上，遠離無謂的煩擾。

前方的道路高山遠水，正是挑戰塑造，讓你領略山川雲霞的詩意美好，生命應保持純樸真實，最美好的東西，莫過於內心的清淨與寧靜，學會欣賞生命中的美好，聆聽大自然的聲音，表達內心真摯的情感，這才是對生活真實的領悟。

此刻，你需要學會感恩，包容他人的缺陷，也接納自己的不足，這是一種寬容和成熟。

感恩生活中的一切，每一個瞬間，每一份來之不易的恩賜。

當你懷抱感恩之心，生活將會豐富多彩，更具詩意，不再受限於一隅，讓生命如同一首優雅的詩篇，永遠充滿動人的旋律。

《療癒心靈的秘密能量：第 178 天》

6 月 27 日

寬闊

你來到這世間，本是不得已而至；最終離世亦是不得不然，這中間的旅程，就盡情去活吧！

人生於世難免滄桑，酸甜苦辣，悲喜交織，理當盡情的活著，在有生之年，過自己理想的生活，與其討好他人，倒不如追求自我快樂，能將困苦化作詩篇，將淡泊活出情味，此乃上乘生活之道。

根基穩紮，參天方能聳立，人生就是步步開拓，路越行越寬闊。

假若你當下心境低落，請銘記：**「雖然你改變不了自己的過去，但卻能改變你對過去的看法。」**

當下勝於過去，正是你希望所在，你追尋光亮之時，也當明白自己亦是一道光。

6 月 28 日
成長磨難

任何事務，一旦明確目標，確立行動方針，即應勇往直前，毫不遲疑，切忌拖延遲緩，唯有在實踐中不斷完善，方能有效達成既定目的。

做事不可多慮，也不應自我設限，莫說自己不通、不懂、不行，不通不懂可去學，不行可去試，只要你給自己嘗試的機會，必能在不斷嘗試中積累經驗，吸收教訓。

一切的努力，都是讓你更臻完善的基石，唯有活著持之以恆，人生永不會嫌晚，行動是唯一讓你越來越強大、越來越成功的動力。

切莫責怪生命中出現過的任何一個人，好人給你快樂，壞人給你經歷；最差的人給你教訓，最好的人給你回憶，每個人的出現，都有其緣由，每段經歷都值得感激。

一路走來，一路領悟，人生並非全然完美，正是經歷讓你成長，磨難讓你堅強，傷害讓你成熟。

感謝這一切經歷，改變了從前的自己，造就了今日的你。

《療癒心靈的秘密能量：第 180 天》

6 月 29 日

金錢門票

有錢可隨意揮灑，無錢當勤勞努力，你努力賺錢，是為了將來有一天能夠滿懷驕傲的說：「有錢，真好！」而不是無奈嘆息：「要是有錢就好了！」

當年紀漸長，卻無穩定收入存款，親朋好友遇到困難時，你卻無力相助，你將體會到，無論親情友誼還是愛情，若無經濟基礎皆只是虛妄，你愈加明白，努力賺錢好好經營自己，勝過所有的一切。

趁年輕氣盛，莫過多矯情，空談生活詩意，活著是件昂貴的事，身為成年人，尊嚴和底氣都離不開錢這一命脈。

你努力賺錢，並非貪錢，而是因為星辰大海的詩和遠方，都需要門票。

為了實現未來的夢想與驕傲，切勿墮入無奈的嘆息之中。

《療癒心靈的秘密能量：第 181 天》

6 月 30 日
知交難求

若未曾跌跌撞撞，怎知道誰願意駐足相伴？若從未求人，又怎能知道誰肯在關鍵時刻憐懷你？**或許你和某些人曾相識甚歡，以為可結交亦師亦友，卻不料漸行漸遠，最終在彼此記憶中消散，有時你不得不與某人形影不離，卻又突然有朝一日，他無話可說逕自離去。**

我用了太久才明白，不該與人交往太急太近，也不可對誰都坦白暴露內心，因為並非所有人都真心想深入了解你，成為至交好友。

自以為與人往來無所不能，必有人看不慣你的順遂，久而久之自然露出狐狸尾巴，朋友是那些看透你全部軼事，也甘願陪伴左右的人，有些人能言善辭，善於討人歡心，語言卻常不可盡信，唯有共同歷經風雨，方為真誠。

無須諷刺嘴賤之人，說不定那正是你應當改正的缺陷所在，同時也要小心甜言蜜語之人，很可能正打著叵測的主意欲行欺瞞。

7 月 1 日

自省

總有一日，你將領悟，真正能療癒你的，永遠不是歲月流逝，而是你內心那份釋然與寬廣的胸襟。

只要心地淡定，這個世界很難撼動你，或許你會情緒低落，或者會怨天尤人，甚至可能暫時崩潰，但切莫喪失自我療癒的能力，請學會及時止損。

人生未必需要求勝，但絕不能被過往的錯誤和愚行所擊敗，每一步履跡都是蛻變成長，挺起胸膛，勇往直前，黎明定將到來。

你的卓越需遇有識人，你的真誠需人懂得珍惜，你的善良需人知恩圖報，於謀生之路勿拋卻操守良知，於求愛之路勿放棄自我尊嚴。

你應當是：「沉靜如水、婉若遊龍、資產雄厚、現實入世、略具姿色、些許糊塗、自省明鑑。」

無論身在何方，處在何境，皆要向下紮根，向上盛開芬芳，勿負平生，勿辜己身，為自己綻放一道光明熠熠的人生！

《療癒心靈的秘密能量：第 183 天》

7 月 2 日
志不窮（一）

人生在世，無人能恆富足，必然會有物質匱乏、資財短缺的時候，物質上的貧困，靠努力尚可改變，但若內心貧乏、思想狹隘，這一生就很難翻身，將無出路。

人生不僅需倚賴腰包的錢財，更須有為人處世的開闊視野及睿智，心若富足，胸襟廣闊，眼界開濶，思想層次即可達到人生的高度。

反之，那些心地貧乏者，猶如井底之蛙，眼界狹隘，他們往往具有以下的特徵，若您遇上，最好敬而遠之！

一、心窮者，愛占小便宜

「人窮三分冷，心窮七分苦。」

生活中那些心胸狹隘者，往往精於算計，貪戀小利，實則他們並不缺少那些錢財，只是已習慣撈取私利，短視了長遠眼光，喪失了骨子里的志氣，為了眼前蠅頭小利，他們甚至不惜毀掉美名與品德，失去朋友與人脈關係，過於精明伶俐，卻囿於短視眼界，難以深交往來。

二、心窮者，頹廢志氣短淺

「人窮志短。」

這說明了心地狹隘者的窘境，他們不僅精神貧瘠，且無上進心，惰性十足，與這等人相處，只會打擊你的積極性，磨滅對生活的熱情，久而久之，你也會漸漸變得頹廢。

人窮並非問題所在，心窮才是惡習，生活中那些家境貧寒者，若能踏實肯幹、積極向上，定能擺脫現況，步向富足。

這樣的人雖然窮困，卻志氣不短淺，知進取、肯奮鬥，與他們為伍，更有出路可尋。

7 月 3 日
志不窮（二）

三、心胸狹隘者，最易忘恩負義

現實生活中，那些心胸狹隘的人，往往有一個共同的毛病：忘恩負義。當他們得到利益時，對待你如無物；一旦陷入困境，卻來向你求援，你盡心盡力幫助他們，也絲毫不感激；若你拒絕援手，則心存怨恨。這樣的人，只看重自身私慾，看不到別人的善意付出，即使你真心對待，關愛備至，也換不來他們的珍惜，與之交往徒勞無功，遠離為上。

四、心胸狹隘者，喜見人同病相憐

許多人見不得他人過上好生活，如果別人擁有他們所渴望的，便會生嫉妒之心，心胸狹隘之人，處事如此，如果覺得自己遭遇不如意，也不會希望別人過得更好，他們充滿怨氣，在暗中用陰謀詭計，給他人帶來傷害，與此種人相處，時刻提心吊膽，永遠沒有安全感，不知何時會遭受中傷。

與其浪費時間精力，不如斷捨離，切莫再與之交往。

7 月 4 日

看破不說破

看破事理是智慧之徵，裝疏作糊乃是善良之舉，看破世情而不當面揭穿，乃是明白人事卻不妄加評判，直率和無理是兩回事，率真和粗魯是有別，沒教養和坦蕩天性亦有分野。

見多識廣而能體諒包容，方是高尚人格的表現。看清紅塵事理而不斤斤計較，即便看穿世態薄涼而不執迷其中，淡然處之方是上策，沉潛內斂，淡泊名利，人生之路方能寧靜祥和。

明哲保身，有時無需太過直言，給人留有面子，予人以尊嚴，方是善良高潔之舉，儘管含蓄不露，彌足珍貴勝過冗長贅詞！

當今世道，人心各異，對方一臉熱情待你，或明目張膽翻臉相待，取決於你能否為他們帶來益處，誰是存心誠摯值得你付出，誰是虛有其表需慎防戒備，務必機警留心細察分辨。

從今往後，真心待你的人，請繼續珍惜聯繫；知恩圖報者，請繼續互相扶持；貪得無饜者，與其絕交從此刪除；負薄寡惘者，遠離方能保身。

7 月 5 日
吾性自足

如果你能把以下這句話聽懂，那麼你將會瞬間醒來......

「在臨在的層面，你已經完整圓滿、原本具足，你無需成長進入這個狀態，或者修正自己，你只需要融入進去，你只需要醒來。」

這句話的真相是，你永遠不可能在此刻此處的任何地方，在此刻此處之外的體驗是幻想，當你進入頭腦裡過去或未來的世界，並且認同了裡面的演繹故事時，幻想就會被製造出來。

你迷路了，是因為你認為需要有一個目的地，假如你不再為自己設定目標或目的地，那麼你就不可能迷路。

記住！在當下此刻並沒有目的地，為什麼小孩子會過的開心？因為他們不會給自己設定目的地，他就是在玩耍，就是在體驗當下，你把他打了一頓，她哭了 1 秒，但下 1 秒又笑了，又開始玩了，因為他臨在活在當下，不是嗎？

沒有一個 3 歲的娃娃，會因為昨天被父母打了一頓而悔恨，只會日後讓他們留下童年的心靈創傷；也沒有一個 5 歲的小朋友，因為擔心自己未來娶不上老婆而擔憂。

人類的大腦世界存在了時間概念，但是當你進入心的時候，你會發現心是沒有時間概念，它可以穿越時間。我們生活在三維的空間裡，三維空間可是有時間的概念，但是當我們進入四維的時候，四維是沒有時間概念的。所以，我們再來體驗一下，你不需要成長達到某個狀態，你只需要醒來，一旦你醒來之後，會發現你已經原本具足了！

什麼叫原本具足？代表你所擁有的一切都在你的體內，你本身就有，你不需要外求。王陽明龍場悟道，開悟及悟道了什麼？

一句話：「聖人之道，吾性自足，不假外求。」

什麼叫佛陀？佛陀就是已經覺醒的眾生，而眾生是尚未覺醒的佛陀。佛陀想告訴你，我跟你其實最大的區別就是我醒了，你還沒有醒，那請問人要怎麼醒來？簡單！就是當你從大腦裡走出來，享受臨在的時刻。

你們有沒有發現，其實很多時候人是不需要用腦的，我們工作的時候需要用腦，可是當一個人走路散步的時候，需要用腦嗎？不需要！你與自己的身體臨在就可以了，再說一次！你只需要工作的時候用腦，剩下時間都不需要用腦。

人生就是一趟旅程，這趟旅程就是從此處到此處，能抵達的唯一時間是此刻，這句話請你認真去體驗，只要體驗就好，也不需要去理解，抵達光明的唯一途徑就是穿過黑暗，不要害怕黑暗。

現在，我與你一起臨在，什麼都不要想，把你的大腦放空。

賈伯斯的蘋果公司最重要的不是會議室，而是禪修房，所有的發明創造都來自於他的禪修室。

馬雲最重要的不是大學湖畔，大學是對外的，他還有一個學院是對內的，叫做達摩院，這是他練太極及禪修的地方。

你所見到的商界領袖，他們之所以能在商場上創立奇蹟，都不是用大腦在做事，而是用心中的高我，成就他們所有的一切。

《療癒心靈的秘密能量：第 187 天》

7 月 6 日
無我利他

這個世界沒有成功和失敗，所有的成功者，只是在無意之間做了一件事，叫與道合，謂之合道；所有的失敗者，皆因不小心做錯了一件事，叫做背道而馳，僅此而已。而這個宇宙力，道的方向在那裡？稻盛和夫告訴我們，方向就四個字：「無我利他」。

整個宇宙皆是「無我利他」，今天你創辦公司、待人接物，都是無我利他的話，你就會順著道走到宇宙裡。但假如你創立企業的目的，就是為了自己賺錢，你是自私的，你是有我的，你就是在跟宇宙背道。

今天你認識了一個女生，其中一個你非常愛她，對她有感覺，一看她就怦然心動，但是她家裡沒有錢。另一個女生家裡很有錢，但你對她沒有感覺，請問你會選那個女人當老婆？一般人都會選有錢的女人，因為可以少奮鬥 20 年，如果真是如此，那麼從這一刻起，你的人生注定已經失敗了，你這輩子很難得到幸福，因為你壓根兒就不愛她，只是看在錢的份上，這就不叫無我利他，而是在用頭腦做選擇，你順應了自我和本我，但是你委屈了你的高我，而高我才是真正的道。

如果你能跟著感覺走，並用心做選擇，你會發現妳愛的女生雖然不是很有錢，但你跟她在一起以後，兩個人必將創立一番輝煌。選擇工作也是一樣，你明明不喜歡這個行業，但為了生計糊口，只能勉為其難做這份行業，但這個行業你根本就不愛，對這份工作沒有感覺，請問這件事能做得好嗎？你都背道而馳了，能做得好才怪呢！

一旦你搞懂了道的運作規律，你才有可能立於不敗之地。

記住這句話：「天下大勢，浩浩蕩蕩，順道者昌，逆道者亡。」

《療癒心靈的秘密能量：第 188 天》

7月7日

做人底線

你知道嗎？當別人欺負你時，其實是因為你太過心軟了，我知道你總是想做個好人，可是，好人也該有自己的底線。當然，你可以善良，但別太過。

有時，好人會得到別人的喜愛，但也會給別人欺騙，但有時，你的善良會被別人讚美，但也會給別人利用的機會。

做人，硬氣一點會更好！你老是無條件地幫助別人，總是在別人惹你生氣時忍氣吞聲，但這只會讓別人得寸進尺。真的！做人不能太軟弱，你脾氣好，別人就會越來越欺負你；反之，你稍微強硬一些，別人才會尊重你。

人總是被習慣性對待，現代人喜歡找軟柿子捏，當你變得強硬一點，別人自然就不會再欺負你了。

這年頭老實人容易被欺負；太單純的人容易被騙，不懂感恩的人，要遠離一點；懂得感恩的人，就要靠近一點，有時吃虧其實是一種福氣！不過，天天吃虧可不是福氣，苦盡甘來才是真正的好事，別傻呵呵一輩子吃虧，那就是苦逼一輩子，儘管人心難測，但你還是要坦坦蕩蕩。

做人，有時候該軟一些，有時候又要硬起來，這樣才能贏得尊重。

7 月 8 日

包容遷就

家庭是你生命中最重要的支柱，承載著無數的喜怒哀樂，一個充滿抱怨與爭吵的家庭，不論輸贏，最終受害的總是孩子。

一個充滿愛與和睦的家庭，父母之情深，兄弟之間和睦相處，讓家庭充滿了溫暖，在這樣的家庭裡，人們不爭輸贏，而是彼此包容、遷就，於太平之時更加感情深厚，願意認輸，是因為懂得在家庭並不是講求輸贏，而是彼此包容，家庭和睦才能興旺。

在這個世界上，每個人都有無聲的淚水，都有難以言說的苦痛。**自己的人生路，沒有人能夠替你決定，無論是對是錯，都要自己承擔後果；自己的心多疼、多涼，只有自己才能深刻體會；生活多苦、多累，都只能自己承受。**

在這個人生旅途上，沒有任何神靈可以提前預知，無論是坎坷抑或平坦，只有走過才能明白。

這輩子，最終還是得靠自己。

《療癒心靈的秘密能量：第 190 天》

7 月 9 日
真誠

說話再動人，但若無法信守諾言，也只是空洞無物；即使感情再深厚，若缺乏珍惜，也是徒勞無功。

願意遷就你的人，並非缺乏脾氣，而是因為放不下你；願意讓著你的人，不是因為愚笨，而是真心愛護你。

經常問及你的人，並不是沒有其他事可做，而是因為在乎你；對你好的人，不是因為欠你什麼，而是將你當成自己的親人。

真誠的人，走進你的心坎，成為你最信任的朋友；虛偽的人，漸漸淡出你的生活，成為過去的陌生人。

人與人之間的相遇，是命中註定的緣分；人與人之間的相處，需要彼此真心的相待。

去除雜念的干擾，學會聆聽和信任，不斷磨練自己的直覺，使其更加敏銳，才能在關鍵時刻保護自己，有效抵禦外來的危險和威脅。

7 月 10 日
相信的智慧

你知道嗎？你能讓多少人相信你，你就能成就多大的事業。

無論是企業、員工、顧客、家庭、婚姻，都是在經營相信，沒有人會全力以赴做自己不相信的事。

記住！客戶不跟你買單，找藉口推託太貴了，我再考慮一下，這些幾乎都是假相，因為他還不夠相信你。

所謂的銷售，就是信念的傳遞和情感的轉移，那麼，想讓別人相信你，有兩個先決條件。

第一，你必須先相信你自己，如果你都不相信自己，別人又要怎麼相信你？全世界所有的成功者，他們都有共同的特性，那就是自信。

第二，相信自己是一種能力，相信別人是一種智慧，商業的本質，不就是在搞懂相信這兩個字嗎？信與不信之間，永遠沒有中間地帶，任何東西，你相信就會有力量，你不信就沒有力量。

最後，送你一句話：「你所排斥的，就是你所需要的。」

這句話的境界很高，各位看倌好好體驗一下吧！

《療癒心靈的秘密能量：第 192 天》

7 月 11 日
自律

人生不斷磨練，從中成長，少年時天真無懼，青年時魯莽，中年時感到困擾，老年時回顧往事，失去親友，這是人生必經之路。

無論年齡或階段，保持興趣，樂觀正向，懷有寬容心態，是最佳態度。

自律是高尚品格，能抵擋誘惑，清楚自己能獲得什麼，沒有修養的人，權勢金錢也難持久。

「德不配位必有災殃」，這是道理，人像個能量體，沒有足夠修養，難承受大能量。

保持樂觀，依實力追求，自省自律，是幸福之門。

《療癒心靈的秘密能量：第 193 天》

7 月 12 日

良心

以前我總以為對人笑臉相見、言語親切的就是好人，說好話的就是真心實意。但後來經歷一番世事，才發現有一種笑叫做笑裡藏刀，有一種好話是因為對你有所圖，經歷一些虧損和上當受騙後，我才明白人與人之間的變化。

現今社會，真誠的人太少，虛偽的人太多，花言巧語的人，往往比實實在在做事的人更得人緣；會送禮結交的人，比真誠相待的人更得人歡心，你辛苦工作很多，卻不及人家一張巧嘴；你踏實做人，卻不及有些人靠後門關係來得輕鬆。

做人不要太假，總有被識破的一天；花言巧語也難長久，終有被戳穿的時候，現在的人心真狠，情真淡，以前無話不談的朋友，可能為了一點利益而翻臉無情；原本相親相愛的家人，也可能為了眼前好處而算計對待。

做人不要太狠心，再苦再累也不要欺負朋友、家人，再窮也不要賺黑心錢，再難也不要做違心的事，坦蕩做人、心安理得才是人生最重要的事。

人活著，錢再多也不及人品貴重，名聲再好也不及良心重要。

對那些敷衍我的人，我想說也許你現在很神氣，但我未必看得起你；對善良的人，我想說雖然你現在啥都不是，但我就是想對你好。

7 月 13 日

盡興

人生，不必太過追求遙不可及的大目標，只要有足夠的錢財養活自己，內心無憂無慮，身體也沒有疾病困擾，這就已經是最大的幸福了。

新的一天來臨，希望你能擁有簡單的小確幸，不必為錢財發愁，也不用為親朋好友的健康憂心，內心安穩自在，活得逍遙自在，所盼望的都能如願以償，所求的都能實現。

你在歷經考驗中一點一點成長，也在一次次磨練中漸漸變得堅強，生命的苦和累都是成長必經之路，傷痛則是另一種考驗，生活沒必要太過複雜化，用心好好活過每一天便已足夠，不要貪求太多財富，只求內心常保喜悅自在便可。

學會適當放鬆自己，釋放壓力；也要學會拿捏分寸，在不如意的日子裡尋找樂趣。

你無法控制自己的際遇，卻可以掌控自己的心態；

你改變不了別人，卻總是能改變自己。

保持樂觀正面的心態，珍惜所擁有的，這就是幸福的秘訣。

7 月 14 日

入耳

一句真誠的話，能讓人感到溫暖；一句無情的話，卻會讓人覺得心寒；一句嘲諷的話，會讓人憤怒不平；一句鼓勵的話，則能讓人安心許多。

語言確實具有很大的傷害力，說錯了話會讓人痛徹心扉，甚至一句話就能讓人崩潰，無論與誰相處，都要謹慎用詞，不要說一些傷人的話、害人的話，即便你無心如此，但別人可能會有意無意聽進去而受到傷害。

付出與回報，往往是成反比的；等待與思念，卻是一直在延續，你花費心力說了很多話，卻沒人願意理會；你等待了很久，卻也無人回應，嘴巴本是用來吃飯的，不是用來胡說八道；語言是溝通交流的工具，不是用來傷人的武器。

無論對誰，都不應該說一些狠話，因為狠話一出口就覆水難收，只會終生後悔，傷疤之所以會疼痛，是因為無法真正撫平，表面上看似無動於衷，其實內心早已掏心掏肺。

即使多麼憤怒，不論是為了什麼事，都不應惡言相向，話一出口就傳入耳中，進而深入心裡，人們或許會忘記好話，但傷人的惡語卻會刻骨銘心。

人生路上，難免會遭受流言蜚語，你必須挺住；難免會受到羡慕嫉妒，你要從容以對；難免會受到詆毀謾罵，你必須樂觀面對；難免會受到譏諷嘲笑，你更應該勇往直前，努力向前。

7 月 15 日
寬恕

原諒生命中你最不想原諒的人，原諒他，就是放過自己，學會寬恕，你這輩子最不應該寬恕的人，他才是你最值得寬恕的人，因為寬恕他，並不是真正寬恕他，而是放過自己。

感恩這個世界所有傷害你的人，感恩這個世界給你製造麻煩的人，才能讓你的生命成長，因為他們在你的生命裡，扮演著黑天使角色，傷口是光，是進入你內心的地方。

記住這句話：「不要悲傷，你失去的任何東西，都會以另一種形式回來。」

你所感受到的痛苦是信使，傾聽它帶給你的信息，因為痛苦的背後是禮物，但是你必須超越這個痛苦，才能拿到背後的禮物。

該來的，一定會來；不該來的，一定不會來，你有什麼好痛苦？又有什麼好糾結？生命的意義就是存在，就是去體驗人生。

勇敢地活出來，活出你的高我生命。

7 月 16 日

視角

你知道嗎？不管發生什麼事，只要你願意換個視角看世界，壞事就會瞬間變好事。

佛家有這麼一句話叫做：『一念天堂，一念地獄。』

什麼叫做一念天堂，一念地獄呢？

比如說，你今天失戀了，覺得太倒霉，承認自己是全世界最不幸的人，在失戀痛苦裡糾結走不出來，代表你此時此刻就是活在地獄。

但是，假如你能夠換個視角，雖然談戀愛對方把我給拋棄了，但總比結了婚以後再跟我離婚好吧？

一個不愛你的人離開了你，你應該好好慶祝一番才對，因為還有更好、更適合的人等著你，不是嗎？

看待問題的視角變了，你的思想和命運，也會發生巨大的改變。

當你發現上一秒活在地獄，一旦你換個思維，你會發現下一秒樂在天堂。

我們活在一個陰陽和合的世界，**發生在你生命中的任何一**

件事，一定都有其意義，而且都是來幫助你的，你隨時都可以把這個壞事，瞬間變成一件好事。

記住這句話：『視角一改變，你會從地獄立馬進入天堂。』

《療癒心靈的秘密能量：第 198 天》

7 月 17 日
選擇

① **不去拆散別人的家庭，即使再喜歡某人。**

② **你可以欺騙我一次，但請注意你的次數。**

③ **如果你真心對待我，我也會用同樣的誠意待你。**

④ **我可以裝作不知情，但別以為我什麼都不知道。**

⑤ **我可以容忍一些事情，但別超出我的底線。**

⑥ **我並非沒有脾氣，只是不輕易發脾氣而已。**

⑦ **任何真實的話我都能接受，我只怕聽不到真話。**

我選擇善良，不是因為我軟弱，而是因為我明白善良是人之本性，做人不應存惡，惡有惡報。

我選擇忍讓，不是因為我在逃避，而是因為我明白忍一時風平浪靜，讓一步天高海闊。

我選擇寬容，不是因為我怯懦，而是因為我明白寬容是美德，美德沒有錯。

我選擇裝糊塗，並非真的糊塗，面對誤解、委屈和不公，只是不願去計較，而是選擇大度應對，逆來順受。

我選擇坦誠相見，有話就直說，因為我明白奉承只是應付，忠言才是負責任。

我選擇寬恕，不是因為我沒有原則，而是因為我明白有時候應該寬恕人，不應將事情做絕。

我重視情義，不是因為我過於執著，而是因為我總會回憶與朋友相處的美好時光，捨不得辜負這份難能可貴的緣分和情誼。

我明白欺騙沒有好下場，背叛也沒有好結果。

7 月 18 日

看透

人對我的態度有七分熱誠，我對人卻是十分用心。

人與人之間，維繫的是彼此的信任和感情羈絆，我固然嚮往純潔友情，也渴望真摯的愛情，但我不喜歡將就，如果你真心對待我，我必定全心全意回應；如果你對我冷淡厭棄，我自然會自動退出你的世界，避免多餘的紛擾，若你原本就沒有這個意思，何必讓我多做無謂的猜疑，做人處事，你假我便轉身離開，你真我定會真心以待。

人生已過半百，這一路的走走停停，我看透了人性的多變，看透了世事的無常，看透了人心的險惡，也看透了生活的滄桑。隨著年齡的增長，我學會了沈默寡言，看透事情的本質卻不加干預，為了面子而選擇視而不見，看透事實卻閉口不言，凡事獨自承受。

人生只有這麼一次，知足常樂，知足才能獲福，你不該害怕痛苦的考驗，也不應拒絕痛苦的磨練，暫時忍受痛苦固然艱難，但如果你能控制住自己的情緒，為自己和他人留下回旋餘地，那又有什麼不可呢？

這些年來，有人說我變了，現在的我格外堅強；以前的我無所不幫，現在的我只幫值得幫助的人。

我並沒有變，只是我變得更明白一些道理罷了。

7 月 19 日

做自己

人到了一定年紀，就該學會沈默寡言，不與人爭論辯駁，這樣做能避免為自己增添煩惱。

結交朋友如此，婚姻也是一樣的道理。

有一句老話說得好：「凡是需要費盡心力維繫的關係，那就是一段錯誤的關係。」

無論是友情還是愛情，無論是誤會還是遺憾，好事壞事終將成為過去。

人生在世，並不是所有人都能完全理解你，也不是所有人都會義無反顧地信任你。

大多數時候，即使你再清醒，也無法徹底看透一個人；即使你再誠心，也無法讓一個人完全被你融化。

那就請放手吧！

懂你的人，無需過多解釋；不懂的人，解釋也無濟於事。

別人想什麼，做什麼，我們是左右不了的，也無從控制的。

我們唯一能做的便是：為人坦蕩磊落，行事光明正大；盡自己所能，問心無愧。

人到中年，學會沈默寡言，做最真實的自己，不必解釋任何事給他人。

7 月 20 日

自在人心

人這一生，總會遇到形形色色的人，有的人看起來很單純，實際上卻很難看透真面目，有些人說著要付出真心，但卻是靠不住的空話，說喜歡你的人或許很多，但真正能夠用行動去付諸實踐的人，其實並不多，不是每一份真心付出，都能得到同等的回報。

眼睛只能看到一個人的表面樣子，需要時間才能分辨一個人的真心假意，虛情假意無法永遠偽裝下去，口是心非也只能暫時隱藏，當利益沒有了，就能看清誰真心待你，當遇到困難時，就能知道哪些人值得交往，哪些只是虛情假意而已。

真正的知心好友，就是在你遇到困難時不會離棄，在你落難時不會嫌棄，**金錢的多少並不重要，重要的是他願意為你付出多少，距離的遠近不重要，重要的是在他心裡是否記掛著你。**

時間會證明一切，一切真心假意，終將在時間的考驗下見分曉。

《療癒心靈的秘密能量：第 202 天》

7 月 21 日
付出回報

在這個世界上，你會發現往往是那些善良懂事的人，反而最容易受委屈，或許你曾以為，只要用心付出，對方就會感激；或者以為只要表達深情，對方就會理解體諒，然而最後你卻發現，你越是善良，卻越容易被視為軟弱；你付出越多，卻被視為理所當然。

你不忍心傷害他人，卻最終自己被傷得體無完膚，你無法取悅所有人，所以不必太在意別人的看法，如果你不委屈自己，別人就不敢對你委屈；如果你不看輕自己，別人就不敢輕視你，學會愛自己，別人才會懂得去愛你。

你不該為了討好某人而不顧一切付出，而是應欣賞那些為你不計回報的人。

保持心境平和，對於與你不合的人淡然處之，活得更加自在舒適，不要虧待自己付出的真心，也不要討好任何對你冷淡的人。

堅持保持真誠和善良，同時堅守自我，這樣你才能過上尊嚴而快樂的生活。

7 月 22 日
放下

苦難是生命的原味，生活可以極其複雜，也可以非常簡單，關鍵在於你用何種心態面對它，沒有什麼是真正無法跨越的，只有無法跨越的心境，許多事情之所以讓你難以釋懷，是因為你內心無法放下。

人生只有一次，切莫活得太過疲累，你應活得心曠神怡，活得快樂自在，活得瀟灑從容，學會知足常樂，學會隨遇而安，快樂應該與人分享，才能將喜悅加倍，美好的生命，理應充滿期盼、驚喜以及感激之情。

你的內心裝著喜悅，生活就必定充滿歡樂；你的內心裝著自信，人生就必定自信滿懷，生命的境界，生命的未來，看似迷惘，實則就在你的眼前，在你所做的抉擇之中，也在你的心靈深處。

你的內心灌注著美好，生活就必定美好；你的內心充滿活力，身體就必定健康；你的內心散發著光彩，外表就必定明媚；你的內心充盈著能量，全身必定洋溢著無限動力。

保持內心的寧靜祥和，活出豐盈美滿的人生，這是你應該追求的目標。願你擁有充實而幸福的生活，萬般皆由心造起。

《療癒心靈的秘密能量：第204天》

7月23日
奇蹟

請思考你的人生要什麼，並用紙筆將它寫下來，當你知道自己為何而努力，就能忍受所有的不如意。

每天創造出自己的肯定句，能夠為你帶來感恩和共贏意識，請跟我一起唸：

我很幸運，我很快樂，我很富足，宇宙的財富持續慢慢地輕鬆流向我。

我擁有很多愛、活力、財富和成功。

宇宙中的財富是無限的，我喜悅接受宇宙帶給我的奇蹟和財富。

我很漂亮、我很自信、我內心強大、富有力量。

我相信宇宙的奇蹟，每天都在接受發生在我身上的各種奇蹟。

一旦你嘗試改變自己的信念正能量，你就更容易進入心想事成的狀態，讓自己不斷充滿魅力和吸引力。

於是，你的人際關係也將隨之變化，最終，你會處於快樂和喜悅的境界，這足以印證了宇宙自然法則，你關注正能量，就會把好事吸引到你的生命之中。

7 月 24 日

揚帆啟航

一個人越是提醒自己是重新塑造的人，他就越願意活出這個新生的身份，並且不會輕易與罪惡同流合污。

如同一個人穿著乾淨整潔的新衣服，你認為他會隨意在地上坐嗎？我相信他不會，即使他感到疲憊，他也不會就這麼坐下，因為他穿的是一件乾淨的新衣裳。

一苦一甜方為人生的滋味，一朝一夕構成了日子的輪迴，一喜一憂編織了生活的圖景，一起一落體現了人生的起伏，心若恬靜淡然，活著就必定從容自在；心若寧靜平和，快樂就必定源源不絕。

因此，永遠不要去責怪生命中的任何人事物，正如古語所云：「逢人不說人間事，便是人間無事人。」

人生的道路無需過多追求，只要您踏步向前，路就在您的腳下延伸；只要您揚帆啟航，便會有八方風送。

一旦啟程，人的生命才真正開始；一旦啟航，人的智慧才能發揮作用，唯有不懈奮鬥，才能彰顯生命的意義。

7 月 25 日
刺蝟

寒冬時節，天氣嚴寒，一群刺蝟為了取暖而擁抱入睡，然而由於彼此身上佈滿尖銳的刺，無法貼得太近，經過數次試探，它們終於找到了一個合適的距離，既不會互相傷害，又能相互取暖。

在這個世界上，每個人都像一隻孤獨的刺蝟，把握好距離的分寸才是關鍵，親密有度、密切有疏，方能感受到那份來之不易的溫暖，分寸之道正是成熟之愛的標誌，它懂得遵守人與人之間必要的距離，這個距離意味著對彼此獨立人格的尊重。

不去干涉他人的生活，是對他人的尊重；不去迎合他人的喜好，是對自我的顧全；不去破壞距離的遠近，是對感情的維繫。

保持適度的距離，既能避免彼此的傷害，又能相互取暖，這正是人際往來的智慧。

《療癒心靈的秘密能量：第 207 天》

7 月 26 日
分寸

人與人之間的關係越來越單薄脆弱，一方屢屢突破分寸底線，另一方卻只能忍氣吞聲受傷；一方言語令人尷尬，另一方只能敷衍斷了交情，凡事若失了分寸，必將導致損害。

感情之道亦復如此，若是失卻分寸，即使親密無間，也無法感受絲毫溫暖，帶著惡意和鄙夷的言語，正如一把鋒利的利劍，不僅深深刺傷了對方，也給這段關係劃下了句點。

你認為的玩笑，在他人眼中卻是冒犯，那就是失了分寸；你認為的好意，在對方看來卻是多管閒事，那就是超出了尺度；你自以為的直爽，在別人眼裡只是無禮失理，那就是偏離了正軌。

一句話的分寸拿捏得當與否，即決定了事情的成敗，決定了雙方是親近還是疏遠，言辭得當有節，人與人之間的關係，天平才能永保平衡，恢復和睦如初。

保持適度的分寸感，用心體貼包容，方能維繫良好的人際關係，這正是為人處事的大智慧。

《療癒心靈的秘密能量：第 208 天》

7 月 27 日
減法

茶能反映心境，就像心境也能反映在茶，當杯子是空的時候，茶香自然會散發出來，當心裡沒有執著時，幸福自然會來臨，不要守著昨天剩下的茶渣，否則今天的茶就會變質，也不要耽溺於過去的回憶，否則會影響現在的幸福。

每個人的時間和精力都是有限的，學會適可而止，生活會更加輕鬆自在，雖然你無法阻止時間流逝，但可以把有限的精力，用在更有意義的事情上。

遠離喧囂環境，才能享受生活的美好，節制慾望，才能應對未來的風險，付出有度，真心才不會被白白浪費。

希望未來的日子，願你身體健康、心境祥和，與知心好友相伴，過著簡單而美滿的生活。

7 月 28 日

平和

人生中最難以釋懷的恐怕就是情感和金錢，人們為了金錢忙碌奔波，為了情感付出心力，到最後，金錢不能帶走，感情也難以永恆，人生充滿了起起落落，喜怒哀樂交織成一幅生動的畫面，時間的輪迴讓一切都變得無常。

無論是得到還是失去，都是生命的一部分，都在磨練著你的心智，當你經歷過各種困難回首往事，會發現這些挑戰讓你變得更堅強、更清醒。

不要在別人心中評價自己，也不要強求別人接受自己，真正的光芒源自內心，不應壓抑別人的光芒。

保持心境的平和與恬淡，如此的生活才會從容自在，快樂將源源不絕，不要執著於過去的事物，也不要責怪生命中的一切。

人生不必過於追求，只要勇敢向前，路就會展現在自己的腳下，持續努力，就能發現生命的真正意義。

7 月 29 日

真正的摯友

朋友之間，總會有段時間彼此疏遠，彼此不關心，這並非因為厭倦，也非喜新厭舊，只是生活瑣碎與事務，繁忙牽絆著大家。

真正的摯友，即使冷淡了一段時日，仍然關心著你，在你身邊陪伴你，一起歡笑、一起爭執，即使久未見面，再次相聚也不會感到尷尬，依舊有許多話題可以交流，許多心事可以傾訴。

真正的摯友，永遠不會拋棄你，更不會背叛你，他們是你用心經營而來，而不是隨意結交而來，他們願意與你同甘共苦，絕不會因私利而背叛你，反而會無私地為你著想。

真正的摯友，在你順風順水時會給予你支持，在你陷入困境時更會伸出援手，在你感到悲傷無助時給予你安慰和關懷，在你失望迷茫時給予你信心和力量，在你獲得成功時與你分享喜悅。

在人生的旅途上，雖然充滿了荊棘和困難，只要有真正的摯友在身邊，他們將給予你鼓勵和關懷，與你攜手渡過最艱難的時刻。

真摯的友誼是不會被遺忘的，因為它永遠存在於心中。

《療癒心靈的秘密能量：第211天》

7月30日
少慮少慾

《少則得，多則惑》

走過春日的小徑時，放下昨日的憂慮和掛念，勇敢地向前邁進吧！

春風和煦，萬物可愛，大好人間，讓每一刻都充滿希望和祥和，期盼美好的春天能夠持續，願一切都如你所願，天天充滿喜悅，好運不斷，喜慶連連。

用積極樂觀的心態對待生活，一切困難都會煙消雲散；擁有良好的心態，就能保持自在恬適的狀態，踏著春天的步伐，迎接春日的暖陽。

真正幸福的生活，並不在於擁有多少，而在於計較的少，減少憂慮，能讓你遠離煩惱的困擾。

輕鬆自在，減少怒氣，能讓你遠離疾病的傷害。

心境清澈，減少慾望，能讓你遠離貪婪的禍患，常樂知足。

希望你能學會取捨擇優，開啟美好的希望，送上誠摯的祝福，願你身心充滿喜悅和健康。

7 月 31 日

淡泊

世間的人，最想追求的往往是已經失去的、得不到的事物，在期盼的同時，卻往往忽視最珍貴的當下擁有，生命中那些得不到的、握不住的，都要學會放下執念。

一念放下，萬事自在，放下並非放棄，而是釋放那些自私的慾望和內心的執念，放下那些無謂的執著和頑固的偏見。

想想看，當周遭的訊息來臨時，你最難放下的是什麼？

答案是手機！

懂得淡泊知足的人，能找到真正的快樂，懂得放下的人，能獲得自由自在，懂得真誠的人，能體會到真摯的情感，懂得付出的人，能收穫豐碩，懂得珍惜的人，能擁有幸福美滿，懂得奮鬥的人，能獲得成功，懂得進取的人，能擁有自信。

淡泊知足並不是停滯不前，而是在平凡的生活中自由自在活著，無憂無慮的度過每一天。

8 月 1 日
茶律

人生猶如品茶，有浮與沉兩種姿態，品茶人也只有拿起和放下兩種動作。

當遇到逆境時，請保持淡然心境，當遇到順境時，也請懷著平常心，能夠拿得起的，就要學會放得下，唯有淡然處之，才能過好人生。

一杯茶能道盡生命的哲理，當曾經相伴在側的人離去，茶便會慢慢變涼，這是自然的規律，即便相伴之人未離，茶也會漸變溫涼，這是世態無情。若你能體會生命的真諦，即便相伴之人離去，內心依舊充滿溫暖，這便是人生的最高境界。

同一杯茶，不同的人有著不同的寓意，佛家視之為禪修，道家視之為養生之氣，儒家則看做是人生的禮儀，商人則視為財利之來源。

美麗不應拘泥於某個年齡，而是貫穿了整個人生歷程。

二十歲時是青春年華的最佳體現，三十歲時展現成熟韻味，四十歲時散發睿智光芒，五十歲時淡然自在，六十歲時輕鬆自在，七八十歲時方成無價之寶。

儘管年老難免，但你依然要努力老得優雅漂亮，不委屈自己，也不傷害他人，不計較得失，不貪戀金錢，不貪圖虛名，不揮霍光陰。

在慢慢變老的過程中，放寬心胸學會取捨，遠離爭鬥拋開煩惱，知足常樂是關鍵，貪求越少越開心，做真實的自己，自在渡過餘生。

《療癒心靈的秘密能量：第 214 天》

8 月 2 日
二元對立（一）

《二元對立：上篇》

2024 年，我聽了一場非常好的演講，希望分享給你，幫助你一起跳出二元對立的世界。

人生有很多的痛苦，就是因為我們無法接受二元對立，當你能夠跳出二元對立世界的時候，代表你已經開悟覺醒了。

你我皆活在一個二元對立的世界，太極有陰就有陽，有男人就有女人，有白天就有黑夜，有好就有壞，有開心就有悲傷，很多人不想要不好的東西，認為生病是不好的，虧錢是糟糕的，傷心是欲絕的，親人離去是感傷的……其實，沒有不好又那有好呢？

所謂的修行，就是教我們跳出二元對立的世界，能夠進入陰陽和合，來什麼就體驗什麼，悲傷是一種意識形態，當它來的時候，你可以體驗一下悲傷，有時，聽一下悲傷的歌曲，其實也挺有感覺的。

如果說這個世界沒有悲傷，你根本不知道什麼叫喜悅；如果這個世界沒有疾病，你也根本不知道什麼是健康；如果這個世界沒有黑，你更不知道什麼是白。

我們每一個人都渴望開心，都希望快樂，都期望讓自己能活在一種幸福的生命狀態，但你永遠不會知道，明天跟意外那一個先來。

天道無常卻有常，人道有常卻無常，把每一天都當成生命的最後一天，享受當下。

宇宙的第一個規律就是無常，看著大樓起看著大樓倒；看著這個人賺錢，看著那個人隕落；看著這個人出生，看著那個人死亡，這就是生命的常態。

這個世界唯一不變的就是變，沒有一個東西不是在變，地球的位置不停在變，太陽的位置不停在變，月亮的位置也不停的在變。天上的白雲、身上的皮膚、臉上的容顏、體內的細胞、你握的手機，你住的房子 ...... 所擁有的一切都在不停的改變，你會發現唯一不變的就是變，這就是生命的無常。

8 月 3 日
二元對立（二）

《二元對立：中篇》

很多人為什麼活得痛苦，因為他們活在自己的認知世界，如果將全世界所有的事分為好事和壞事，我們想要的就是好事，不想要的就是壞事，當想要的事發生在自己身上的時候，你就會無比的開心，一旦不想要的時候就會無比的難受。

想像一下，當你的媳婦懷孕了是好事還是壞事呢？大家可以仔細思考這個問題，很多人說，本來就不容易受孕的人，如果能懷上孩子這是天大的好事啊！但是也有人說，千萬不能再懷胎了！我們家已經生了三個，已經快養不起，如果再懷上一個，那簡直是天大的壞事。

你瞧！同樣一件事，放在不同人身上，賦予它的定義絕對不一樣，人生本來就是充滿著不確定性，如果非得要得到確定性的結果，這就是在跟宇宙天地做抗爭。

所以，不要再抗爭了，臣服吧！接受生活當中發生的所有一切，接受你生命當中出現的每一個人，他們都是為了讓你來體驗這個世界，從此不再過生活，而是讓生活來過我；從此不再玉樹臨風，而是風臨玉樹，這就是一個抉擇，也是活出二元對立的心境和狀態。

8 月 4 日
二元對立（三）

《二元對立：下篇》

記住這句話：『當你想打發時間的時候，小心讓時間給打發了；當你想混日子的時候，小心讓日子給混了。』

你該用心過好生命中的每一天，過好生命中的每一秒，因為你永遠不知道生命什麼時候會終止，這個世界所有的一切都是不確定性，但只有一個東西是確定性的，那就是死亡。

你會發現生命真的很無常，也不會知道那天就會與死神擦肩而過，為什麼不選擇享受當下呢？

悲傷來了，就享受悲傷；開心來了，就享受開心；喜悅來了，就享受喜悅。

我覺得每個人都應該活出二元對立的世界，唯有跳出二元對立，你才能夠獲得真正的幸福、喜悅、開心和快樂。

若你一直活在二元對立的世界裡，永遠都會與痛苦作伴，因為只要發生你不想要的，就會認為人生何其疾苦。

期盼這三篇短文能夠喚醒你！

《療癒心靈的秘密能量：第 217 天》

8 月 5 日

靈魂

我們常常感嘆，身軀的步伐跟不上靈魂的飛翔。

走在山水之間，靈魂早已翱翔於雲霧之間，而身體卻仍然停留在塵世的煩囂之中。

或許有些人從未親眼見過靈魂的真實面貌，但我相信，靈魂就在你凝視遠方時，眼中閃過的一絲雲彩；就在你仰望星空時，眼中閃爍的星光。

何不找一本書，靜心細讀其中的文字，你會感受到靈魂在其中跳動的脈絡；何不勇敢踏上一段旅程，或許途中你會體驗到，靈魂就像一條溪流，在心間靜靜地流淌。

那一刻，你必定會明白，靈魂一直與你同在，從未離開，它就像是你的菩提樹，你的指引之星。

人生之路並不平坦，它塑造了你今日的模樣，在生命的磨練中，你歷經了怎樣的苦難與挑戰，才在最終找到生活的意義，這漫長的歷程正是你尋找生命意義的旅程。

幸福與美好並非輕易可得，而是需要通過堅持與努力去爭取，一個人最大的幸福，在於歲月的洗禮下，找到了生活的真諦。

即使你此刻身處於黑暗之中，也要謹記提醒自己一只要堅持下去，黎明終將到來，因為天馬上就要亮了！

《療癒心靈的秘密能量：第 218 天》

8 月 6 日

三大境界

人生最大的耗損，並非來自智力或體力的透支，而是源自內在的自我戰爭。

所有問題，根本上都是心理上的困擾，只要你能解決內心的糾結，便能化解外在的各種煩惱。

因此，人生應當有三大境界：見天地、見眾生、見自己。

見天地，懂得敬畏之心，因而能謙虛自處；
見眾生，懂得憐憫之意，自然能容忍包容；
見自己，明白歸宿之處，自然能心懷寬廣、超然豁達。

當你一旦找到心靈的歸宿，必能在內在成長出嶄新的自我，漸漸地成為參天巨樹，挺拔自信，傲然屹立。

世人各有所感，視角不同，難以互相理解，成熟的人，能從容的理解三分之一，妥協三分之一，剩下的便是釋然。

人生並不會永遠充滿傷痛，即使心碎萬分，終將有痊癒之日，生命中不乏甜蜜的時刻，你應學會欣賞它們。

踏實一些，不必過於急切的追求，時機將會給你應有的一切，你值得擁有的，總有一天會如期而至，只是時機未到罷了。

《療癒心靈的秘密能量：第 219 天》

8 月 7 日

轉換心態

《轉換心態必能累積財富》

1. 心胸開闊，不爭小利，不計較小事。
2. 不愉快的事轉瞬即逝，不讓長時間困擾心頭。
3. 人生目標明確，堅定信念，不為外界所擾。
4. 生活有規律，作息飲食有節，秩序井然。
5. 隨時調整觀念與行為，不斷自我改進。
6. 積極嘗試新挑戰、開拓新領域。
7. 下班後專注家人和自我休閒，不浪費時間於無謂之事。
8. 現實生活遠勝虛擬世界。
9. 口頭上常說：「再試一次，不試怎知結果？」

8 月 8 日

頻率

在信仰世界裡，每個人都值得你感激，每個人都會為你祝福，在修行旅程中，每一個相遇都是為了彼此的成長、啟發與交流，在日常的生活中，每個人都是為了彼此的影響與支持而出現。

人與人之間的關係，建立在共通之處和互相吸引的基礎上，而不是壓迫、約束、奉承或僅僅是單方面的付出，這種關係是基於平等和尊重的基礎上，而非建立在道德觀念或自我感動中。

隨著你的修行深入，會逐漸理解，每個人都有其獨特的存在價值，沒有絕對的好與壞，也沒有絕對的對與錯，每個人都處於不同的能量頻率中，展現出不同的狀態，做出不同的選擇，呈現出不同的言行舉止。

記住這句話：『84,000 個人看我，就有 84,000 個我，所以我是我，我非我，我與我無關，我在我局外，沒有人可以定義我是誰，只有我可以定義自己是誰。』

8 月 9 日

以直報怨

孔子曾說：『以德報怨，何以報德』，但你知道什麼是以德報怨嗎？

這個人對你不好，你還對他好，那你就對不起對你好的人！

這時該怎麼辦呢？

以德報德，以直報怨。

什麼叫以直報怨？你可以騙我，我不去告你，我也不去找你麻煩，但是我會把你拉黑，這輩子不允許再騙我，我拉黑這個動作，是在向全宇宙宣布，我不允許傷害我的人出現在我的生命中，而普通人就是不停地允許小人的出現。

當一個貴人願意幫你，你不接受這個幫助，等於你在向全宇宙宣布：『我不需要別人來幫助我！』

記住！誠心對你好的人，你就要對他好，而且要懂得接受他們對我的好。當你接受這個人對你幫助的時候，你會發現你在向全宇宙宣告，我允許幫助我的人出現在我生命中，這個時候，你會啟動很多的貴人陸陸續續的出現。

所以，不要害怕麻煩別人，要為自己創造貴人。

把自己活成一道光，因為你不知道，誰會藉著你的光，走出了黑暗。

請保持心中的善良，因為你不知道，誰會藉著你的善良，走出了絕望。

請保持你心中的信仰，因為你不知道，誰會藉著你的信仰，走出了迷茫。

請相信自己的力量，因為你不知道，誰會因為相信你，開始相信了自己。

願你能活成一束光，綻放所有的美好！

8 月 10 日
做中學

你是否屬於那種追求百分百完美，幾近龜毛而無法自拔的「完美主義者」？

如果答案是肯定的，當心你正在浪費生命，並可能錯失更多難能可貴的機遇。

前些日子，有個陌生網友加我微信，他說看完我的書後，讓他學了幾十年的八字頓時茅塞頓開，並有意找我學習，但他也補充了一句：「老師！這本書雖然堪稱佳作，但似乎還有很多心法沒有寫出來，我希望能徹底領會五行八字的全部學理，在實證準確無誤之後，我才想花錢跟你學習。」

看完這番話，我不禁莞爾一笑，隨即作出簡單的回覆：「感謝你的購買與支持，有機會請另尋名師！」

人都不可能完美了，卻得堅持等到學好才肯付出行動，這豈不是本末倒置？

有句話說得好：「快做，快錯，快改！」

這句話的重點在於先去實踐，然後找出錯誤之處，接著再作出調整修正，我覺得這句話充滿了進取心，而且有不畏艱難挑戰的精神，如此積極態度值得大家去效法。

猶記得我在2017年開始錄製影片，起初的拍攝角度、燈光以及畫面品質都相當糟糕，但正是因為存著「先求有、再求好」的原則，才能不斷淬鍊、持續成長。

家父曾在生前告訴我：「想要成功，你必須跑在別人前面，先做才能取得成功的契機，有速度才是致勝的關鍵。如果要等到一切完美才開始，其實已經浪費了許多時間，你的競爭對手早已捷足先登了！」

所以，千萬不要為了追求完美，而始終處於準備的狀態，你應該要先有作品，然後再不斷的修正調整，將其結果變得更好，碰到困難再想辦法解決，如此一來，你才能持續進步，邁向目標。

如果你是電玩迷，應當知道遊戲一發行，總會伴隨許多意料之外的錯誤漏洞，但你千萬別天真的以為這是自然不過的事。說句難聽話，這可是遊戲廠商把玩家當「白老鼠」的實驗手段，沒有靠玩家協助找出Bug，遊戲公司又怎能釋出修正檔案呢？

連「法人」都不可能完美無缺，「自然人」又豈能盡善盡美？

採取「做中學」的態度，比等待完美再行動更為可貴。

8 月 11 日

格局

在這個紛擾不已的世界，沒有人能夠毫無憂慮地過著幸福美好的生活，每個人都會面臨各種挑戰和困難。

與其因此而沮喪消極，不如努力發展自己的才華，勇敢追求內心的渴望。

人生的道路充滿了坎坷和挑戰，但也總是充滿著意想不到的溫暖和希望的曙光，你所經歷的每一次挫折，都將成為你成長堅強的養料，為了追求愛與成功贏得更多機會。

當困難降臨時，唯有保持堅定的心志，以耐心和智慧面對，才能攻克難關，克服種種挑戰，成功從來就不是一蹴而就，需要不懈的努力和堅持方能實現。

當你的才華和努力配得上夢想時，好運自會在未來不期而至，能將你從低谷裡拖出來的，是你心裡的格局，和你發自內心的釋懷。

《療癒心靈的秘密能量：第 224 天》

8 月 12 日

真正的體面

在這個世界上，每個人的處境都各不相同，有人享受著富裕榮耀，有人卻在貧窮困苦中掙扎，有人光彩照人，有人卻灰頭土臉。

上天或許會為你分發命運的好壞牌，但這絲毫不會影響你自己的光輝，儘管人生之路充滿了艱辛，但請全力追尋自己的夢想，不斷向上攀爬，命運必會隨風而轉。

有人說，每個人都被名利所囚禁，年紀越大，慾望也越多，失去的也就越多，最終即使擁有一切，也可能失去歡樂的本質。

的確！人生前半段追求物質，獲得的越多，收穫也越豐富，但到了後半生，重點在於淡泊，妥善處理生活所賜的一切，才能領悟生命的真諦，懂得取捨，才是人生的智慧和成長所在。

人與人之間的關係錯綜複雜，今天拒絕了別人，太在乎別人的眼光，就會擔心關係變得陌生，明天又擔心自己不夠圓滑，被人嘴裡嘲笑，因此小心翼翼、畏首畏尾。

人之所以不快樂，就是因為想太多了！

正如作家楊絳在百歲賀辭中說的：『你始終期待外界的認可，直到有一天覺醒後，才發現這個世界只有屬於你自己，與他人無關。』

這與周潤發的名言如出一轍：『你無需向他人解釋自己，只需坦蕩蕩正直做人，就能夠贏得尊重，你的原則就是最好的品德。』

人生最終追求的是心境的安寧，而非四處小心翼翼、如臨深淵，過於在意他人的眼光，只會為自己增添更多麻煩，為了在別人面前顯得體面，只會在背後受盡煎熬。

真正的體面來自於內心的坦誠，你無法控制他人如何看待你、如何評論你，但你可以做到待人真誠、做事光明磊落，全心全意、問心無愧，這樣就已經足夠了！

《療癒心靈的秘密能量：第 225 天》

8 月 13 日

真好人

走了這麼久的路，我用心善待了一些不懂得珍惜的人，卻被別人當成了傻子。

人生匆匆，我只想多一些對身邊人的好，因為下輩子未必能再相遇。

品行端正最為珍貴，心地善良最為可貴，人與人之間應當真誠相待。

你或許以為自己聰明，但別人也不是傻子，有時我裝作不明白，不是因為真的愚笨，只是選擇不去說破而已。

如果你用真心對待我，我會用生命去珍惜，但如果有一天，你發現我對你冷淡了，那一定是你做得太過分了。

我很少生氣，因為我覺得沒有必要，有問題就應該解決，不應讓別人的錯誤影響到自己，這是我感到快樂的秘訣之一。

然而，我不生氣，不代表我沒有脾氣；我不計較，不代表我脾氣好，如果你硬要觸及我的底線，我可以告訴你，我並非濫好人，隨便就任人欺負。

《療癒心靈的秘密能量：第 226 天》

8 月 14 日
放過自己

人生，你或許會遭遇一些令人徬徨無助的時刻，那些時候，或許會被各種負面情緒所籠罩，例如憂慮、自責、焦躁等。然而，你必須學會放下這些負擔，釋懷自在。

世事無常，順境總有逆境相伴，完美的事物並不存在，若你執著於某些不如意的事情，只會徒增痛苦。反之，若能虛心體諒他人的過失，並懷著善意去期盼美好，心境自然會輕鬆許多。

有時候，你無力改變某些狀況，不如學會退一步海闊天空，別對自己太過苛刻，給自己一些喘息的空間，以更寬廣的視野去看待人生，那些目前看似解不開的疑團，日後定能豁然開朗。

人生就如同一場漫長的旅行，偶爾會走錯路，倘若如此，不必氣餒，靜下心來審視清楚，再從容重新出發就是了。

記住！生命的價值不在於走多快，而是在於方向是否正確。

願你能放下惰性的包袱，以輕盈的姿態，續寫美好的下一章。

8 月 15 日

非凡的旅人

在生命的長途跋涉中，你肩負著自己的重擔掙扎，儘管你努力掛上燦爛的笑容，但內心深處卻飽受孤寂的折磨，手中的幸福也往往虛無飄渺。

然而，你懷著感恩的心念，珍視這短暫而寶貴的一生，生命的芳華只此一現，錯過即逝，再難重啟，用感激的心情活在當下，用寬厚的胸懷，對待世間的磕磕絆絆，每當身心感到疲憊，不妨放下一切，好好休養生息，倘若力有未逮，何不停下腳步，細細喘息？

你並非超人，偶爾喘口氣才是上上策。

當你懷著滿腔熱忱去追求夢想時，你將不再是對手，反而會成為自己的主宰，一旦下定決心，你就會獲得無窮的動力，視野也將徹底開闊。

好好疼愛這個獨一無二的自己吧！讓這一生溫暖而圓滿，讓每一天都閃耀著光芒。

你是非凡的旅人，穿越人世的重重關卡，最終抵達心靈的長存。

《療癒心靈的秘密能量：第 228 天》

8 月 16 日

笑對人生

生活和工作中，不要隨意低頭，也不要隨便向人抱怨，因為旁觀者永遠只是旁觀者，他們難以真正感同身受你的苦痛，無論多麼困難，都要堅定選擇自己的道路，一步步向前走，不要停下腳步。

清醒的時候，做事情要有條不紊；糊塗的時候，透過運動來放鬆心情；大怒的時候，冷靜下來休息片刻；獨處的時候，靜下心來思考，時間會在努力中，在你的身上留下痕跡。

人生有著各種滋味，但情感卻是最濃烈的，繁華世界裡，最真實的往往是平淡的日常，過於熱鬧的事物，往往難以抵擋平靜生活的魅力，而煩惱總是來得匆匆，最好的解藥也許就是一聲笑容。

笑容不僅是一種表情，更是一種心情的體現；笑容不僅是快樂的象徵，也是智慧的展現，愛笑的人心態開朗，常笑的人心情舒暢，你我皆是凡人，懂得用笑容調節心情，用笑容抵擋煩惱，笑對人生，才能感受到世界的美好。

無論人生道路如何顛簸，請記得微笑以對，因為笑容是一種力量，可以讓你更堅強走過人生的風雨，享受美好的陽光。

8 月 17 日

自我療癒

當一個人追尋著他所需的一切，漂泊於世界各地，卻在最終回到家時，才找到了真正的寶藏。

家，是心靈的港灣，是你對親情和愛情的嚮往，書房中飄著書香，為未來的腳步鋪路；廚房中縈繞著烏煙瘴氣，溫暖了生活的氣息；臥室中有互相交流的溫暖，讓夫妻之間的情感更深厚長久。

人生最大的挑戰，往往是內心的掙扎，當你學會平復心靈，讓自己變得更堅強，便擁有了戰勝一切傷痛的力量，脆弱和堅強，往往超出了你我的想像。

弱者常自憐自艾，抱怨命運；而強者則接受現實，用自我療癒來化解傷痛。

願你在人生的起伏中，擁有重新站起的決心和持續前行的毅力，當你成為自己的療傷良藥，沒有什麼傷是治不好的。

願每個家庭，都擁有閱讀的樂趣，擁有彼此之間的愛意，一起享受生活中的點點滴滴，共同品味時光的長河，共同漫步於平靜美好的歲月。

8 月 18 日
包容

當面對煩惱時，靜心思考能達到修心的功效。

人需要經歷風雨才能茁壯成長，耐心面對煩惱，才能成就偉大的事業。

俗話云：「忍耐一時，風平浪靜；退讓一步，海闊天空。」

在人際交往中，包容展現了一個人的寬容度，也顯現了內心的廣闊。

能包容他人的人，才是真正具有智慧的人。

美好的人生，是健康的生活、有序的忙碌、自在的玩耍、充實的度過，與親友歡聚笑容。

每個清晨都是生命的起點，願你的生活充滿陽光，身體健康，心情愉快！

《療癒心靈的秘密能量：第 231 天》

8 月 19 日

人性

世人往往喜新厭舊，總愛將旁聽旁論當成事實真相，殊不知，別人口中的描述，往往只是一面之詞，無法完整呈現一個人的全貌。

每個人心中自有一把尺，評判是非善惡的標準前後浮動，有的人心胸寬廣，能夠包容別人的缺失；有人則斤斤計較，對朋友寄予厚望。

所謂口蜜腹劍，常有人故作熟視無睹，其實早已暗地裡給你戴上高帽。

這就是人性的殘酷寫照，往日好友一旦關係生疏，總將你往日的一切過錯，拿出來評論，口中酸言蜚語，如恨鐵不成鋼般叨唸不止，把你往日的一切美好都渲染得面目可憎。

別被流言蜚語迷惑了雙眼，也不要輕易相信別人對你的污衊，人之所以有一雙耳朵兩隻眼睛，是為了更多聽和看，而不是一味地信口開河，多次被背後捅刀，終有一天你也會變得防衛心重、猜疑多慮。

人心隔肚皮，自有一番道理，與其聽信別人説辭，不如用心體會對方的為人，珍惜那些對你真心誠意的人，不讓無稽之

談破壞友誼情分。

別人的隻言片語，無法概括一個完整的人，更無權力定奪你對他人的判斷。

有句話説的好：「不要從別人嘴裡了解我，因為我對誰都不一樣。」

8 月 20 日

寬廣視野

人生就像一座高樓，每爬一層，眼前的景色都不盡相同。

剛開始的時候，就像站在樓下，一句無心的譏諷就能把你搞得心煩意亂。爬到十層，原本的問題都變得微不足道，好像被吹到遠遠的地方去了。再往上到百層，俯瞰下方，那些糾結早已變得渺小無比，只有遼闊的美景盡收眼底。

許多人整天在社交場合打轉，為了取悅他人，不停地粉飾自己，年復一年，戴上一層又一層的假面具，最終把真實的自己給遮掩了，直到有一天，忽然發現，那個真實的自己去了哪裡？

想成為最好的自己，不需要太多修飾，那些華麗的外表，往往只是空虛的外殼，你要做的，不是再裹上更多假面，而是剝下一層層的虛偽，找回那顆純真的心，以最真實的面貌示人，活出最耀眼的自己，不做作，不迎合他人期待，這才是走向自由的關鍵。

一個人之所以感到痛苦，是因為他的視野不夠開闊，無法從高處看清問題。當格局狹小時，眼中所見都是微不足道的瑣事，讓人困擾不已，唯有擴展自己的視野，讓心靈的格局變得更加寬廣，你的人生才有無限可能。

《療癒心靈的秘密能量：第 233 天》

8 月 21 日

柔軟心態

每個人，時時刻刻都在向外界傳達自我，無論是想法、言語抑或舉止，都是你內心真實的投射，與人相處時，請慎重考慮再行動，切記不可任意妄為。

你的每一個微小舉動，都會影響未來的結果，這不僅是虛幻的果報，更是存於現實世界中的自然規律，每個人都該為自己的言行舉止，負起應有的責任。

生命之路充滿了曲折，學會靈活應對，以柔軟的心態面對挑戰。

若能心存寬容，多一份理解與包容，眼前的困難將會減輕；若能調整心態，以積極樂觀的態度迎接挑戰，所有陰霾都將被驅散；若能不斷奉獻友愛，用自己的陽光溫暖他人，你的命運將變得更為順遂。

雖然你無法決定生命的長度，但你可以掌握人生的寬度。當你保持謙虛善良，懷抱寬廣的心胸，以智慧引領前行，生活將有多姿多彩的風景，處處洋溢溫暖和希望。

8 月 22 日

底氣

努力成為你最欣賞的那種人，即使未必成功，但至少你滿意當下努力的自己。

停止心靈深處的內耗，停止無意義的自我消耗，把精力留給學習、運動、家人，去追求你想要的生活。

不要覺得一個人好孤獨，安靜的日子也有它的美好，也不要害怕努力後沒有好結果，提前擔憂只會加重你的負擔。

所有大徹大悟之人，都曾經歷過無藥可救，心不死則道不生，人的末路都是神的開端。未到最終結局，你怎能確定自己不行呢？拋棄消極態度，改掉拖延的習慣吧！

當你選擇一條路後，不要問它有多遠，只管勇敢的向前走，你踏出的每一步，都將成為你未來的經驗和底氣。

8 月 23 日
自省

別過度追求完美，這樣才能輕鬆前行，以超然心態去行事，才能得到真正的自由，以淡然心態面對人生，就會發現生命處處充滿坦途。

多讀幾頁書，積少成多就是財富的積累；多走幾步路，堅持下去就是身心的健康；多學一門課，就能為自己增添一項技能。

你的時間花在哪裡，人生的花就會開在哪裡，所有的不完美都是美好的一部分。

人性最大的弱點，就是追求外在的虛華，而忽略了內心的成長。

向內自省，可以改正自身的不足；向內深耕，可以建立穩固的根基；向內自癒，可以轉換工作的心境。

人生最寶貴的就是忠於自己，生活是為了自己而過，而不是為了別人。

別讓你的夢想死在別人的嘴裡，做最真實的自己就足夠矣！

8 月 24 日

今朝有酒今朝醉

我知道，你曾品嚐生活的酸甜苦辣，也走過了不少風景，並經歷了一路的艱辛和喜悅，不管路途多麼曲折，都不要忘卻對生活的熱愛與感恩。

為了追求理想的生計，你不斷地付出努力，在清晨的陽光中，到深夜的燈火下，勤奮地耕耘著，但這段旅程中，你忽略了身邊的美好，遺忘了生活的點滴溫暖。

柴米油鹽，是生活的基本需求，少了哪樣，都會感到空虛，但你仍有許多值得珍惜的事物，比如友情的陪伴、家人的關愛，以及大自然的奇妙景觀，學會欣賞這些細節，從中感受到生活的豐盛。

遇到困難挑戰時無需擔憂，每一個問題都有解決的方法，放鬆心情，用一顆平和的心，迎接生活的起伏，應對各種挑戰。

無論日子多麼艱難，不要忘記享受當下，放下你的煩憂，與朋友共享美好時光，抑或獨自一人品味寧靜。

生活中的每一刻都值得珍惜，都值得用心去體驗。

即使路途崎嶇，只要保持堅定的信心和勇氣，走過的每一步，終究會找到前進的路。

今朝有酒就今朝醉吧！讓自己在這一刻醉心於生活，活出真正精彩的人生！

《療癒心靈的秘密能量：第 237 天》

8 月 25 日
堅定信念

人之所以偉大，莫過於心中那股充盈的正能量！正能量的泉源，正是你對夢想的堅定信念，只要你對理想的追求永不動搖，那一聲輕鳴，就能化作振翅高飛的強勁動力。

若你心存迷茫，動搖不前，那麼重重阻礙便像黑霾般籠罩，把你的視野完全遮掩，看不見前方的道路，於是你只能原地徬徨，一事無成。

可見，信念宛如心中的金鐘，只要你充滿對理想的熱情渴望與堅持，它會為你奏響動人的鼓舞之音，驅使你昂首闊步，勇往直前。

切莫被艱辛考驗擋住雄心壯志，只需以堅韌不拔的意志力為自己引路，必能在漫漫長路上攻無不克，最終抵達理想的彼岸，笑顏自在。

人生正是一場激情萬丈的拚搏，奮力為自己而戰，贏得心中所嚮往。

但切記！唯有對夢想充滿浩然正氣，才能綻放生命最璀璨的一頁！

8 月 26 日
忙閒交織

你就像一顆獨特的星星，在廣闊蒼穹中散發著獨有的光芒，每一顆星星都有著自己獨特的歷程，譜出屬於自己的絢麗篇章。

正因如此，我們彼此間才有了獨特與眾不同的存在，有些傷痛難以言喻，只能一個人獨自承受和消化；有些黑夜撕心裂肺，只能自己熬過漫漫長夜。當你在低谷中堅定不移、蓄勢待發，必能在逆境中綻放出奮鬥突破的光輝火花！

願你迎難而上，勇往直前，把一切阻礙都化作踏腳石，最終在人生征途上綻放出燦爛的笑顏！

理想的生活狀態，正是忙閒交織，錯落有致。忙碌時，有條不紊地追求高遠的目標；閑暇之餘，則可優哉遊哉，賞心悅目，生命之路如此精彩紛呈，處處都是美景。

讓心靈展翅高飛，在人生之旅中，努力工作、學習，或是享受娛樂和養生，盡情去追逐、體會、領略吧！天地間處處都是生機勃勃的景象，等待你去開拓探索！

8 月 27 日
撫平

人生難免會遭遇到不順心的事，或是讓你感到痛心疾首的挑戰。

當遇到問題時，內心可能背負著傷痛、怨懟等負面情緒，但要記住！能夠平復你心靈的唯一人就是你自己。不要一味地沉浸在「為什麼」的疑惑中，而是要尋找解決問題的方法，即使身邊的人提供了很多建議，如果你仍然固執己見，那麼將難以擺脫心靈的枷鎖。

解脫困境的鑰匙在你手中，能夠療癒你內心傷口的人，也只有你自己，放下過去的負面思維，迎向光明正面的人生。

再說一次！能撫平傷口的人，那個人永遠是你自己！

《療癒心靈的秘密能量：第 240 天》

8 月 28 日

不必討好

人生本是自己的人生，何須去討好他人？朋友們或真或假，有些只把你當玩物，眷顧自身才是當務之急，何苦為迎合別人而喫力過度？

這世界浩瀚無垠，並非人人都是你的知心好友，你老把他們掛在嘴邊，卻漸行漸遠無甚往還；有些你原本親善以待，卻遭受對方的拒於門外，莫怪莫怨，緣份難牽，就此一走了之罷。

世事如鏡，你我皆在其中領受歷練，有人對你好言好語，也有人對你虛偽無情，直視這一切，坦然接受，積累智慧，你我既是過客，何不學會欣賞沿途的風景？

與其操心他人的是是非非，不如把心思放在自我的修為上，真心待人，就是在善待自己的靈魂；背叛良知，自己才是最大的受害者，這一生能否無愧於心，全繫於你自身的為人處世。

人生如棋，無需苦心經營每一步棋，也無需把全部的心思放在旁人身上，細細品嚐每一個當下，才是人生最高的體悟至寶。

是故，不必為了迎合別人，把自己過得好累！

8 月 29 日

修為

自信是一種美德，但也要時時警惕，莫被自負給滋長。

你我皆是凡人，出生於紅塵之中，每個人都有自己的優缺點，人與人應彼此尊重，真誠以待，而不是高高在上。

有一個朋友跟我分享了一個故事：他生來因禿頭而被兩位年輕女士嘲笑，他選擇了保持沉默，沒有回應她們的話，這件事讓他深深有感觸，儘管那兩人外表美麗，但顯然內在的修養和品性還有待加強，才能不可以偏見看待他人。

每個人都有缺點，應虛心向他人學習，彌補自身的不足，如果妄加評論他人，或將他人的缺點置之不顧，那才是真正可悲和愚蠢的行為。

傷人的言語，最終都會成為自身的枷鎖，回過來傷害自己。

彼此包容，用慈悲之心待人，同時也善待自己，用善意和諒解之眼，去欣賞每一個生命的價值，一旦放下偏見，開啓智慧，人生的廣度便會與日俱增。

8 月 30 日
閱讀

當你感到心煩意亂時，閱讀能成為心靈良藥，幫助你擺脫糟糕的情緒。

當你感到茫然失措時，閱讀能擴展你的視野，協助你找到新的出路。

當你感到沮喪失望時，閱讀能為你注入正能量，讓你重新振作起來。

通過閱讀，你能不斷地成長和進步，從而更好應對生活的種種挑戰，閱讀使你更有智慧，更有見識，也更有力量。

人生不應該停留在原地，而是要不斷地向前邁進，不斷地學習和成長。

每個人都應保有自己的獨立思想與價值觀，切勿成為他人的附庸，而要堅持自己的信念，追求自己的夢想。

只有擁有獨立自由的靈魂，才能真正享受生活的平等和安寧。

勇敢面對生活的挑戰，保持內心的平靜和堅強，不斷地充實閱讀，迎接更美好的未來。

8 月 31 日
人生彼岸

工作壓力沉重？那就放下手邊的瑣事，小歇片刻，靜心雅興，品一盞馥郁香茶，讓身心獲得短暫的放鬆。

錢錢錢！財務壓力總讓你愁雲慘霧？何不把視線轉向窗外，欣賞一下大自然之美，豁然開朗，心胸自然為之一廓。

世俗的是是非非紛擾不休？不若閉目凝神，把那些干擾拋諸腦後，順其自然，任那紛紛揚揚過眼雲煙，終歸於平靜祥和。

怨氣滿腔，若一直憋在心裡，只會傷了健康，何不對著明月清風，斷斷續續訴說衷腸，把積壓在心中的鬱結，一吐為快？

應酬雜事，把你追得疲於奔命？那就賭氣推卻一切，開開心心休個小假，好好享受片刻的愜意時光，補充體力，對身體有百利而無一害。

你是否仍在為了報答雙親的養育之恩而愁眉不展？何不放下手邊的工作，回家和家人團聚片刻，用行動證明你對他們的無限眷戀，比什麼都來得有意義。

人情往往讓你覺得無以承當？那就好好權衡自己的能力，

量力而行，把單薄的精力用在最重要的事物上，不勉強、不逞強，方能從容應對。

前方的路途亦步亦趨，令你望而卻步？別焦慮，慢慢來，漫步人生，從容前行，好好欣賞沿途的風景，體會生命的點點滴滴。

生活就是要過得簡單快樂，命運的航向掌握在自己的手中。怨天尤人，只會耗損寶貴的能量，活出自我，精神自在，這才是生命最高的體現。

你我皆是生命的過客，你路過我，我路過你，前世的緣分就此互相擦身而過，未來還有漫漫長路，大家一同修行，朝向屬於自己的彼岸。

《療癒心靈的秘密能量：第 244 天》

9月1日

活色生香

生命，就像一場馬拉松長跑，起步時或許能靠貴人指點迷津，但要走多遠，全靠自己的意志力。

成長的道路上，充沛的學習是增進自我的營養劑，想在人生賽道一路高歌，則需倚仗團隊的默契作陪伴，成敗的關鍵，不在一蹴而就的短暫衝刺，而在持之以恆的綿綿長路。

即便道途崎嶇難行，疲憊難免，也絕不能輕言放棄，因為一旦止步，就等於拋卻了機遇、責任，也拋卻了理想與夢想。

新的一天，送給自己最好的禮物：尊重自我、心存感激、勉勵向上。

臉上掛滿燦爛的笑顏，永保青春常在；擁抱平安喜悅，健康長伴左右；珍惜手足之情，永不疏遠；牢記今生的緣分，期盼來世重逢。

財富榮華，終將如浮雲散去，唯有健康的心靈與身軀，才是人生最寶貴的禮物。

願你在餘生安康，逍遙自在，盡享天年，一路同行，互相扶持，攜手並肩，活色生香！

《療癒心靈的秘密能量：第 245 天》

9 月 2 日
樂活

曾經有一段時間，我深陷困惑和未知的迷宮中，內心感到焦慮不安，彷彿必須立即找到答案才能安心入眠。

但隨著時間流逝，我漸漸領悟到，那些當時看似重要的事，在三個月後回頭看時，就覺得微不足道了！

我學會了耐心等待，淡定面對，因為時間永遠是最好的解藥，除了生死，沒有什麼是時間無法沖淡的煩惱！

人生的旅途上，我學會了與負能量的人保持距離，不與滿腹心事的人親近，與不懂珍惜的人疏遠，與敷衍態度的人斷捨離，與説謊成性的人分道揚鑣。

讓自己少些糾結，多些心靈的寧靜！因為生氣不但傷身體，還是一種慢性的自殺，遇到令人心煩的人，就遠離他們吧！惹不起的是非，總能躲得開，誰讓你心情愉悅，就與誰相伴，無論是親人、摯友、還是愛人。

人生匆匆，時間不多，與喜歡的人一起度過每一刻吧！

9 月 3 日
悟透

世人往往對生活中的種種道理有所耳聞，卻難以真正將之內化為自己的生活體悟，人或許總得走一些彎路，甚至在錯誤中摔跌受傷，才能真正領會其中的奧義，從而突然頓悟，獲得覺醒。

古語有云：「巧言令色，鮮矣仁，再而行之。」

單單說教是教不會人的，只有親身的經歷才是最好的教育，想要說服一個人，光靠道理行不通，必須讓他觀其所見，方能真正領悟。

沒經一番風雨歷練，哪來的人生智慧？只有歷盡人世滄桑，見盡世間百態，你才能真正看清人心，體會人性的種種。

健康是人生最大的富足，快樂則是至高無上的財富，擁有寬廣的胸襟，便能享受生活的美好，懷抱善良的心靈，就能積聚人生的福分，倘若心中充滿喜悅，何不展顏而笑？如果疲憊難耐，何不憩息片刻？

活著，不就是為了過一種自在淋漓的生活嗎？

人生路若過於匆忙，只會讓你體力耗盡，若思慮過多，心靈也將疲憊不堪，對於那些把握不住的東西，何不學著看開？對於得不到的事物，何不隨緣自在？那些始終無法迴避的命運，與其逃避，不如懷著勇氣，勇往直前。

人生道路坎坷不平，與其強求，不如坦然隨緣而行，生活本應如此美好，天空本該如此暢朗，只要懷著愉悅的心情，就能在平凡中發現生活的無限樂趣，只要保持開闊的眼界，就能在平凡的世界，開掘無限的新奇體驗。

《療癒心靈的秘密能量：第 247 天》

9 月 4 日
胸襟

人生路上，難免會遇到許多令人心生不快的事情，單單抱怨與不滿只會製造更多問題，反之應當積極尋求解決之道。

偶有棘手狀況讓你煩憂不已，但切忌將不滿的情緒發洩為埋怨和厭惡，有些人平日口口聲聲要行善利他，卻在遇到逆境時怨天尤人，抱怨他人都沒有伸出援手，指責旁人私心重重。

抱怨無疑只會將負面力量吸引到自己身邊，影響運勢和健康，遇到不如意的事，請學會泰然處之，不讓負面情緒主宰心緒，做自己生命的主宰，而非被外界環境所控制。

有時，你無法改變周遭環境和他人，卻完全可以改變自己，懷著怨恨和怒氣，只會讓心靈和生命變得更加沉重，遭遇不順，將之視為自己的因緣際遇，均是前世今生所鋪陳的結果，你無法改變他人，唯有從改變自己做起，因為善有善報，懷著善意的人必將獲得天佑。

你的心量將直接影響個人的福分運勢，當處於逆境時，何不將心胸放開，以寬廣的胸襟面對，化解心中的陰霾，如此，你才能真正解開心結，迎向生命的陽光。

9 月 5 日

心靈覺醒

人生中，我們所面對的無非就是這三件事：天命的安排、他人的際遇，以及自身的抉擇。

前兩者往往並非所能掌控，倒不如把心力放在自己的事上，盡自己最大的努力，其餘的就交由天意決定吧！

生活本身就是一場磨練，你所經歷的一切，都是在修行自我，把俗世中所遇到的煩惱、瑣事、艱難和重任，都視為磨煉的工具，方能超越凡塵，豁然開悟。

當你能夠妥善處理好這三件事，回首來時，就會發現自己早已脫胎換骨，獲得心靈的覺醒。

《療癒心靈的秘密能量：第 249 天》

9 月 6 日
慈悲

有時，你對人產生錯誤的評價，並不是因為視力有缺陷，而是出於對他人的善意揣測；有時幫助到不應該幫助的人，那不是由於愚蠢，而是因為太過重情惜義；有時選擇了忍讓，並非因為理虧詞窮，而是不願意陷入無謂的爭執之中。

後來，我漸漸體會，這個世界廣闊無垠，若非有緣相見，許多人就此錯過彼此的人生，如果你是那個註定要相遇的人，我甘願去等候，等候那場不期而遇，等候那段與你相伴的歲月，直到生命的盡頭。

一個人的價值，並不在於他的財富有多少，而在於他能為他人帶來多少正面的力量，生命的意義，也不在於擁有多少金錢，而在於以慈悲的心態去體驗這一切，如同香花自有蜂蝶來採蜜，品德高尚的人也必有如魚得水的良師益友。

願你做個內心充滿陽光的人，用溫暖照亮自己的前路，生命將會越過越精彩，抬頭是為了看見更廣闊的天空，低頭是為了反觀更美好的自己，相信歲月終將把最好的一切留給自己。

9 月 7 日
快樂長壽

活著就是要歡樂自在，雖然每個人都有自己的難題，但與其和別人比較名利地位、子孫成就，倒不如比誰更加快樂長壽。

無能為力的事，何須太過糾結？操心固然無補，反而影響身心健康，幸福要靠自己努力創造，快樂更需盡力尋覓，只要保持心境良好，時時想著愉快的事，做自己開心的事，主動尋找生活樂趣，日子就能過得充實歡暢。

人生猶如一場競賽，前半程以學歷、權勢、職位、業績、薪資高下為勝負；後半程則以血壓、血脂、血糖、尿酸、膽固醇等指標較量高下。前半程順勢聽從指令，後半程則需自力更生認命，因此要兼顧前後半程，於兩場皆勝。

所以，我有些建議想與你共勉：

無恙也要體檢，不渴也要多喝水，
煩惱也要想通，有理也要讓人，
有權也要低調，疲累也要休息，
不富也要知足，再忙也要鍛鍊。

《療癒心靈的秘密能量：第 251 天》

9 月 8 日
靠譜

命運難以掌控，心態卻可自主把握。生活中的事，越是計較紛擾，越容易陷入糾結痛苦的泥沼。

求人不如求己，求己不如求心寬體胖，心胸開闊，日日皆虛寒宵，夜夜安祥，遇到棘手煩心事，不能硬碰硬，要沉潛思考事物的前因後果，找到癥結去解決。

心胸寬廣，處處皆是桃花源、雲水間，看開些、放開些，方能在坎坷時笑看風雲，在平淡中尋得熙熙攘攘的繁華。

話語再華麗，若不守承諾終是虛偽，一個人的可靠與否，不在於他說了什麼，而在於他做了什麼，若是真心重視，必會想方設法；若是不太在意，總會推三阻四找藉口，真心想送你的人，東南西北都是順路；真心想見你的人，分分秒秒都有空檔；真心想給你的人，根本不會詢問你是否需要。

百句「你要去嗎」不如一句「跟我走」；千句「你要嗎」不如一句「你拿著」；萬句「你沒事吧」不如一句「有我在」；無數句「我愛你」不及一句「我瞭解你」來得實在誠懇。

9 月 9 日

防人之心

生活中難免遇到小人，見面仍須客氣打招呼，但無需多言廢話，也不必主動來往，同時也無須拒絕往來。

不要進入小人的圈子，也不要讓小人進入你的生活，因為防人之心是必需的，多行不義之人，終將被人識穿真面目，不需在意他人，背後如何談論你的是非，因為那些閒言閒語，無法改變事實，只會讓你揪心紛擾，內耗心神。

人生何有兩全之策？短短百年，不過是教人學會取捨而已，手持薪火溫飽自己，且停留片刻，且忘卻過往，且隨風而逝，且暢行無阻，且觀望人生，且從容自在！

人字有兩筆，一撇寫盡前半生的執著，一捺寫下後半生的釋然。

生活，一半是塵世煙火，一半是閒適清歡；一半是清醒理智，一半是泰然處之，不留戀過往，也不畏懼未來。

願你往後的日子，陽光灑落清澈明亮，萬事萬物皆是溫柔體現。

9 月 10 日
天地良心

人生若能遇上通透理解你的人，無需言語解釋，天生相契；若遇上不理解你的人，就讓時間來證明吧！因為歲月漫長，終會見人心。

真正懂你的人，不會被無稽之談所蒙蔽雙眼，否定你的為人，太過在意他人閒言閒語，做人做事會很累，無法全心全意。

為人處世，心安理得、問心無愧才是正道，無需太過計較他人對你的是非評判。

人要做對得起天地良心，行為掩藏無人知，心存善念自有天知。

人要遵循天理而行，天才會庇佑恩賜，多做別人的貴人，絕不做小人害人。

9 月 11 日

孕育孩子

良好的家庭教育，就像一鍋營養豐盛的湯品，必須五味俱全、均衡滋補，才能為孩子提供最佳的滋養。

首先要加入甜味，施以關愛與鼓勵之糖，孕育他們的自信與上進心，接著要添些鹽味，訓練他們面對挫折與逆境，培養堅毅不屈的品格，再補充些鈣質營養，教導自力更生的法則，使他們能獨立自主，永不氣餒。

只有這三種「味道」並重，孩子才能健康成長，在屬於自己的天空盡情施展翅膀，遨翔自在。

9 月 12 日
強大

人生的路，幸與不幸，全在心態。

若你常怨天尤人，無意義地與人比較，生活只會愈加糟糕，不如與自己較勁，只要今日比往日好，現在比過去美滿，心態正，生活自然也就順遂。

人生至終，拼的是擁有好心態，那些未能擊垮你的，終將使你更堅強！感恩生命旅程所遇見的每一個人、每一件事、每一處風景，勇敢笑對人生每一天。

人生猶如一條河流，歲月縈繞其中婉轉歌唱，偶有風雨，那是自然生活，忘卻年齡數字，去尋找快樂的所在！此生最重要的事，就是好好地活著。

外在的一切，都當為生命這回事讓路，想要良好地活著，關鍵在於營養自身、內心和靈魂。

身體靠動才長久，內心靠靜方不亂，靈魂的核心是德行，勤儉才能滋養德行。

餘生要好好優渥自己，令生命更添品味，人生也就更為快樂。

9 月 13 日
修口

新的一天開始了！你可以放下昨天的煩惱，帶著希望和勇氣，迎接全新的未來。

當面對挑戰時，請微笑以對，用溫暖的善意，感動周圍的人，讓你的夢想點燃心靈的火焰。

我們一起來描繪美好的未來，共同實踐心中的理想，無論前方的路有多麼曲折，請你堅定地向前邁進。

你的言行舉止反映你的修養，用良言善語來修行吧！

當面對問題時，請你先反省自己，你是為了爭執，還是為了解決問題呢？

每個人都有自己的不足之處，請尊重他人的差異，不要妄加評論。

善言善行將會帶來福報；惡言惡語則會招致禍患。

請謹慎選擇言辭，讓你的語言帶來美好的力量！

9 月 14 日
輕盈前行

方向正確，心無懼，義無反顧。

目標清晰，即刻出發，不畏艱辛。

夢想掌握在自己手中，抓住每個機會。

成就來自自律，堅持不懈地付出努力。

成功無需秘訣，信心與努力並行。

擁有向善的心態，助你邁向成功之路。

放下包袱，輕盈前行，風雲無阻。

自信從容，做最出色的自己。

專注於做好事，享受充實的人生。

平凡中閃耀，每份工作都有價值。

愛惜自己，生活更加美好。

每天微笑迎接，快樂總在身邊。

帶著希望迎接每一天，心靈永遠充滿光明。

9 月 15 日
頻率

秋天是一首綻放生機的詩歌，是充滿希望的時節，別讓世俗的紛擾，澆滅你對生活的熱情和嚮往，學會欣賞沿途的美景，播下理想的種子，讓過去的遺憾和當下的挑戰，都成為未來光明的一部分，向陽而生，積極面對現實吧！

每天你都在風雨中前行，穿梭於大千世界之間，你能做的就是用勤勞的雙手，為美好的明天打下堅實的基礎，創造屬於自己的價值，如此，你的生活才會充實、有意義，不虛度此生。

與舒適的人相伴，是最好的「養生」之道，在這廣闊的世界裡，你都是獨自前行的，只有與頻率相合的人，才能看到彼此深處的美好，彼此相處得心安理得。

《易經》所言同聲相應，同氣相求，水濕則火燥。

找到讓你感到舒適的人，勝過任何保健品，與舒適的人在一起，才是最佳的養生之道，也是最好的朋友相處模式。

與自己頻率相合的人在一起，你會感到心曠神怡，時間也會不知不覺中溜走，即使心中烏雲密佈，也會在他們的陪伴下消散，彼此之間不言不語，也能感受到愉悅與自在。

9 月 16 日
行善積德

與心靈頻率不合的人相處，總是讓人感到勉強和不自在，你不得不戴上虛偽的面具，說著違心的話語，聽著令人莫名其妙的抱怨，最終只會讓自己的內心感到沉重。

有些人的處世方式讓你覺得難以駕馭，有些事你也許看不慣、無法理解，何必勉強自己去迎合？為了一些不值得的人生氣煩惱，為了加入某些與你格格不入的圈子而焦慮不已，這些都是徒勞無功的糾纏，與你不合的圈子註定不適合你，那些讓你費盡心力卻仍不願接納你的人，也不值得你珍重。

行善積德之家必將有餘慶，持之以恆行善必將獲得厚福，好好修行自己的道路，即使無人關注，只要心中有良知就好。

人生的幸福是修來的，簡單的事要不斷重複去做，重複的事也要用心去完成，只要定下明確的目標，會發現比想像中更加出類拔萃。

美好的人生在於精彩有趣，人生的困惑是成長必經之路，所有的困難挑戰，都將成為推動你勇敢向前的動力，讓你對這一生無怨無悔。

9 月 17 日
緣起

莊子曾言：『君子之交淡如水，小人之交甘若醴。』

友誼應以平實淡雅的相處為原則，只有如此，心靈才能真正交會，過於甜膩的交往只是虛偽的表象，保持坦率自然才是建立友誼的上策。

事實一再證明，舒適自在才是維繫友誼的最佳模式，只有源於內心的知心交流才能長久，與人相處，如果你感到格外輕鬆，又能在其中獲得真正的啟發，那你必定是遇見了心靈相通的好友，即使你們身處不同領域。

生活已然夠累，何必勉強自己去討好那些讓你難以喘息的人？不如遠離令你不快的人，結交能讓你賓至如歸的好友。

茫茫的人海中，有些緣份是自然而然的，有些真誠是平凡中自然流露的，經歷風雨歷練後，必能心心相印，走向健康與快樂之路，成為社會的陽光，而非陰霾。

即便有一天，我們的友誼漸行漸遠，請你也不要難過，畢竟人情皆有無常，我們終將在不同的城市裡學習成長，結識新的朋友。

願我們的情誼能綿延永久，即使不能，我也會永遠珍惜我們曾經相伴相惜的時光。

無論如何，你們都將永存在我的記憶中，因為一切的緣分皆是生生不息，循環無端。

9 月 18 日

安適舒暢

相處舒服，是維繫美滿婚姻的粘合劑！

每個人對於幸福美滿的婚姻皆不同，但都離不開一個核心，讓彼此感到賓至如歸的自在與舒適，夫妻雖無血緣關係，卻是此生相伴最久的人，能找到一個與自己頻率相符、相處起來暢快自在的伴侶，實在是人生一大幸事。

當你與另一半在一起時，感受到的是整個世界都被愛所包圍，而不是勉強的壓迫與不安，婚姻的表面風光固然讓外人豔羨，但只有自己才最清楚，這段關係是否真心順遂、相處自在。

一段良好的婚姻，就是能讓彼此都感到無比舒適，在這樣的環境中互相成就，共同成長為更好的人，沒有什麼比與心靈相通的人相伴，更能達到養生的境界了。

是故，與能帶給你安適舒暢的人在一起，是人生最大的幸福之一。

期盼每對夫妻，都能找到與自己頻率共振的伴侶，攜手一生，幸福安康。

《療癒心靈的秘密能量：第 262 天》

9 月 19 日

情誼

豐富的知識儲備，能讓你從容應對各種狀況；穩健的經濟基礎，能讓你過上無後顧之憂的生活；持續的情緒穩定，能讓你面對逆境保持定力；適中的生活節奏，能避免讓你身心俱疲。

最重要的，是那份自強不息、永不放棄的你！

未來的路要多讀書、多見世面、多歷練，將時間花在對的事物上，去成就最好的自己，唯有內外兼修，才能獲得真正的獨立和自由。

生命中，總會不期而遇那些與你頻率相同的人，這份緣彷彿就在人海之中等著你，當靈魂相契的兩人相遇，一腔真摯的愛自內心綻放，相互信任便油然而生，有情有愛，人生自然有滋有味，所走的路也將綻放異彩。

最美好的相遇總是來得出人意表，卻能在你我心中盤點長留；最美妙的緣份縱使遠在天涯，也終將在彼此的生命中綻放光芒。

在紛擾世界裡，一份真摯的友誼，無需過多言語便能溫暖心田，在忙碌的日復一日裡，彼此用心相伴才是最好的慰藉。

願這份情誼永遠與我們為伍，相互支持、溫馨相隨。

《療癒心靈的秘密能量：第 263 天》

9 月 20 日

活法

每個人都有自己的生活方式，你無需羨慕別人的生活，有些人可能表面風光，卻在暗地裡流了許多眼淚，有些人看似生活窘迫，但其實過得十分快樂自在。

幸福並不是擁有標準答案，快樂也有多種途徑，放下對別人的羨慕目光，轉而觀察內心，過自己喜歡的生活，才是最幸福的，自己喜歡的方式，才是最適合自己的。

和相處舒服的人在一起，內心得到平靜，微笑令人安心，舉止溫暖，與他們相處，感覺無法逾越的障礙都會變得輕鬆，不需要依賴任何保健品，就能獲得最好的養生。

和不舒服的人在一起，則須小心翼翼，如履薄冰，這樣的相處讓人壓力倍增，家裡也可能煩亂不堪，就像是在彼此毒害，是一種慢性的折磨。

遠離那些讓你感到不舒服的人，不理會他們的訊息，如同他們在你的世界根本不存在一樣，這是保持你身心健康的一種法門！

9 月 21 日
滋養內在

人心之所存，萬事萬物亦將如是！

如果你將內心灌注美好的種子，生活也將綻放出美麗的花朵；如果以健康的觀念滋潤內心，身體自然會像大樹一般枝繁葉茂；如果用美麗的情操洗禮內在，你的外表也會閃耀出獨特的光采。

一顆充沛飽滿的心靈，將使你的身體充滿活力的能量，喜悅的心境，將使生活的每一個角落都溢滿陽光，而自信的內在，必將為你的人生鋪就一條自信的大道。

生命的高度、前方的遠景，都取決於你當下的抉擇，由你內心的渴望所主宰，緣分的開端和結果，都根植於你內在的思維與期許。

每個人都如一個空盅，心中裝載了什麼，就將吸引並實現什麼。

讓美好、健康、自信和喜悅充實你的靈魂深處，然後靜觀生命如何以美妙的方式向你呼應。

願你時刻保持一顆充滿陽光的心靈，用積極向上的能量，滋養自己的內在世界，生命的舞台，會為你綻放出最絢爛的詩篇。

9 月 22 日
和諧情緒

人生的旅途中，難免會遭遇挑戰和困難，那些痛苦和孤獨的時刻是難以避免的，在這些時刻，總渴望有人能夠伸出援手，給予幫助和陪伴，然而更多時候，只能獨自承受度過這些艱難。

無論面對何種處境，特別是在經歷心碎的傷痛時，你都必須堅持前行，即使孤軍奮戰也不能放棄，這些最孤獨的時刻，往往塑造出最堅韌的個性，只要你不放棄希望，一切都會逐漸好轉。

《黃帝內經》所言：『怒傷肝、喜傷心、憂傷肺、思傷脾、恐傷腎。』

情緒對健康的影響不容忽視，憤怒傷肝，喜悅傷心，憂愁傷肺，過度思慮傷脾，恐懼則會影響腎。這些情緒不僅影響個人健康，也會在人與人之間傳遞，**身心健康在很大程度上，取決於你與周圍環境的和諧相處，以及保持良好的情緒狀態。**

除了學會獨自面對生活的挑戰外，也請時刻保持一顆平靜的心，遠離負面情緒的干擾，以喜悅的心境去體驗生活的美好，與周圍的人和諧相處，如此才能真正擁有身心俱健的生活。

9 月 23 日
幸福十二守則

珍惜變老

不要抱怨變老，要知道，那是生命的饋贈，很多人還沒有機會變老，就已經離開了這個世界，隨時學會感恩，感恩自己還活著，感恩自己擁有的一切。

感恩幸福

不要抱怨自己不幸福，因為幸福是一種能力，很多人連溫飽都無法解決，更談不上幸福，幸福是一種心態，知足常樂，才能幸福。

心態決定幸福

人啊！想開了就是幸福，想不開就是痛苦，很多時候，不是跟事過不去，而是跟心過不去，總是想的太多，所以壓力很大，放開心態，學會放下，才能獲得幸福。

放下執念

人生苦短，何必在乎太多？放不下，就會痛苦；放得下，才能幸福。

哭笑人生

哭給自己聽，笑給別人看，這就是所謂的人生，哭泣是釋放，是療傷；微笑是堅強，是樂觀。

順其自然

莫強求，只求一切順其自然，強求，只會徒增煩惱；順其自然，才能心安理得。

耐心等待

時間到了，自會有答案！耐心等待，才能看到結果；急於求成，只會一敗塗地。

心靜發現美

擁有寧靜的心靈，才能發現意想不到的美，心靜如水，才能看到世界的真善美。心態決定晴雨，只要心是晴朗的，人生就沒有雨天，心態決定一切，積極樂觀，才能擁有美好的人生。

分享好心情

給自己一份好心情，讓世界對著你微笑；給別人一份好心情，讓生活對你微笑，好心情是人生的財富，讓好心情與你時時相伴。

簡簡單單

人心簡單就快樂，生活簡單就幸福，複雜的生活，只會帶來煩惱；簡單的生活，才能獲得幸福。

珍惜當下

人生苦短，別省、別等、別放、別忍、別恨，活在當下，珍惜美好。

開心最重要

人生苦短，開心最重要，開心快樂每一天。

願你珍惜當下，活出精彩的人生！

《療癒心靈的秘密能量：第 267 天》

9 月 24 日

獨自跋涉

這個世界浮世紛囂，我們只是短暫駐足，百年之後，你我皆將不復存在，亦無人能記得你的芳蹤，拼盡全力奮鬥一生，最終亦難帶走絲毫聲名資產，縱然執迷不捨愛恨情仇，臨終時亦將徒勞無功。

人生短促，沒有多餘時光糾纏於爭吵、傷心、焦慮和抑鬱，你只有稍縱即逝的今生，好好去愛、去體味生活、去盡情享受這世間的美好，活在當下，領會眼前，才是最重要的人生智慧。

有錢固然可以過好日子，但窮困時也能用好心情渡過。生命如白駒過隙，終將放下執念，淡然面對，健康的活著、平靜的過著、開心的笑著，就已足矣！

這世界猶如一座高峰，只要你不是站在絕頂之位，就永遠有人比你更高更尊，當你仰視別人的時候，不妨也時而低頭看看，你我皆只是平凡人，無需對自己過於苛刻，當他人疏忽或遺忘了你時，也不必汲汲難過，因為每個人都在追尋自己的目標，沒有人能永遠陪伴在你身旁，也沒有人能永遠關注你的去向。

人生之路，終需自己獨自跋涉，保持寧靜淡然的心境，活在當下，盡力而為，就是人生最高的智慧和幸福。

9 月 25 日
清心寡慾

一切事物的美醜、高低，全在於一個人心的觀照角度，若能以通透的智慧看待，就能化解生命中的執念，昇華為自在逍遙；若沉溺於是非對錯的糾結，就只能被困在痛苦的泥沼中，無法解脫，活著的人，當懂得好好珍惜這份生命的禮物。

有時，你會太過執著於一些瑣碎的小事，反倒錯失了把握大局的能力，這樣不啻是喪失了理智，得不償失。**煩惱是否會靠近，完全取決於你的思想和處事方式，何須將每一件事都當成生死看待？何須一味勉強地固步自封？何須徒勞無功地爭奪虛名？學會淡然處之，用寬闊的心胸面對一切，這才是真正的豁達和從容。**

人生苦短，轉眼即過，你總在忙忙碌碌中虛度了年華，待白髮蒼蒼時方惺惺相惜，歲月會讓你慢慢清醒，開悟出人生的真諦，健康活著，懷抱真誠的愛，已是一種極大的富足了。

降低慾望到最低點，提升理智至最高點，身體清心、平安、健康才是真正的幸福和福祿，寡慾自然長壽，這是上天最大的恩賜。

願你能看透紅塵，活出自在的人生。

9 月 26 日

行動

善良與真誠是做人的基本素養，它們不僅能令你在這一生內心無愧，更能使你獲得長治久安的福分，天道有規，善待他人的人，自然會受到上天的眷顧和祝福。

圓規為何能畫出圓圓的圓周？那是因為它的腳步穩健前行，心卻永不動搖。可是，人們往往徘徊於夢想的道路上，止步不前，因為內心動盪不定，行動力不足。

放下你的浮躁與躁動不安，拋卻你的惰性與懶散，捨棄那短暫的熱情，清空你胡思亂想的大腦，打開你見異思遷的眼睛，閉上你言過其實的嘴巴。

靜下心來，全神貫注做該做之事，用實際行動去努力實現夢想，只要你恆心耕耘，必能超越自我的期望，實現非凡的成就。

永遠謹記：奇蹟來自於行動！而非止步不前的徬徨猶豫，唯有勇於實踐，才能在追求中獲得夢想的成就。

《療癒心靈的秘密能量：第 270 天》

9 月 27 日

思想意識

如果，你學到的思想，沒有給你的生活增加任何幸福感，沒有讓你更寧靜或者安詳，那麼，這樣的思想其實不要也罷。

思想必須是一個望遠鏡，通過思想，你可以更清晰看到這個世界的本質，並能找到這個世界運行的根本規律，這個時候你會敬畏因果，你會找到你生命的價值，達到你所追求的自在圓滿。

如果某些思想，讓你產生了厭世的情緒，對於這個世界不再抱有美好的期待，那麼這個思想就是有病毒的，要趕快把它清理掉。

同時，思想也是一把劍，它的劍刃可以用來攻擊，獲得你在物質世界的生存之本，劍柄可以用來防身，避免自己遭受有害思想的侵襲。

有了這兩把武器，你的思想就能站好人生的這班崗，守護好你的潛意識，讓你的身體和精神世界，都能更好的運行。

《療癒心靈的秘密能量：第 271 天》

9 月 28 日
圓夢

追夢的征途往往坎坷重重，歲月風雨無情，但只要你懷抱不放棄的信念，風雨也終將過去，肩負人生重任，心存嚮往理想，這便是自己奮勇前行的動力所在，無怨無悔地一路走來。

追尋夢想的道路上，總會伴隨艱辛與汗水，但又何須抱怨呢？這正是生活的真諦所在，苦辣給了你歷練，淡定培養了成熟；寬容展現了豁達。捨棄需要智慧；安靜乃修養之路，忘卻往往是最大的福分，一路的經歷，才是你最寶貴的財富。

世間沒有可以不勞而獲的東西，除了貧窮，也沒有無中生有的虛妄與妄想，實現任何目標，都必須通過自己的努力奮鬥。雖然人生道路艱險多舛，但只要勇敢前行，最終將會找到通往彼岸的道路。

生活就是一半的熾熱燃燒，一半的拚搏奮鬥，手執熊熊烈火以求溫飽，奮力拼搏才能活出精彩人生，當你有勇氣跟過去的自己說聲再見時，生活才會向你敞開嶄新的大門。

無論你是否樂意，生活本是勇者與懦夫的一場較量，唯有腳踏實地、信念永恆、砥礪前行、拚盡全力圓夢，你就能成為最終的勝利者。

9 月 29 日
尊重

人生如途，修橋者得路鋪，鋪路者得途鋪。尊重人者，運勢自來；得人心者，必有人扶。

真懂尊重他人的人，身份不論，處境不論，恆久為他人著想，心中植根的是平等尊重，是善良的本質，更是人與人相處的第一要務。

生命匆匆，旅途漫漫，風雨曲折，坎坷難行，卻始終保持奮勇之心，微笑面對人生的苦與樂，不卑不亢，堅定不移。

擕一份淡泊，感受陽光破雲後的溫暖，步步生輝，日日增色，養育底蘊，沉澱豐盈，守候永恆的信念，迎接未來的光輝。

9 月 30 日

正能量

在這個充滿挑戰與變遷的時代，你需要一股正面的力量來幫助自己克服困境，勇敢邁向未來，這股力量源自於你的內在，它能啟迪你的心靈，使你更加堅定和勇敢，不僅能幫助自己，還能散播正能量，感染身邊的人，讓他人也充滿信心和希望。

快節奏的生活，常常使自己受到負面情緒的困擾，比如焦慮、憂鬱、失落等。但只要你學會呼喚內在的正能量，就能抵禦這些負面念頭，讓自己重拾勇氣和力量。

但要如何激發這股正能量呢？

首先，調整心態至關重要，放下那些讓自己低落的負面情緒，反過來肯定自身的優點和長處。其次，保持積極向上的人生態度，堅信自己一定能克服眼前的困難，並不斷精進自我。

讓我與你一起呼喚內在的正能量吧！讓它成為克服重重阻礙、開創美好未來的無窮動力。心懷善念，遇難勿驚，只用正面能量武裝自己，必能無往不克。

人生處處是考驗，只要保有正面積極的人生觀，堅持努力不放棄，你一定能突破重圍，活出精彩的一生，綻放屬於你獨一無二的光芒。

《療癒心靈的秘密能量：第 274 天》

10 月 1 日

AI 加成

你可曾細細體會過父母臨老時的無助與渴望？他們的一生辛勤付出，只為了孩子們能過上較好的生活。可當年華老去，孩子們各自安家後，除了期盼你的問候與陪伴外，他們還能指望什麼呢？

人生在世，誰又能全然獨善其身？生活無不與金錢打交道，與 AI 科技左右相伴，這就是生活的寫照，卻也不能忽視內在最純樸的品德，一顆赤子之心，和真摯的溫柔體貼，乃是世間最無價的珍寶。

無論你現在的處境如何，請牢記自己的前程似錦，切莫讓溫水耽誤了你壯心雄夢，人生只此一遭，決不能就此半途而廢，保有熱誠和鍥而不捨的拚搏精神，必能讓你活出理想的高度。

所有的工具都是人的延伸，它都替代不了一個人，無論 ChatGPT 人工智能多厲害，透過學習生發而出的體悟，或者努力擁有的事業，那才是一生之本，剩下的都是對你能力的加成。

也因為邁入 AI 時代，才能有機會幫我們加成，面對 AI 的襲擊，與其擔心恐懼，不如迎頭趕上。

10 月 2 日

感恩擁有

淡定從容，是一種生活態度，它是對世事滄桑的體悟，更是內心平和與開悟；不以物喜、不以己悲，超越外界的喧囂和紛擾。

珍惜身邊的幸福，欣賞自己所擁有的，放下負擔，看淡傷痛，釋放想不通的煩憂，撫平心中的怨恨。

人生本應安然度日，平穩渡過一生，每天計較爭鬥，難免疲憊，處處爭奪，終將失去自我，最終將一事無成，一無所有。

不爭不搶，才是修養；知足常樂，才是智慧。越是爭奪，越難尋得幸福；越是計較，越難找到快樂。

學會寬心待人世，淡泊名利，以知足心態生活，方能在人生旅途上收穫真正的幸福，日漸進步。

無論如何，你都該感恩擁有的這段人生。

10 月 3 日

相遇

每一次相遇，都是緣份的安排，應以感恩的心對待，人生中會與許多人相遇、離別，這些聚散由情緣主宰，離合關乎著命運。

無需對緣份深淺感到沮喪，也不需要為有緣無分而嘆息，緣分無所謂深淺，重要的是體會其中的意義，有些人匆匆而過，但教曉我們珍惜當下。

每一次相遇，都值得重視，提醒著生命的短暫，應該把握當下，細細品味緣分的點滴，放開執著，活在當下，欣賞生命中的每一份禮物，往往隱藏在看似平凡的邂逅之中。

記住這句話：「出現在你生命中的每一個人，無論是扮演白天使或是黑天使，他們都是來成就你的，不斷滋長你這輩子靈魂的層級。」

感恩遇見，不負不欠，這是對一段感情最好的回憶。

《療癒心靈的秘密能量：第 277 天》

10 月 4 日
善意正念

浩瀚蒼穹一體相連，無論行遠馳騁何方，蒼天永在身隨左右。因此有「人在做，天在看」的箴言傳世。

現今文明有序的社會，理應追求高尚文雅的生活品德，何謂高雅文明之生活？只要詳讀自身的內心靈魂，那種不可或缺、意義非凡的信念，必將展現無遺。這個東西，正是生生世世堅持不放的善良本性。

人生遊蕩浮世，內心若能常存善意正念，無論徜徉何處，自然能活出高尚有為的人生，雖然世事無常、際遇難料，但只要堅守內心的善良本質，永不迷失方向，就能在浩瀚蒼穹下，書寫屬於自己的璀璨人生。

做人，每天都要和自己說：「我已經很好了！很感恩了！很滿足了！今天的一點挫折不算什麼，很多人活得比我還要庸庸碌碌，我已經很有福氣了！」

人一生辛苦的賺錢，但最後帶不走一分錢；人的一生不顧身體拼命賺錢，最後錢可以把你的命帶走。

10 月 5 日
做自己

每個人的人生軌跡皆不盡相同，幸福與否，對錯抉擇，很多時候與他人無關，而是取決於能否遵循自己內心的呼喚。

這一生該如何打理，你自己最有發言權，無需追逐浮華，無需耀眼奪目，更無需活成別人的模樣，只需做最真實的自己就好。

活出心之所嚮，懷抱耐心期盼，生命的祥和美好，將在不經意間撫慰你的心田，放下紛擾用最淳樸的姿態，細細品味這世間的點點滴滴，此生便會綻放出獨一無二的光彩。

孔子曰：『鄉願，德之賊也。』

用一句話來解釋：想要討好天下，所有人都將看不起你。

《療癒心靈的秘密能量：第 279 天》

10 月 6 日
正道

家人健康無疑是你人生中最重要的幸福之一，而自身的健康則是你應該努力守護的本份，一旦失去了健康，這一生就會變得虛度。

無論面對什麼挑戰，都絕不能忽視自己的身體，如果忽略了對自己的關愛，你將會力不從心，無法承擔應負的責任，更談不上實現理想和抱負。

良好的健康狀態是你最大的底氣所在，忽視了身體就等同於忽視了自己，無論你有多麼偉大的夢想和目標，唯有在身體狀況允許的情況下，才能實現一切。

保重身體，愛惜自己，這是你生存的根本。

人一輩子都在找『道』，身體有身體的『道』、賺錢有賺錢的『道』，事業有事業的『道』，唯有把『道』整懂了，你就能走向『正道』了！

《療癒心靈的秘密能量：第 280 天》

10 月 7 日

永保希望

人活著，應當有夢想有追求，那是前進的動力，一個人雖然才能有限，但只要肯付出努力，就能永無止境，即便現實看起來孤苦寂寥，也請永遠保持希望，因為美好的未來必將來臨。

在這個世界上行走，不必過於在意外界的眼光評判，也不需要竭盡全力去討好他人，每個人都是獨一無二的。扮演著自己獨特的人生角色，好好經營屬於你的這一生，讓自己的內心感到欣慰滿足，才是此生最大的不辜負。

時刻保持喜悅的笑容，懷著寬廣的胸襟，淡泊名利，活出自在淡然的大智若愚，遵循內心的召喚，以沉靜自在的姿態，欣賞人生的百花綻放。

10 月 8 日

完美的自己

我們無法成爲別人，但可以遇見更好的自己；你永遠無法成為完美的別人，但你可以成為完美的自己。

管理好健康，做好第一責任人；管理好目標，找到人生使命感；管理好形象，給歲月最好的修飾……

我們終其一生，都在向更好的自己靠近，沒有誰能隨隨便便的成功，它來自徹底的自我管理和毅力。

人最寶貴的是生命，每個人的生命都只有一次。

所以，你應該這樣度過你的一生，當你回首往事的時候，既不因虛度年華而悔恨，也不因碌碌無為而羞愧。

願您保持自律，身體健康，心態平和，向著目標不斷邁進，創造更美好的生活。

《療癒心靈的秘密能量：第 282 天》

10 月 9 日

親情甘泉

每個人的家園，都是自己的避風港和堡壘，它是抵禦外界風雨的盾牌，也是滋養生命的甘泉。

在這片充滿愛與歡樂的領域裡，你與家人相互尊重、互相關愛、包容彼此、心心相印，父親睿智慈祥，子女懿行孝順，手足情深，夫妻恩愛有加，全家老少其樂融融，家運將會綿綿不絕。

珍惜親情這無價的寶貴，用心營造家的小天地，守望相助、共渡時艱，當家庭充滿人心祥和，自然也會興旺發達。

願你能用雙手緊緊守護這個溫暖的避風港，在充滿愛的家園中，共享幸福美滿的人生。

10月10日
十月無恙

秋風徐來，夜色撩人，十月裡挾著餘韻繾綣的夏日嬋娟，悄然執入你我心田，悠遠幽長的思緒隨之翩翩起舞。

在這溫煦如酒的秋季裡，你仰望群峰，滿目蒼翠；俯視人間，一派祥和，親朋無恙，幸福常在，憧憬所向，披荊斬棘。

只要你在這個世上健健康康，幸福就永不離你而去，好好珍惜當下，就是對未來最好的禮物。

人生有你，生活因你而充滿色彩，無論你身在何方，我的祝福與你同在，願大地之母永綻祥瑞，願溫暖與你永伴。

步入十月的寂靜夜色，讓我們一起許下美好的心願，讓這世間處處洋溢著祥和與幸福。

10 月 11 日
開放心胸

每個人都是獨一無二的個體，就像大自然中無數種類的樹木，每一片葉子都是與眾不同的存在，我們各自按照內心的渴望和追求，在這個多姿多彩的世界活出自己獨特的人生。

的確！有時你不得不臨機應變，調整腳步以適應變遷，但這種自我重塑，其實是一種全新的創造過程，只有拋卻陳舊的觀念和做事方式，保持開放包容的心胸，你就能夠踏上嶄新的征途，創造出更加絢麗多彩生命篇章。

正所謂：『凡是過去，皆為序章。』

虛心學習，解放思想，大膽嘗試，在未知的領域裡，書寫自己充滿驚喜的新故事，生命的舞台，等待著創意和精彩，只有不斷蛻變、不斷超越自我，你就能綻放出獨一無二的光寰。

10 月 12 日

沉默

沉默往往不是選擇，而是被迫無奈的結果。

當外界的誤解如潮水般襲來，爭辯不僅無補於事，反而更加深隔閡。此時，理智的做法就是暫時緘默，用時間去淬煉事態，等待風雲過眼。

當親密至愛的人生分歧、存隔閡時，那種難過與無助便難以掩藏，他們本應是最能理解你的人，若連他們都視而不見你的本心，你又如何向這世間解釋清楚？有些事無需言語，有些感情早已超越了言語所能表達的範疇。

確實！生命中總有那些語蘊凝重的時刻，就連大文豪舒伯特也無從描述。有些是非，非黑即白，模糊曖昧交織一起，無從簡單評判，這時候，多言反而徒增誤會，保持寂靜最為恰當。

沉默不是逃避，而是一種睿智的自處之道，它教會你淡然面對偏見，給雙方時間修復裂痕，讓真相自然浮現。

沉默蘊含著寬容，也是對彼此的一種尊重，在愛的領域，最高的智慧經常是體察入微、心有靈犀的默契。

記住這句話：『多說無益時，沉默就是最好的解釋。』

10 月 13 日

反躬自省

人生往往充滿起起伏伏，順境與逆境相互交替，就如同蒼穹萬里，有時晴空萬里，有時風雲變色，每個人的心靈亦然，有時純淨無瑕，有時蒙塵受染。因此，你需要學會堅韌不拔，忍耐堅忍，泰然自若面對人生萬象。

當處於順境時，應虛心納諫，時常反思檢視；逆境則需披荊斬棘，勇往直前。成功時，宜保持謙沖自勵；失意時，更須堅定信念，奮勇向上。

遭遇挫折，不應妄想改變他人，而是先反躬自省，因為改變自己比改變外界更為簡易，珍視所擁之物，活出精彩人生。

《療癒心靈的秘密能量：第 287 天》

10 月 14 日

展翅高飛

你的人生猶如一碗美湯，需要循序漸進慢火熬製，方能品嚐其中苦澀酸甜的各種風味，**每個人的一生中，難免會有些許遺憾，但只要今天比昨天更美好，就是生命中的希望所在。**

願你能與歲月相安無事，只留心中的喜悅，拋卻所有憂愁煩惱。

以輕鬆的心情對待生活，將它視為手中的一杯美酒，盡情品賞，每一步都是經驗的積累，每一刻都在為未來鋪路，只要還有路，就要勇往直前，只要還有夢想，就要展翅高飛。

10 月 15 日

用心相伴

人生短暫有限，要懂得好好珍惜，勿勞累過度，勉強承擔太多的重擔，該拋卻的時候，就毫不猶豫地放下，不必太在意外界的評論，獨立自主追求自己內心的快樂。

機會稍縱即逝，錯失良機將終生遺憾，趁著年華盛放之時，多聯繫親朋好友，把握團聚的時光；趁著精力充沛之際，孜孜不倦地追求理想；趁著生命之燭猶在，珍視親情友情，用心相伴。

人生僅此一次，沒有重來的機會，明智有意義地度過這唯一的一生吧！

10 月 16 日
團隊

風中之燭，艱難挑戰如此，它可以讓團隊燭滅，也可以鍛鍊團隊的凝聚力。

堅韌的團隊，通常是在困境中經受考驗而成長，**只有在艱難時刻，才能真正看清誰與你擁有相同的理念，願意與自己並肩前行，而誰只是路人甚至會與你作對。**

大海波濤洶湧，只有深處才能生存，經過艱苦歷練後，倖存的團隊成員無一不是優秀之輩，他們擁有堅定不移的意志和決心，能在風雨中屹立不倒，歷久彌新，他們經常具有強烈的團隊意識，並且在特定領域有著獨特的能力。

唯有經歷了殘酷的戰火磨練，才能打造出真正強大的團隊！

10 月 17 日

謙遜

你知道嗎？人一旦開始炫耀自己，往往就是災難的開始……

易經裡講的『滿招損、謙受益、唯謙是福』，就是一個活生生的寫照。

人在順境的時候，其實不必過度炫耀，要低調做人、謙虛做事、嘴上不逞強，遇事不炫耀、待人不狂妄，謙虛才能 hold 住自己的福澤。

你會發現，身邊一些厲害的人，早已悄悄把生活調成了靜音模式。高調炫耀，不但會激發別人骨子裡的惡意，而且會盯上你的資源，算計起你的利益，小人表面上誇你好，其實絕大多數都是笑裡藏刀，背後再跟你玩陰招，一旦這些惡意爆發了出來，不就是你倒大霉的時候嗎？

這就是我們熟知的小人當道！

人性最大的惡，就是見不得別人好，當你越炫耀，別人的惡意就會越大；當你越謙虛，就會讓人看不透你，更摸不清你的底牌，從而注意到你不外露的實力，讓人不敢輕看你。

人性這個東西，恨人有，笑人無， 可能真的有人希望你過得好，但請你相信我，這個世界上除了你的父母，沒有幾個人會真心盼你好。

《療癒心靈的秘密能量：第 291 天》

10 月 18 日

當下的人生

如果你曾經錯過了昨天，那麼請不要再錯過今天，過去的種種，讓它隨著歲月的洗禮而淡去；將來的種種，讓時間的鐘擺去驗證。你真正該做的，是緊握住當下，讓今天的自己勝過昨天，塑造明天的自己。

把焦點放在眼前的路上，才不會蹉跎迷失，給自己一個機會，讓自己重新出發。

生活就像一趟旅程，每一步都值得你去珍惜，即使昨天有遺憾，也不要因此而停滯不前，今天的每一個決定，都將影響你的明天。

所以，讓我們緊緊握住當下，發揮最大的潛力，讓未來的生活充滿希望活力。

記住這句話：**『過去已逝，未來永遠不會來，你只需活在當下。』**

10 月 19 日

舒心

在漫長的一生中，你會遇見各式各樣的人，有些人會對你深深喜愛，有些人或許會漸漸失去耐心，有些人會真誠欣賞你，有些人對你冷眼旁觀，傳言與評論或許會四處飄散，但只要你堅持誠信，不辜負自己的良心，你便能活出精彩人生，過得心安理得。

不值得的人，不值得你為他們流淚，微笑應該留給值得你珍惜的人，生活的瑣事不值得你去煩惱，別讓煩惱消磨了美好的心情。

無論缺少什麼，忘記了什麼，或者什麼都沒有，都不要失去良好的心態，生命是寶貴的，不要隨意浪費。

每一天，都要簡單充實地過，每一年都要認真有意義地活，讓自己在無怨無悔中感受幸福，活出最美好的我。

10 月 20 日
欣賞

懂得欣賞他人，是一種美好的品質，同時也是一種豐富你人生的方式。

你不必對一個人喜歡他的每個方面，也不需要全情投入迷戀某人，只需找出對方一個優點，就可以對他心生欣賞，這種欣賞是簡單而純粹的。

每個人都有自己的獨特魅力，只要你用心去發現，就能發現他們的美好之處，這種欣賞不需要特別的技巧，只需要用心感受他人的價值。

當你能從每個人身上找到值得欣賞的地方，整個世界就會變得美好豐盛，每個人都值得你尊重和欣賞，因為他們都是你的良師益友，都值得你去關懷。

願你保持開放的心胸，用欣賞的眼光去看待身邊的人，讓生活充滿溫暖和美好。

《療癒心靈的秘密能量：第 294 天》

10 月 21 日
破圈

從前，追求高檔享受，熱愛繁華喧鬧，這被視為一種生活品味；而如今，低調做人，埋頭苦幹，多陪伴家人，這才是生活的真諦。

無論你曾經混得多麼出色，擁有多少財富，如今只要選擇做對你合適的事，這就是責任的表現！

時間慢慢磨去了年少輕狂，也讓人漸漸明白了人生的冷暖。

努力奮鬥，不是為了討好他人，也不是為了炫耀給別人看，而是為了讓自己隨時擁有能力，跳出自己不喜歡的困境，並擁有選擇的權利，用自己喜歡的方式過好每一天。

人生，總是充滿著轉變與挑戰，你的價值和人生追求也隨之而變，無論你追求的是什麼，最重要的是活出真我，對自己負責，對身邊的人用心，這才是此生破圈的目的。

10 月 22 日
隨緣隨喜

有些事，你能輕輕地放下，也許這是一種解脫；有些人，你能漸漸地遺忘，也許是一種輕鬆；有些痛苦，你若漸漸地淡忘，或許是一種智慧。

你要知道，身心的平靜比任何物質的擁有更為重要，心靈的寬廣比道路的寬闊更為真實。當你一無所有的時候，守護著自己的內心，便能找到真正的安寧。

佛陀曾說：『眾生皆無自我，苦與樂隨緣而來，種種因緣交織而成，當緣盡時，一切皆空，你何必為了外在的喜悅而起舞？』

得失皆隨緣而來，所有的喜怒哀樂都源自於你的心，放下越多，你收穫也就越多。

讓自己學會放下，讓心境平和安詳；讓自己學會遺忘，讓生活變得輕鬆愉悅；讓自己學會淡忘，讓智慧與成熟伴隨而來。

10 月 23 日

淡定

人生的成功，往往需要付出辛勤的勞動和汗水，只有努力奮鬥、埋頭苦幹，才能實現自己所追求的價值和目標。

當你遭遇挫折、面對困難時，應保持一份淡定如水的心境，真正理解了淡定，才能算是真正理解人生。

每一次跌倒都是磨練，每一次站起都是堅強的象徵，只要你能比跌倒的次數多一次站起來，你就是一位真正的強者。

人的一生，是由自己腳踏出來的道路，是由自己書寫出來的歷史，每一步行動，都在編織自己的生命故事，每一次努力，都在點燃生命的光芒。

願你堅定前行，勇敢迎接生活的挑戰，用汗水和努力，書寫自己的華麗詩章。

10 月 24 日

相逢

緣分使然，有些人即使相識多年，對話無休，終究疏離如初，而另一些人，儘管素未謀面，卻能在一見之下，觸動你心扉深處的感知。

有些人群，即使長期交往，彼此間總存著一層隔膜，猶如芳菲盛開於對岸，遙遙相望而無由親近。反觀有些人，初次邂逅，便已拉近心靈距離，彷彿在久別重逢時，靈魂獲得再次認同。

緣起緣滅，人之際遇如是，緣深者能觸動心靈，緣淺者難產深厚瓜葛，緣分之妙，岌岌可危卻又引人入勝。

想法改變，行為跟著改變；行為改變，習慣也會改變；日積月累，未來也就改變！

《療癒心靈的秘密能量：第298天》

10月25日

善心隨緣

一位旅人途經一條雨後小溪，見一位婆婆為無法渡溪而焦慮不已，善心的旅人主動出手相助，拋開體力有限的顧慮，硬是背起婆婆渡過溪水。

然而待他氣喘吁吁放下婆婆後，竟連一聲感激的話語也未獲得，婆婆只是靜靜離去，旅人不免心生疑惑和些許失望，畢竟出力相助本無所求，但彼此間理應有些許感恩的火花啊！

時光飛逝，當旅人在崎嶇山路上步履維艱，身受蟻蟲騷擾時，一位年輕人趕至身旁，原來他是婆婆的孫子，婆婆委託他獻上乾糧藥物，並借一頭驢子以解旅人燃眉之困，年輕人補充道：「噢！對了！祖母是啞巴，她嘴上說不出話，要我代她感謝您的幫助。」

有時，你的祈禱未能獲得當下的回應，但永不要放棄希望，就如你對著空谷高喊，終會在遲疑後聽見回音的迴響。

上天安排一切有祂的美意，或許暫時無法洞見全貌，但只要存著信念堅持到底，必能探得終點的美好答案。

共勉！

《療癒心靈的秘密能量：第 299 天》

10 月 26 日

生命之航

生活旅程中，你應培養一種習慣：駐足回顧、細細品味經歷的人生旅程，這樣才能使之更添意義深遠。就像航船夜航一樣，你需要仰望燈塔的指引，這樣的回顧便是你通往明天的航標。

如果你缺乏這盞心燈的指引，那麼前行可能會面臨更多誤入歧途的風險。人生始終直指未來，是無法倒轉逆流的。因此，你應以赤誠之心聆聽內在的呼喚，慎重選擇並珍視正確的人事物，這樣你才能把握當下，闊步邁向美好的未來。

只有當你對自我充滿信心時，明日才能勝過今朝，綻放更燦爛的光華。

《療癒心靈的秘密能量：第 300 天》

10 月 27 日
自知

人生的每個階段，都會遭遇各種挑戰與困惑。此時，靜心沉澱往往是上佳的選擇，外界的喧嘩不須作出回應，重要的是用心聆聽內在的聲音，體會自身真實的感受。

寧靜能使人遠離紛擾，凝神自省，剔除一時的浮華情緒，讓心靈回歸本真。唯有如此，方能以至誠之心，為自我作出最恰當的呼應。

明白自我，方能自重自愛；節制言行，方能安分自在；懷敬畏之心，謹言慎行，才能在紛繁的世界中，安身立命，活出意義非凡的人生。

不必為外物所擾，給予內心足夠的時間休養生息，靜心凝神，方能逐漸拋開困惑，找到通往內心的道路。

只有透徹理解自我，明晰心之所向，才能暢遊人生每個階段。

記住這句話：『沈默是金，雄辯是銀。』

10 月 28 日

心寬豁達

在時光的流轉中，你會體會到，真正能夠撫平傷痛的，並非光陰的流逝，而是心中那份寬宥與豁達，只要內心不為紛擾所困，即使世間再多滄桑變幻，也難以撼動你的定力。

生活難免經歷低谷，你可以暫時沮喪、抱怨，甚至一度崩潰，但絕不能喪失自我重生的能力，當及時止損，學會放下過往的錯誤與迷惘，把盡力而為視為人生的勝利，莫讓昔日的愚蠢，束縛了當下的自由。

在謀生的道路上，做人良知操守，不失人性；在追求愛情的路上，秉持尊嚴與理智，不失自我，持守內心的純淨善良，方能在社會洪流中從容有為，活出絢麗多彩的人生。

懷著善意之心待人接物，寬宥他人的過錯缺陷，用包容與溫暖化解怨懟芥蒂。人生苦短，何須糾纏於往日的挫折與遺憾？放眼未來，美好的明天，正在等待你去創造和開拓，唯有用寬廣的心胸包容過去，就能擁有自在向上的人生。

《療癒心靈的秘密能量：第 302 天》

10 月 29 日
修煉

滄桑歲月轉眼流去，萬物卻在時光的滋潤中不斷新生，人生亦在耕耘與經營中愈見分內足，你掌中的書卷，足下走過的每一條路徑，皆鐫刻在生命的軌跡上，成就將來更加豐厚的自己。

無需對未來過於焦慮，亦無需為眼前的迷惘而徬徨猶豫，唯有在適當的季節播種付出，人生的果實才能在合適的時節累累纍纍，縱使生活再怎麼忙碌，也要時加修煉自我的身心，洗滌塵囂，返本歸真。

願你執著這本書，手不釋卷，在知識的海洋中穿行遨遊，永不疲倦。

願你腳踏實地，放眼大地之廣闊，去領略大自然的生機盎然。

願你目光熠熠生輝，內心充滿光明正氣，化作溫暖的能量溫潤身心。

願你在不斷學習、實踐、修行的過程中，日益成為更加睿智、善良、厚重的自己。

人生的旅途充滿未知，但只要心存善念，懷著對生命的熱愛和尊重，必能從磕磕絆絆中不斷成長茁壯。

10 月 30 日

向善

人之初心本善，福緣自然而臻，及人於需，施以援手，喜悅自然而來，虛心交流，取人所長，智慧亦將自在湧現。

世間原無缺少美好，只是你往往缺乏發現美麗事物的慧眼，若能慷慨懷瑛，寬厚待人，拋卻私心糾纏，同體恆心，化解芥蒂，方能與眾人和睦相處，盡享人生之樂趣。

百鳥啾啾，競相翩躚；山徑花開，爛漫芳菲，惟有內心充盈美善純真，你的生活才能綻放燦爛，處處洋溢陽光的溫暖。

生命的可貴，不僅在於存有善心，更重要的是用行動實踐善念，播撒溫暖的種子，綻放生命的芬芳，當你懷著感恩之心，善待他人，用包容取代成見，用欣賞取代猜忌，必能創造出一片人間淨土，讓陽光普照每一個角落，願同路人皆能在美好的環境中相互鼓勵，共同成長，譜寫生命的絕響。

佛曰：『天地之大不潤無根之草，佛法雖廣不度無緣之人。』

10 月 31 日

氣度

一個人的價值，不在於能力的高低，而在於品德的溫潤；不在於智慧的睿智，更在於胸懷的寬廣；不在於容貌的俊美，更在於風采的優雅。行事有禮，待人以誠，從心而發的謙恭有度，方能贏得人心，譽滿人間，生活的意義和高度，歸根結底在於一個「度」字，它折射出人生的態度和格局。

若能存一片赤誠善意之心，與人為善以溫，待人以和，必能使生活溫暖如春，充滿意義；若能秉持寬廣包容的胸襟，放眼天下，用智慧體恤他人，生活便能洋溢豁達的氣度，若能做事持重有度，從容自然，更能彰顯生命的韻味和風采，讓人生之路充滿韌性魅力。

願你能心存溫潤的善意，內懷寬廣的包容，舉止自然大方有風度，活出精彩絢麗的人生。

謙和有禮，方能廣結良緣；
懷抱寬厚，方能事業亨通；
灑脫自在，方能魅力難擋。

唯有做到這三點，才能在平凡的日子綻放出不凡的光彩，在生命的舞台綻放獨一無二的風采。

11 月 1 日

調整心態

一位婦人請來油漆工匠粉刷室內牆壁，當工匠踏入屋內，見主人雙眼失明，不禁露出憐憫的眼神。但令人驚奇的是，這位失明的主人卻無比樂觀開朗，讓工匠在這家工作的數日裡，與他談笑盡興，毫無隔閡，也從未提及他的殘缺。

工程完畢，工匠遞上賬單，婦人一看，卻發現賬單金額比預期所打了大幅折扣。婦人疑惑地詢問其中原因，工匠微笑著答道：「您先生的樂觀態度讓我深受感動，覺得自己的處境實在不算太糟，因此打了折扣，算是對他的一點謝意，因為他讓我工作時倍感輕鬆愉快。」

婦人聞言，眼眶浸滿淚水，因為這位慷慨的油漆工匠，竟僅剩一隻手臂！

人生處境或許無力改變，但人生觀卻可以改變，即使無法調整環境來適應生活，但你可以調整心態來適應環境，而正確的心態將決定美好的命運。

知足者會看到窮人的辛酸，不知足者只會見到富人的享樂。最大的幸福不在於擁有，而在於知足；最寶貴的財富不是金錢，而是健康；最大的自由不在於佔有，而在於放下。

你也許無法為這世界做出什麼偉大的事蹟，但卻能以偉大的愛心，為他人帶來溫暖和幸福，即使只是些許小事。願你以感恩的心，對待生活中的一切，多給予他人，自己也必能獲得更多快樂。

擁有一顆感恩的心，將照亮你的人生之路，使之充滿陽光和希望。

11 月 2 日
人心

世間紛繁，盤根錯節，滿目皆是現實的殘酷一面。

雪恐懼烈日的暴曬，草木生怕寒霜的凍害，人最慌恐的是缺乏經濟來源，情感最為膽怯是受傷的風險，不要天真地以為人性都是善良單純，當你處於富裕有用的時候，求助邀約的人自然就多；一旦你貧困無用，疏遠你的人也就越來越多，這不是溫情脈脈的雞湯故事，而是赤裸裸的現實寫照。

因此，不必對人性抱有過高的期許，以免遭受失望，有些事知道大概就好，無須深究，有些人雖有交集，但不必剖心析肺相見，對於他人的為人品德，心中有數即可，不必過多糾纏。

保持理智清醒的同時，也當懷抱善意溫暖，雖然世間艱難重重，但只要你懷著包容開闊的心胸，必能化解許多隔閡芥蒂，與他人和睦相處，用寬容的眼光看待身邊的人事物，用善意溫暖的心懷對待生命中的種種，你定能在紛雜的世間中，尋得出離之路，活出自在閒適的生命。

切記！世間有兩樣東西不宜久視：「一為烈日，二為人心」。前者會傷害眼睛，後者會傷害心靈。

《療癒心靈的秘密能量：第 307 天》

11 月 3 日
溫暖

做人應踏實淡泊，就像草木一般淡定自在，無論遭遇狂風暴雨，你都能屹立不動，堅韌不拔。

為人處世，最重要的是誠實可靠，贏得他人的信任和讚賞，無論是老友抑或新相識的人，大家都會由衷地說，認識你真是太好了！

你所吸引人的不是外表或財富，而是你所散發的真誠善良和正能量，人生不僅是爭奪利益，更多的是彼此關愛、扶持和溫暖。

不要去追求虛榮名利，而是過著踏實的生活，人生的旅程並非獨自前行，無論經歷什麼困難，願你能成為值得信賴的好人，用包容開放的心胸對待這個世界，活出淡泊自在的美好人生。

11 月 4 日
慎口

有三種話千萬不能亂說，否則祂會很靈驗，尤其是最後一種。

所以我奉勸你，將這篇文筆記起來，避免以後釀成大禍。

第一，不吉利的話不能說，民間有句俗語：「好的不靈，壞的靈。」古人認為文字和語言都是有能量的，你應當心存敬畏，尤其是在說話方面，更要十分地慎重。口是福，禍是門，福從口入，禍從口出，亂說話就是災禍的根源，做人不要亂講話，謹言慎行，沉默是金。

第二，詛咒人的話不能說，口是殺人斧，言是割舌刀，言語傷人，勝於刀槍。有句成語叫做一語成讖，意思就是說一些不吉利的無心之語，有可能會戲言成真。比如小倆口吵架，憤怒之下很容易喪失理智，不好的話經常脫口而出，代表嘴裡有毒。

第三，太狂妄的話不能說，天狂必有雨，人狂必有禍。狂妄的人，看似張牙舞爪，其實不過是片紙老虎。

記住這句話：「人生路很長，千萬別猖狂，日後不知誰輝煌！」

11 月 5 日
善良

生活中，你會發現最珍貴的財富莫過於善良之心，像陽光和甘霖一樣，善良溫暖世界，慰藉著人心，使人們感受到生活的美好。

善良者樂於幫助他人，分享他人的喜悅，並將他人的困境轉化為希望。

善良的你，以善意相待，與人為善，使身邊的人享受和睦歡愉的生活。

善良不僅體現了智慧，更體現了自信；不僅表現出淡定，更象徵一片清淨之地；不僅是文化的結晶，更是生命的真諦。

善良讓你遠離爭執和糾紛，解除心中的芥蒂，它是一線生機，照亮了你內心的深處，引領你走向美好的未來。

只有用善良的心態去看待世界，你才能在平凡中散發不凡的光芒。

願善良的種子，在你心中生根發芽，讓生命之樹長青，代代相傳。

11 月 6 日

旅程

人生旅途中，不必操心自己能跑多快或超越多少人，因為無論你如何奔跑，總有人比你更為敏捷，那些追求速度的人，即使一時領先，最終也難以走得太遠。

人生就像一場馬拉松比賽，重點不在於奪取冠軍，而在於與自己的內在展開一場穩健的競賽，真正的勝利不在於戰勝他人，而是能夠堅持到底，完成整段旅程。

生命的意義在於堅持不懈地前行，而不是只在乎速度，有些人追求快速，卻失去了通往目的地的正確道路，唯有通過經歷和歲月的洗禮，才能活出一段完整的人生旅程。

你經常會被眼前的勝負迷惑，而忘記了更長遠的目標。然而，真正重要的是如何堅持不懈地向前，用毅力踏實走完每一步路，贏得馬拉松的人生終點。

生命沒有捷徑可走，也沒有跑贏他人的絕對勝者，願你以自己的步伐，追逐內心的理想，用行動去實現，成就更美好的未來。

《療癒心靈的秘密能量：第 311 天》

11 月 7 日
情商

大自然中，參天直樹最為挺拔高大，卻難尋真正的「正直之人」，草木愈直愈有用，但人若太過執直，往往會彆扭顯露出情商不足的一面。

人際交往中，過於直白的言行舉止，容易招致他人的反感，宜循序漸進，耐心委婉，與人相處方能得心應手，活水長流，人生處世亦是如此，靈活變通而不受固執之累，溫和謙遜的態度，往往能化解許多不必要的衝突，言行得體，自然能擴展人際關係，廣結善緣。

身為君子，你應堅持正直善良的本性，亦要兼顧包容和靈活變通的智慧，堅守原則的底線，又能以柔軟的方式與人相處，方能從容應對人生的種種變化，敦厚誠懇之餘，也要靈活適應而不生固執，才能與他人和睦相處，贏得人心。

生命如水長流，宜時刻保持柔和靈動，靈活中蘊含真摯，直爽中見儲委婉，人生處世，如此方能洋洋得意又不失條理分明。

靈活中自有原則，處變亦要不失誠懇，如此方能與世無爭，贏得人心。

11 月 8 日
詩意人生

你的生命之光，源於你的奮鬥和經歷，每段歷程都是寶貴的財富。你曾走過、曾努力過，所有的挑戰與收穫，所有的悲喜離合，都像是一顆顆珍貴的種子，深深根植在你的心中。

這些種子，在寂靜的午夜時分，悄然綻放，如同空谷幽蘭，散發出芬芳，充實了你的生命和心靈。

人生匆匆，你不必羨慕別人的光鮮亮麗，也不需要探究世間的浮華，你只需向內生長，照顧好自己的生活，就算是平凡的日常，也能變得詩意濃郁。

生命的美好在於細節，每一天都是一首詩，每一刻都是一幅畫，願你活出優雅的姿態，品味生命的甘甜，讓內心的花朵盛開，為世界增添一抹色彩。

11 月 9 日

真愛

唯有真心愛你的人，才會用心呵護你的情感，願意與你同甘共苦，分享歡笑悲傷，他們把你視作心中珍寶，願意與你攜手共渡人生的每一刻，無論年紀、婚姻經歷為何，對真愛來說皆不重要，因為這才是心裡有你的人。

張愛玲曾說：『能讓一個女人著迷的，並非金錢豐富，而是那份真誠、踏實、負責和對你的特別偏愛。』

隨著年齡增長，你將珍惜心靈的安穩與真誠的情感，比起激情，更重要的是心靈的共鳴和彼此的珍惜。

或許，我們沒有在最好的時光相遇，但在彼此心中，卻尋得了真摯的愛和情感的共鳴。

《療癒心靈的秘密能量：第 314 天》

11 月 10 日
給予

在這個世上，你會發現生命的真諦在於奉獻而非索取，當你樂於付出時，施比受更具福氣，為有意義的事和值得的人付出，是你此生最重要的價值所在。

想像一下，你的人生就像一場漫長的旅程，充滿了各種挑戰和困難，但只要堅持不懈，一定能夠抵達理想的彼岸，即使途中遇到挫折，只要保持樂觀的態度，最終也會收穫豐碩的果實。

當你無私地為他人提供幫助，這份善意的種子必將在未來生根發芽，為你照亮前行之路。

心胸開闊的人不會困於世俗的是非得失，他們懂得用寬容的心態，面對人生的各種挑戰，當你願意原諒那些曾傷害過你的人，其實也在釋放自己的心靈，解放內心的枷鎖，學會以輕鬆的心態面對生活的種種，人生之路就會越走越寬廣。

除了為他人奉獻，也要懂得好好愛護自己，經常反思並以感恩之心，看待生活的一切美好，用樂觀的態度欣賞身邊的一切。

相信我！只有當你珍惜當下擁有的一切，人生才可能綻放自在的光輝。

11 月 11 日

堅韌

追求成功的路上，耐心和耐力兩者皆重要，無論面對何種境遇，都需要堅持不懈地向前邁進，持續保持平衡。

評判一個人是否具有成功的潛力，不在於他在順境中有多麼出色的表現，而是在於他是否能在逆境中仍然保持動力。

衡量一個人成功與否的標準，不是看他登上高峰的高度，而是看他在跌入谷底後的反彈力。

因為真正的成功者，擁有的不僅是戰勝困難的能力，更是從挫折中重新站起來的堅韌精神。

《療癒心靈的秘密能量：第 316 天》

11 月 12 日

互助

你的雙手，一隻為了你自己，另一隻則是為了他人。當你伸出援手時，不僅是在幫助別人，也是在幫助自己，這是實現自我成長的重要一環。

有時候，一隻手難以完成所有的事，需要彼此相互支持。同時，也要記得不要過於自我，當你幫助別人時，同樣也會有人願意伸出手來幫你。

無論是身處貧困還是富有，你都能成為別人的堅固支點。在困難時刻，你扮演提供助手的角色；而在豐盛時刻，你成為指引他人的一盞明燈。

因此，在人生的旅途中，多做善事，減少彎路，用智慧和慈悲之心對待這個世界。

有句話說的妙：「窮人是燈，富人是橋，窮的時候多過橋，富的時候多點燈。」

《療癒心靈的秘密能量：第 317 天》

11 月 13 日

目標藍圖

生命的旅途上，目標就是你前進的指南，你設定了什麼樣的目標，就會走入什麼樣的方向，達成什麼樣的成就，過上什麼樣的生活。

成功的起點，在於你一開始的選擇，當你選擇了人生目標，就會為了實現它而全力以赴。有了清晰的人生藍圖，你會更加專注、更有動力地追求目標，不會被外界的干擾所困擾。反之，如果沒有目標，人生就會像失去了方向，一團迷茫，設定一個明確的目標，就會讓你的心靈踏上一場振奮人心的冒險之旅。

最終，你身處何方，不是偶然，而是你內心的渴望所決定，只要你明確了人生目標，堅持不懈地追求，必能如願以償，活出自己理想的生活。

此外，培養良好的生活習慣也至關重要，好的習慣能事半功倍助你實現目標，每天進步一點點，堅持不懈，這些微小的改變將漸漸累積，最終成就你的夢想，助你勇往直前。

所以人生路上，你的首要之事，就是制定清晰的目標藍圖，並培養良好的習慣，全心全意追求理想，如此你才能實現心中的夢想，過著豐盛的人生。

《療癒心靈的秘密能量：第 318 天》

11 月 14 日

圈子

一個真正強大的人，不會將太多心思花在討好別人，抑或依賴別人的幫助上。

所謂的人脈圈子，都只是附加的東西，最重要的是要不斷努力提升自己，只有當你足夠優秀，人脈圈子自然就會來，就像梧桐樹會吸引鳳凰棲息，大海會匯聚百川一樣。你不能指望先有了人脈資源，然後再提升自己，這可是倒果為因。

沒有人能真正陪伴你一輩子，所以你要學會獨立，適應孤獨。也沒有人會一直幫助你，所以你要時刻奮鬥，靠自己的力量。

生活難免會遇到失意、背叛，親朋好友會離開你，身邊的人也可能說你閒話，這都是正常的人生際遇，你要學會得意的時候不能興高采烈，失意的時候也不能灰心喪氣。

不要把自己看得太重要，委屈、難過、想哭這些情緒都是正常的，都是你生命不可或缺的一部分，學會體諒和接納這些情緒，生活會變得更加從容自在，保持樂觀積極的心態，珍惜當下，活在當下，這才是人生應有的生活態度。

除了提升自己，另一個很重要的是懂得感恩知足，無論你現在處於什麼階段，都應感恩生活給予你的一切，並為自己感到驕傲和知足，只有懂得感恩，你才能保持一顆善良的心，與他人和諧相處。

同時，也要對未來抱有期望，為了更好的生活而努力奮鬥，只有提升自己、感恩知足並擁有美好願景，你就能真正活出強大的人生。

《療癒心靈的秘密能量：第 319 天》

11 月 15 日
習慣命運

改變命運的關鍵在於培養良好的習慣，你也許從小就被家庭和社會的影響，塑造出一些固定的行為模式，這些習慣，或許是早上定時起床，或者是在學校認真學習，都在你的生活扮演著重要角色。

每個人的一生都在為自己的認知付出代價，你的信念和價值觀會影響你的選擇，而這些選擇又直接塑造了你的命運。

因此，你要意識到自己的想法和心念，努力養成正確的認知，選擇對的道路。

生命就像一條道路，你必須在其中行走，只要你保持正確的方向，並且遵循自然的規律，就能在這條道路上取得成功。

記住！生命在道上行走，只要沒有走偏，沒有違背自然規律，一切都能水到渠成，甚至合道天成。

11 月 16 日
堅強

人生在世，無非是為了尋求和體驗愛，無論是為愛而生，還是為愛而死，如果能學會放下執著，生活就不會那麼累。

笑與淚，誰也說不清楚，誰又能真正明白？每個人都希望在難過的時候有人安慰，在疲憊的時候有人依靠，但同時也都明白，生活終歸要靠自己去奮鬥打拼。

人生的道路，不論是平坦還是崎嶇，都要去走一走，這世間的情愛，無論是溫暖還是冷淡，總會或多或少遇到。

不要抱怨生活的艱辛，因為沒人能真正幫你分擔；不要訴說生活的痛苦，因為沒人能代替你品嚐；不要示弱和脆弱，因為沒人能永遠給你依靠。

人要學會獨立自主，以自己的力量去面對一切難題和挑戰。同時，也要學會心存感恩，為生命中的點點滴滴而知足常樂，保持樂觀積極的心態，用陽光般的情操溫暖身邊的每一個人，生命的意義不僅在於自我的存在，更在於與他人的相互影響和饋贈。

只有用愛去對待這個世界，用包容去擁抱生命的種種，你才能在平凡中發現不平凡的美好，在逆境中收穫勇氣和力量。

願你以善意溫暖他人，也用寬容之心對待自己，活出獨一無二的人生。

11 月 17 日

成熟

成長過程雖然艱辛，充滿了人生的各種起起落落，但只要你足夠堅強挺過每一個難關，你就會變得越來越成熟。

那麼，怎麼知道自己真正成熟了呢？成熟的人會散發出一種柔和而明亮的光芒，他們通常很有智慧，懂得堅持自我，勇於聽從內心的真實想法，並與這個世界和解。

成熟的人不會過分執著於過去，因為他們深知懷恨在心，只會傷害自己，抱怨也沒什麼意義，唯有放下執念，才能徹底解脫，學會欣然接受過去的一切，包括美好與遺憾，全然放下對過往的眷戀，去擁抱新的人生階段。

一個人越成熟，就越能用智慧和包容的心對待生活的難題，不畏懼挑戰，也不逃避責任，成熟不是一蹴而就，它需要你在磨練中逐步領悟，唯有走過足夠的路，經歷足夠的苦難，才能真正成長為一個內心坦蕩、閱歷豐富的成熟人。

願你用積極向上的心態，去面對生命中每一個階段，虛心學習、不斷提升，苦難並非敵人，它恰恰是你成長的良師益友，由內而外慢慢剝落稚嫩的外衣，最終脫變為一個成熟、睿智、寬大的人。

11 月 18 日

成就他人

這個世界上，最可怕的事不是來自敵人的明槍攻擊，而是來自一些狡詐小人的暗箭捲射，這種嫉妒別人好運的人性惡習，才是最致命的禍害。

事實上，當你處於艱難關頭時，真正能夠伸出援手的，一定是你身邊的親朋好友，而不是那些素未謀面的陌生人。即便他們再有權勢財富，對你的境遇也無能為力，善待身邊的人，就是在為自己鋪設通往成功的大路！嫉妒和傷害身邊的人，反而會令自己陷入萬劫不復的絕境。

嫉妒身邊人的好運，就是在自斷通往美好未來的後路，最終受害的還是自己，唯有祝福他人，大家共同成功，才是真正的雙贏，也是最高境界的勝利。

無私地幫助他人，好比向人送上鮮豔的玫瑰，雖然玫瑰已經離手，但芬芳的餘香卻永存於掌間。真正的成就，不在於壓抑別人，而在於能助人成功，這才是成就自己的最佳方式。

除了對朋友夥伴有悲天憫人的胸懷外，更要學會寬容待人。人無完人，每個人都有缺點和不足，與其嫉妒和埋怨，不如用寬容的心看待他人，用善意溶解一切隔閡，用仁慈善良待人，方能消弭人與人間的猜疑，贏得彼此的尊重和友誼。

人生的路還很長，以善意友好的心態，真誠相待、互相成全，用欣賞和包容的眼光，看待這個美麗的世界。

11 月 19 日
放下

人生的終極目標，並非永無止盡地追求擁有更多，而是學會放下執著的智慧。

經過了成長的歷練，你不再害怕獨自一人，歷經了人生種種的沉浮際遇，你也不再畏懼前路遇到的艱難曲折，明白了世事無常的真理，就不會過於渴望永恆擁有，體會到人生不可能盡善盡美，也就不會對完美有所執迷。

真正的富足人生，並非憑藉獲取財富的地位，而是時刻學會放下內心對一切的執念，背負的東西越多，你越容易被外物所束縛，放下對物質名利的執著，內心才能獲得自由，生命才能真正強大。

放下並非完全拋卻一切，而是用平常心看待生命中的得與失，不被金錢和地位所迷惑，也不會對貧窮和落魄感到恐懼，唯有放下心靈的枷鎖，才能自在自由追求更高維次的人生。

生命的可貴，不在於擁有多少，而在於收穫多少。

真正屬於自己的智慧和體悟，比如勇氣、膽識和對生命的領悟，放下對物質和虛名的執念，用樸素淡泊的心胸面對世界。

《療癒心靈的秘密能量：第 324 天》

11 月 20 日
甘苦

人生難免會遇到甘苦與共的際遇，有苦有甜，有酸有澀，這都是生命歷程中正常的滋味，無論你遇到何種人生滋味，都不會對此過於計較猶疑。

真正高尚的人，既能體認凡事的大小，又能機伶地屈伸應對，睿智之士能隨遇而安，順其自然，不矯作勉強，你應懷著坦蕩之心，以真性情自處待人事物。

世間無完人，人言可畏，每個人背後難免遭人猜忌閒話，也難免會議論他人長短，不要過分在意他人的誹議，也不必對別人的評頭論足耿耿於懷。

白天憑著良知做事，夜間則能歸心自省，以此不斷糾正自己錯誤的言行舉止，方能日漸向善。即便做不到盡善盡美，也能懷著改過自新、精益求精的決心，力求做到更好。

除了反省自省，也應學會寬厚待人，每個人都會有缺點和瑕疵，你不該對他人的缺陷苛求苛責，而是用寬宏大量之心，包容別人的過錯，接納別人的短處。

用寬容善意待人，用心靈解開芥蒂，世間自會和暢平安。

《療癒心靈的秘密能量：第 325 天》

11 月 21 日
以財入道

人生能有幾個冤家對頭？當你能泰然處之，用寬闊的心胸包容一切，那些原本帶有負能量的言語，都將成了毫無意義的風聲，反而化為你前進的動力。保持善意、樂觀和淡然的人生態度，你就能擁有持久而真實的幸福人生。

無論你現在身在何處，生活看似有多麼困難，你總是會被推往宏偉、莊嚴的世界，將自己調整出一條新的路，宇宙也會向你提供新的指示與方向，這正是我們為了完成未來使命的偉大任務，你必須取得這些正能量的養份，讓一切的快樂取之於你所用。

我所以為的『以財入道』，即是通過財富來修行，讓自己的人生達到一個新的境地。

《療癒心靈的秘密能量：第326天》

11月22日
大千世界

人生在世，難免會遇到種種困難和煩惱，事與願違是常有的事，此時聽聽別人的建議和勸慰，往往會有幫助和好處。俗話說得好：「聽人勸，吃飽飯」，當事者往往會被眼前的困境迷惑了雙眼，反倒是局外人看得更加清晰客觀，就像「不識廬山真面目，只緣身在此山中」一樣。

不過，最終化解矛盾和困境的關鍵，還是要靠自己的判斷和努力。**你要相信自己，堅信這個廣闊的世界，總有一個屬於你的角落等著你去發現開拓，保持對美好未來的期許和信心，朝著更好的方向不懈努力，總有一天，你會帶著驕傲自信的姿態，翩翩歸來。**

除了相信自己，也要學會寬容自己，人非聖賢，難免會犯錯走錯路，當發現自己錯了，不要一味懊悔自責，而是要虛心檢討反省，寬恕自己的過失，並以嶄新的勇氣和決心重新出發，既不輕視錯誤，也不被錯誤所困擾，用知錯就改的智慧重拾前程，就能不斷超越昨日的自己。

生命的道路並不平坦，途中荊棘滿布，但只要抱著堅韌不拔的毅力，用寬厚的心胸善待他人，必能披荊斬棘，勇闖人生的重重關卡，最終抵達理想的彼岸。

讓我們互相鼓勵、互相扶持，用寬廣的心胸及時調整方向，共同邁向更美好燦爛的未來！

11 月 23 日
愛情綿長

生命，對你來說就像是一趟旅程，你在路上不斷地學習、成長。在這個旅途中，你遇到了許多人，有許多願望和夢想，但欲找到一個與你心靈共振的靈魂，並不是十分地容易。

愛情，在你的生命中扮演著重要的角色，就像落葉歸根一般，充滿了厚重的情感。

即使在繁忙的世界裡，你仍然能從容地想念和珍惜對方，愛情是你努力開啟的綠洲，充滿了芬芳的氣息和美好的回憶。

讓我們共同吟唱一首美妙的歌曲，將最美好的感受珍藏於心間，在充滿挑戰和困難的世界中，讓彼此帶來溫暖和真誠，讓內心時刻充滿陽光和希望，愛情才能長存不衰，綻放永恆的光輝。

《療癒心靈的秘密能量：第 328 天》

11 月 24 日
寧靜

內心寧靜者，方能擁有真正的力量，當人的心緒浮動不安時，就難以保持沉著冷靜，舉止必將失常，進退無據，判斷力也將盲目。反之，若能心如止水、泰然自若，就不易被外界的喧嘩干擾心神，為人處世自能從容應對，不會輕舉妄動。

面對重大事物時，若能心存靜氣，必能展現大將風範，人無需自視過高，引人仰視；亦無需自卑自賤，令人失卻尊重。畢竟，世人皆有瑕疵，無須遮遮掩掩。

做人應抬頭挺胸，同時亦能低頭謙遜，由昂首到俯首之間，不僅是一個姿態上的轉變，更蘊涵著一種人生態度，一種品德的修養。

11 月 25 日
快樂

無論你身處何地，快樂都是一種心態，一種自然而積極向上的情操，在平凡的日子裡，或是面對挑戰和磨難時，都應追求內心的愉悅和知足。

快樂是一種寬廣包容的胸襟，一種淵博的涵養，一種溫雅的氣質，也是一種優雅的風度。

即使前方的路途崎嶇，生活的坎坷不斷，只要你能保持心中的喜悅，就能克服一切困難。

擁有一顆清澈如淨土的心田，保持體恤和坦然，你便能怡然自得，滿懷慷慨和快樂。

11 月 26 日

至善之道

人生最美好的姿態，莫過於在紛擾塵囂的世間，以一顆質樸深情的心靈，活出最恬靜淡雅的風采。當你逐漸步入中年，方能悟出歲月靜好的可貴，即使身處鬧市萬千，依舊可將溫良賦性安頓其中；抑或在悠閒時分，手捧一盞醇香老茶，與時光對酌把盞！

將塵世瑣事，揮就成一首無字的生活之歌，用一份知足恬然的心智，與過往輕盈相並。

人生雖不須劇烈華麗，卻要有份淡泊寧靜的執著，在這紛繁的大千世界裡，保有賒心靜氣，安祥自在，方是至善之道。

《療癒心靈的秘密能量：第 331 天》

11 月 27 日

寬心

生活中，經常會遇到一些讓你不太開心的人和事，但你不應太過苛求，要學會更加寬容，若能放寬心胸，包容他人的缺點與不足，日子會過得輕鬆自在一些。

遇到挫折時，不要急於抱怨逃避，只會讓情況變得更糟，與其糾結過去，不如冷靜想辦法解決問題，只要你心胸開闊，看待事物就會更寬廣正面，生活自然也會變得更加美好。

所以，多以寬容的態度對待周遭的人事物吧！**那些讓你難過的人和事，就放手讓它隨風而去，過往已逝，重要的是做好你自己。**

心胸打開，人生的路也就寬廣許多了！

《療癒心靈的秘密能量：第 332 天》

11 月 28 日
開闊

強者主動面對挑戰，力圖解決問題；弱者則逃避現實，終日抱怨不休。

每個人的人生路上，難免遭遇重重阻礙，如同回家的必經之路，難免荊棘滿途，面對逆境時，強者與弱者的區別在於：弱者選擇迴避，為自己開脫，推卸責任；強者則奮勇直前，直視問題，設法排解。

當陷入困境時，四周的一切似乎都與自己對立，此時若選擇躲避逃脫，終將無助解決任何難題，況且身無長物，又有什麼可失去的呢？

與其放任自流，不如勇往直前，奮力一搏，或許就能扭轉乾坤，只有歷經艱辛磨練、奮鬥過後的人，方能無愧這一生。

心胸開闊，視野自然也就無限寬廣。

《療癒心靈的秘密能量：第 333 天》

11 月 29 日

意志

人生路上，你會遭遇各種人事，有人虛以溫文，而暗中別有用心；有人冷淡疏離，心底卻存有善意；有人明知你的過錯，卻諄諄善論，視而不見；有人見你小有成就，仍嫌憎批評，無已無之。

跋山涉水，方能遍識世情冷暖，體認為人之道，三人行必有我師，經歷種種遭遇，學習做人處事之理，這紛擾人世間，並無永恆可倚靠，惟有個人奮鬥自強，才是最可靠的依歸。

你最堅實的支柱，莫過於那份自強不息、獨立自主的個人意志。

11 月 30 日
挫折商

心理學家在智商 IQ、情商 EQ 之外，還提出了一個新的概念——挫折商 AQ（Adversity Quotient），用以衡量你對逆境的應對能力。

在智商和情商相近的情況下，挫折商對你的事業成功至關重要。

挫折商的計算公式是：控制能力 + 應變能力 + 兩倍的耐力。在這個公式中，耐力佔了很大的比重。

高耐力是高挫折商的一個顯著特點，當你將逆境視為暫時的困境時，就能保持積極樂觀的態度，這樣的態度不僅能增強你的精力，也會強化你的行動力。

挫折商的重要性在於，它反映了你在逆境中的應變能力，這種能力不僅可以協助你度過難關，更能塑造你未來的人生與事業。

《療癒心靈的秘密能量：第 335 天》

12 月 1 日

綻放

人生的旅途中，你會發現沒有一片風景是永恆不變的，而前進的道路也往往並不一帆風順，你所遭遇的各種人生問題，都需要透過個人成長和改變才能夠一一解決。

就像花朵綻放一樣，它並非是為了最終凋零，而是為了在當下展現生命的絢麗。

生命的真諦不僅僅在於活著，更在於活得精彩燦爛，活得有價值有尊嚴。

為了維護自身的尊嚴，為了追求內心的夢想，盼你能聆聽內心的呼喚，用心邁向屬於自己的非凡人生，活出精彩，展現與眾不同的風采，這才是你最值得追求的目標。

12 月 2 日
簡單

活得好不需要比較誰富有、有權有勢，無論你是富是貧，當官的還是老百姓，最重要的是身體健康、生活安康。

大事不必往心裡去，小事也不用太執著，發生什麼事就淡然面對，能放下就放下，不必去管別人真假、聰明傻盲，明白自己就好。

活在現在，知足常樂才是最重要，不必總盼著將來，也不必紛紛擾擾比比究究，開開心心過好每一天就可以了！

日子活得簡單一點，快樂就會更多一些。

12 月 3 日

過客

人生就像一場夢，短暫而飄渺，你我只是匆匆過客，你在我生命中留下足跡，我也曾走過你的人生道路。

愛情，有時就像一場醉夢，開始時狂熱如火，結束時孤單寂寞，曾經的甜蜜情感，如今成了心中的一抹暗傷，令人癡狂又清醒。

有些傷痛難以言說，只有自己能夠體會；有些無奈無處訴說，只能自己默默承受。偶爾一個人靜靜崩潰，過後也會慢慢重拾自我。

人生如夢，快樂痛苦都是短暫的，重要的是，你要如何學會面對和適應。

12 月 4 日

幸福之家

和父母相處時請多包容，不要計較對錯，他們年紀已大了，需要你多體諒和孝敬。

和愛人在一起也要多包容，不要計較是非長短，彼此都會很累，需要互相關懷體諒。

對孩子也要多耐心，不能發洩負面情緒，他們還小，需要你良好的教育和引導。

幸福美滿的家庭，少些責備埋怨，多一點包容體諒；少一些總講道理，多一點親情關愛；少一些抱怨不滿，多一點感恩知足。

家，是你暫離塵囂的港灣，而不是說教的溫馨之所，它是你終生的依靠牽掛，好好珍惜眼前的家人吧！

12 月 5 日
寬途

傑出的你，總是在挑戰自己的極限，不斷突破成長，如此才能在人生路上不斷跨越前進。

生活就是這樣，如果選擇退縮逃避，就會被動隨波逐流；倘若勇敢迎難而上，定能扭轉乾坤，實現逆境翻盤。

有自律和勇氣的你，願意去做困難且有價值的事，走一條雖艱辛但正確的道路，起步或許並不容易，但只要持之以恆，不斷突破自我，就一定能把狹窄的小路闢築成寬廣的大道。

勇於接受挑戰並堅持不懈的你，未來將充滿無限可能，勇敢面對困難挫折，並以此為動力突破自我，最終必將贏得美好的人生。

12 月 6 日

不必在乎

喜歡一個人的時候，連他的缺點都覺得可愛；討厭一個人的時候，就算他有再多優點也看不見。

我們常常太在意讓所有人都喜歡自己，擔心無法融入環境。其實，無論你表現得多麼好，在嫉妒你的人眼裡，都會覺得你是個威脅，無論你說得多麼好聽，在討厭你的人耳中就是指責。

很多時候，並不是你做得不夠好，而是找錯了對象來認同你，學會肯定自己，珍惜真正在乎愛護你的人，因為他們寬容你的缺點，更看重你的優點。

至於那些無論如何都不喜歡你的人，也許問題不在你身上，只是他們對這個世界有太多不滿與焦慮。

與其自尋煩惱，不如離他們遠一點，做最真實的自己就好。

12 月 7 日

善果

世間萬事萬物都有因果循環，做好事與做壞事都會有相應的果報，無論你如何巧言令色，都無法逃脫因果定律的制裁。

做好事的人，即使暫時遭人欺負，也不用太過傷心，因為上天永遠是公平的，終會有好報應；做壞事的人，表面上或許一時得逞，但最終也難逃天譴。

人生就是這樣，好人有好報，壞人難逃惡果，幸運和好運，都來自於你先前所種下的善因善果，所以你得常做好事、積累德行，將來才會有美好的果報。

種善因固然重要，但更重要的是要有一顆善良的心懷，用正直善良的心態待人處事，最終必能收穫幸福美滿的人生。

做好事、存好心是關鍵，因果循環是自然法則，你我都難逃這個定律。

記住這句話：「種善因，結善緣，得善果！」

12 月 8 日
感恩

用平常心對待已經發生的事，用寬廣的心胸包容對不起你的人，堅持自己正確的信念，用喜悅之心幫助有需要的人，學習放下，去面對那些難以割捨的事物。

用美好的心情欣賞身邊的一切，用真誠的態度對待每一個人，分享他人的快樂要保持愉悅的心情，將成功的經驗無私地傳承下去，用感恩的心珍惜擁有的一切。

不要為失去而煩惱，要為得到而心存感激，懂感恩的人才會珍惜現在擁有，會珍惜的人才能真正擁有幸福。

保持一顆平常、寬厚、堅定、喜悅、放下、美好、真誠、愉悅、無私和感恩的心，面對生活中的各種困境，必能過得快樂幸福，用平常心對待周遭的人事物，生活自然會充滿陽光。

《療癒心靈的秘密能量：第 343 天》

12 月 9 日
人品

有些人在人際交往中令人喜愛，離別時令人依依不捨；有些人處理事務時令人放心，結果讓人欣喜讚賞。

做一個好人，要堂堂正正、光明磊落；處事是非分明、操守透明。

人生充滿坎坷，品德是立身之本，能力是處世之道，當一個人品德高尚，事事稱心如意，生活自然美滿。

活著就要知足常樂，保持一顆感恩的心，心中光明，生活即可充滿陽光快樂。

培養好的品德和能力，保持知足感恩的心，就能過上幸福美滿的生活。

做一個讓人喜愛、事事如意的好人，人生自然就會快樂精彩。

12 月 10 日
認知規律

改變你命運的關鍵，在於養成良好的習慣，而這些習慣都是逐漸培養形成的。

從小到大，你在家庭和學校中，不由自主地被社會和家庭塑造出許多規律性的習慣。

你的一生都是在認知的指引下度過，而認知深刻影響著你的選擇，選擇能改變你的命運，你相信什麼，最終就會實現什麼。

生命的法則，始終在自然的道路上運行，只要你不偏離正道，不違背自然規律，一切都會自然而然順利的進行，達到合道天成的境界。

12 月 11 日

酸民

所謂的酸民，其實是躲在鍵盤背後、不思進取、總以為自己最完美的積極魯蛇。

你選擇變弱，歲月就會變成一把殺豬刀，將你慢慢殺死於無形；你選擇變強，歲月就像一把美容刀，為你塑造完美的人生模樣。

看似簡單，別人可以成就的事，套在自己身上未必能適用。唯有做最順手最擅長的事，才是你應該堅持做下去的理由，千萬別因小人覬覦你的參天大樹，就恣意放火燃燒自己的夢想家園。

面對酸民，選擇不回覆外加拉黑是最好的方式，因為價值理念及思維邏輯大相逕庭，何苦浪費時間爭論回應，對彼此雙方都沒有好處，你說對吧！

我所以為的 EQ 高手，他們不會浪費寶貴的時間，在網路世界與人爭論不休，這些高手的處世原則，會將與人爭論的時間拿來提升自我，用實力得到粉絲與良師益友的認同。

事間萬物本來就沒有絕對的事，切勿因酸民的負能量，改變自己努力的初衷。

將實力留給自己，把態度留給世界，才是大智若愚的智慧。

12 月 12 日

心闊

命運難以掌控，但你可以掌握自己的心態，越是計較，越是糾結，越是糾結，越是痛苦，學會放下對外在的執著，轉而求諸內心，包容一切。

心胸開闊，每天都是好日子；心地清明，每夜都是好夜晚，生活的美好，取決於你對待它的態度。面對困難，勿僵硬去抗拒，而是以開放的心態看待，找出問題的根源，方能解開困境。

心寬則萬事風華，日月同輝；心闊則處處皆景致，山水亦清新。放下執念，即使在困境中也能品味生命的可貴，在平凡中也能尋得不凡的樂趣。人生的起起落落源於自己的執念，生命的美妙在於心靈的豐盛。

放下一切無所求，才能真正解脫，自在逍遙。生命如旅途，路途曲折，只要學會寬容，就能在平凡中見證不凡，在渺小中體現超越。

願你用開闊的心懷，去擁抱生活的美好，品味幸福的滋味。

《療癒心靈的秘密能量：第347天》

12月13日
堅持

生命的道路，經常充滿挑戰，讓人感到疲憊不堪，但只要時刻提醒自己：你一定能夠堅持下去，絕不能輕言放棄或否定自己，一時的挫折，並不能決定你的全部人生，重要的是要如何走向未來，面對挑戰，逐步成為更好的自己。

當你變得更強大時，可能會遇到更強大的對手，這正是你成長的機會，提醒自己要不斷超越自我，才能迎接更美好的未來，無論面對多大的困難，都不要輕言放棄你曾經的堅持，即使此刻沒人為你喝彩，也要優雅告別艱難時刻。

你不能靠眼淚博得同情，要用汗水贏得掌聲尊嚴，即使處境艱難，也請記得，還有詩意盎然的田野、遼闊的天空等著你去征服，生命中總有值得追求的夢想，讓它成為你奮鬥的動力，一起在逆境中求存。

放開視野，擺脫狹隘的思維束縛，你就能看見人生的無限可能，即使只有一線生機，也要鼓起勇氣堅持下去，相信在黑暗中終將找到光明。

堅忍不拔的意志，以及對美好生活的追求，將引領你走過每一段艱辛，最終實現心中的夢想。

讓我們一起用實力贏得掌聲和尊嚴，開心過好每一天！

12 月 14 日
成為自己

人生的路自己走，無需受到他人的評判或期待所拘束，每個人對於幸福的定義各不相同，若被他人的標準束縛，往往會迷失最初的方向，若能自由自在走自己的路，活出真我，用溫柔堅定的態度面對生活，必能綻放獨一無二的風采，成為這個世界獨特的風景。

願你時刻聆聽內心的聲音，不因他人的偏見而放棄自己的喜好，也不因外界的期待而犧牲內心的熱愛，堅定地活在這世上，不隨波逐流，不追求別人的認同，更不需要迎合他人的目光，只管奔向自己熱愛的事物，用最真實的自己活出精彩，閃耀亮麗，綻放光芒。

愛自己，信任自己，活出真實的自我，這才是通向幸福最簡單、最珍貴的秘訣。

《療癒心靈的秘密能量：第 349 天》

12 月 15 日
尋找真我

你是誰？你從哪裡來？又要到哪裡去？

我們來到這個世界，眾生皆需飲食、排泄，然而你的存在並非僅僅為此，每個靈魂皆是懷抱使命來到這個世界，尋覓真我之道。

我們從道中來，最終也會回到道中去。

你或許遺忘了自我最初的模樣，人生旅途的跌跌宕宕，都是為了喚醒你真正的身分，祂讓你領悟到－你的形體不是你、你的慾望不是你、你的情緒不是你，甚至你的思維也不是你。

唯有當你放下一切，進入無我之境，那才是真正的你。

每一個靈魂踏上塵世之時，大道都會提醒你：「長路漫漫，磨難重重，你能勇往直前，你更無所畏懼！」

人生的旅途，無論多麼曲折，我們所渴求的，只為了活出真正的自己。

12 月 16 日
主見

沒有主見的六大表現，你是否有過以下的經歷？

一、非常在意他人的看法，別人一句話就能改變你的想法。

你缺乏自信，容易受到他人的評判和影響，但你要記住，重要的是相信自己，堅守自己的想法和價值觀。

二、性格隨和，沒有過於堅定的個性和立場，你總是過於順從和轉變。

若缺乏自己的主見，學會拒絕是重要的，不要總是為了討好他人，而忽略了自己的需求和意見。

三、反應慢，不會接話，經常處於迷茫狀態，插不上話。

在交流中學會傾聽和表達自己的觀點是至關重要的，不要只是依賴手機來掩飾自己的尷尬，勇敢地參與對話。

四、行為上依賴別人，缺乏獨立思考的能力。

每當遇到問題時，第一個想法是去尋求別人的意見，你應該培養自己獨立思考和決策的能力，有自己的見解和提出意見的勇氣。

五、心態不好，容易緊張。

面對他人的要求，會讓你感到壓力，當被叫上臺時也會感到緊張，大腦一片空白，語速加快，缺乏自信，學會放鬆自己，相信自己的能力，展現出自信和鎮定。

六、表達能力弱，說話時不能準確表達自己的想法，缺乏重點和邏輯性。

學會清晰地表達自己的觀點，掌握好說話的技巧和邏輯思維，使你的表達更加有效和有力。

以上六點，是對沒有主見表現的描述，希望能幫助你重新認識自己，並協助你成長提升。人性是多樣的，每個人都有自己的特點和潛力，學習更多人生智慧，讓我們一起成長。

《療癒心靈的秘密能量：第 351 天》

12 月 17 日
渡人

在人生中，你肩負著救渡眾生的重任，這是一場淵遠流長的修行。然而，在你踐行渡他人之前，得先完成自我拯救，才是最明智的做法，找到屬於你自己的人生道路，堅持不懈地踏實前行，為持續的價值觀努力奮鬥，用你的善念，為這個世界貢獻一份綿力。

時間如同川流不息，稍縱即逝，別將這稀缺的資源，虛耗在毫無意義的事物上，珍惜當下，把握良機，活出人生最寶貴的價值。

生命的長河浩浩蕩蕩，只有明確自我的方向，堅定不移追尋內心的渴望，才能在滔滔洪流中，劃出一道獨特的航跡，綻放出燦爛的光芒。

願你克服重重阻撓，照亮內心的黑暗，找到那一線生機的希望，唯有自我走出陰霾，你才能慷慨獻出應有的力量，引領身邊的人走向光明。

修行之路任重而道遠，唯有堅韌不拔的意志，才能讓你克服人生重重難關，最終抵達理想的彼岸。

12 月 18 日
強大的十二個境界

生命的旅途中，內心強大到可怕的境界，是每個人都可以努力追求的目標。

現在請你來檢視一下，是否佔有以下的境界。

第一，永遠不問別人的原因，因為懂得保持沉默，將會使你的威嚴更加彰顯，你的能量場也將更強大，而財富也會源源不斷地湧現。

第二，修行只需三個字：不擋真。念頭不擋，真經歷不擋，真愛恨不擋，甚至生死也不擋，只要不執著，便不會有煩惱。

第三，任何關係終究只是一場相遇。有心者有所累，無心者無所謂，情感的起起落落，不值一提，一念之差，天涯就在你身旁。

第四，避免記憶中的每個片段，因為那些不聯繫你的人，可能比任何人都在乎你的一切。

第五，隨著你的能量逐漸提升，你會意識到每個人只是出於不同的能量頻率。沒有好壞，沒有對錯，只有不同的選擇，願彼此能互相包容，讓每個人都成為自己想要成為的樣子。

第六，不管是貧窮還是富有，都要保持謙虛，貧窮時不要炫耀，富有時要慷慨，這樣才能得到他人的尊重。

第七，不要害怕失去，因為失去的並不是屬於你的。也不要害怕受傷，因為真正能傷害你的是命運，接受自己的不完美，原諒自己的過失，接受生活的不確定性。

第八，觀察周圍的人，看看誰經常生氣。生活過得一團糟的人，從來不會是智者，永遠不要讓自己陷入憤怒之中，因為那是愚蠢的表現。

第九，高手只有一個心態：解決問題。無論遇到什麼困難，都要冷靜應對，永遠不受情緒左右。

第十，你關注什麼，便會吸引什麼。學會感恩，懂得珍惜已擁有的一切，如此才能得到更多的幸運與認可。

第十一，內心堅韌者，能從容應對大小事，從容不迫，是閱歷的體現。

第十二，人生的價值與年齡無關，只取決於你的認知、野心、勇氣和執行力。認知決定知曉與否，野心決定需求與否，勇氣決定敢不敢做，執行力決定能否成就，四者相輔相成。

願你永遠保持開放的心態，勇敢地接受挑戰，發掘生命的真正強大價值。

12 月 19 日
忠於自我

時光匆匆，歲月無情，它磨平了你當年的鋒芒，盜走了青春的風華，留下的只是一副漸漸老去的身軀。曾經，你的笑容源自內心的喜悅；而今，笑容卻僅剩下一個虛偽的外殼，失去了真情的痕跡。

生活看似平淡無奇，實則處處考驗，有太多的事讓你感到無奈，無法掌握自己的命運。然而，你終須學會掌控人生，**不讓外在的慾望束縛自己，不以自我的標準評斷他人，不期望以盲目的熱情，換來對方的真心，不強求自己做違背良心的事，更不為難他人。**

保持獨立自主，忠於內心的渴望，追求自己真正喜愛的事物，過上自己期盼的生活，生命短暫，為何要將時光虛耗於不切實際的幻想和無謂的糾纏之中呢？活在當下，好好把握眼前的生活，才是最大的智慧。

生命之路曲折艱辛，但只要你心存善念，抱持希望，必能在荊棘滿布的歧途中找到一線生機，保持寬容積極的態度，用感恩的心對待周遭的一切，你就會發現，世界並非如你所想的那般殘酷，反而處處充滿驚喜美好，等待著去珍惜呵護。

每個人的命運都是獨一無二，無需刻意追隨別人的腳步，也無需對他人的選擇指指點點，找到屬於自己的人生大道，勇敢地去追尋、實踐夢想，用自己的方式，活出最燦爛的人生，這就是你人生最好的旅程。

12 月 20 日
角色

生活就像一個大舞台，處處都有值得欣賞的精彩畫面，你不需去羨慕別人的位置，只需專注好演繹自己的角色就可以了。

雖然沒有藍天那般寬廣深邃，但你可以欣賞白雲的靈動飄逸；雖然沒有大海那般壯闊無垠，但你可以喜愛小溪的清澈優雅。

只要心存希望，勇敢追夢，你就是自己人生的主角。

人生難免會有些遺憾，過去的時光無法留住，身外的事物看開些，健康才是最寶貴的財富。

學會欣賞生活的美好，扮演好自己的角色，懷抱希望勇敢追夢，珍惜當下，珍視健康。

願你開開心心，快快樂樂活到九十九歲！

12 月 21 日

愛在當下

不知你有沒有發現，大部分的孩子都非常的臨在，也可以說是開悟，上一秒你打他，他哭了，但下一秒他又開心了。為什麼？因為他根本不會活在上一秒，他不會想過去的事，也不會想未來的事。

現在，請回到自己身上，為什麼你會活得庸碌不堪、痛苦萬分？很簡單，因為你一直活在過去和未來，我想告訴你的是，過去全是痛苦，未來全是恐懼，只有當下才有美、才有愛、才有祥和、才有喜悅。

我不管你現在是負債還是遭受失業，或者被老公家暴，我想請問你的是，此時此刻有沒有人傷害你？假如沒有，你到底還在痛苦和糾結啥？

只要你活在當下，你就會發現，哪怕你聽一首歌都會覺得它很美，但很多人之所以睡不著覺，做惡夢、焦慮、痛苦，就是因為我們的大腦，時時刻刻把我們從當下拉出去，拉到了過去和未來。

再說一次，過去全是痛苦，未來全是恐懼，而且未來都還沒來，你又何苦杞人憂天？唯有活在當下，你才有愛、才有喜

悅、才有祥和、才有美滿。

人這一輩子修行，都不是讓你來修未來和過去，都是為了讓你修行當下。

總而言之，我想送你 12 個字：「活在當下、愛在當下、享受當下。」

12 月 22 日

因果定律

這個世界上萬事萬物都有因果循環，做好事和做壞事都會有相應的結果，無論你怎麼巧言令色，都逃不掉因果報應的制裁。

做好事的人，即使暫時遭人欺負，也不用太傷心，因為上天是公平的，終會有好報應。做壞事的人，表面上或許一時得逞，但最終也難逃天譴。

人生就是如此，好人有好報，壞人難逃惡果，幸運和美好都來自於你先前所做的善舉，所以常做好事、積累善德，未來才會有美好的因果回報。

做好事是關鍵，因果循環是自然定律，這是無法改變的道理，只要行善積德，堅持正道，就能擁有幸福美滿的人生。

與你分享這句話：「長樹先長根，立人先立德，根乃樹之基，德乃人之本。」

《療癒心靈的秘密能量：第 357 天》

12 月 23 日

踏實知足

最富有的人，不是擁有最多的財富，而是最知足的人。珍惜擁有的，不過於紮心未得到的，就是真正的富足。

一個人的一生，追求的不應是外在的金錢地位，而是內心的知足常樂，生活雖然平凡，但只要家庭和睦，自然就會幸福安康。

不必過於追求豪華的衣食住行，只要身體健康，生活自會順遂如意，人生難免會有起伏變化，只要不過於糾結自我折磨，保持寬廣的心胸，路自然就會越走越寬廣。

希望你能夠好好珍惜現有的一切，陪伴家人，保重身體，溫暖自己的內心，踏實知足地享受餘生的歲月。

12 月 24 日

付諸行動

為什麼你學了這麼多知識，人生還是跌跌撞撞？始終難以改變自己？

這個問題其實淺顯易懂，因為你所學的知識太多，卻未能類化於心，你經常為自己的失敗找藉口，總是將無能掛在嘴上。

若想取得成果，唯有一條途徑，那就是將所學的知識切割成小塊，然後立即付諸行動！

學習，是為了將他人的信息轉化為己有；複習，是讓你的信息變成你的知識；實踐，是將你的知識轉化為親身體驗，最終讓體驗成就你的改變。

在學習的早期，當你對一切一無所知時，知識確實能夠激發行動，因為它能清晰指引你下一步的行動。但你知道嗎？線上課程最大的問題在於，知識與行動並不成正比，當你學到的東西越多，往往越難以付諸行動。

在知識過載的情況下，一旦知識能用來解釋你當前面臨的問題，你就沒有必要再用行動來改變你的困境了！

因此，我經常告訴自己的學生，聽老師上課解釋案例，你或許都能聽懂，但拿到一個新的案例，為什麼就開始茫然失措呢？很簡單！因為你沒有真正透過實踐行動，了解這門學術的底層邏輯，你一定得經過聽課、複習、實戰、反饋、修正，才能真正掌握一門學術的訣竅！

記住這句話：「如果你不行動，聽多少課、學再多知識，永遠都不會改變！」

12 月 25 日

弘一大師五句經典

弘一大師一生中留下五句經典，這五句話渡了無數的人，也足以改變你的人生，請聽我娓娓道來。

第一句：「凡事你想控制的事，其實都會控制你，當你什麼都不要的時候，天地都是你的。」

第二句：「相遇是因為有債要還，離開是因為把債還清了。前世不欠，今生不見；今生相見，必定虧欠。」

第三句：「不要害怕失去，所有失去的東西，本來就不屬於你的；也不要害怕被傷害，能傷害你的都是你的劫數。」

第四句：「你以為錯過的是遺憾，其實是躲過一劫，不要貪心，你不可能什麼都擁有，也別灰心，你不可能什麼都沒有。所願所不願，不如心甘情願；所得所不得，不如心安理得。」

第五句：「不知你相不相信，有些事情上天讓你做不成，那是在保護你。別抱怨！別生氣！世間萬物一切自有定數。記住！得到未必是福，失去未必是禍。」

人生各有渡口，各有各舟，有緣躲不開，無緣碰不到，緣起則聚，緣盡則散。

12 月 26 日
人生財務的九堂課

摩根·豪澤爾在 2020 年 6 月 19 日發表了一篇極具價值的文章，標題為《父親給孩子的一封信，大多數人晚年才懂得金錢與生活的九個課程》。

這篇文章雖然發表於四年前，但即使在今天，我認為這九個建議依然值得你去關注。

(1) 機會在生活中至關重要

不要低估機會在生活中的作用，很多人認為財富與貧困是自己的選擇，但卻經常低估了機會在生活中的重要性。

(2) 時間自主權是無與倫比的幸福

生命中最寶貴的「股息」，代表能控制自己的時間，隨心所欲做自己想做的事，這種幸福感是無與倫比的。

(3) 學會節儉和理財

不要期望父母會寵壞你，雖然他們會盡力養育你，但並不會溺愛你，你必須學會節儉，以及如何控制預算、儲蓄和評估現有資產。

(4) 成功靠長期避免錯誤

成功不是靠大動作來實現，理財亦是如此，無需做出驚天動地的舉動，只需長期避免犯下災難性的錯誤。

(5) 量入為出，控制財務

你的花費應在你的收入範圍之內，這樣才能更好地控制財務。你賺了多少並不代表你擁有多少，你擁有多少也不代表你需要多少。

(6) 改變主意是可以接受的

幾乎沒有人在 18 歲就確切知道自己想要做什麼，如果你選了一個自己不喜歡的事業，拿到了不太喜歡的學位，或者想在工作中轉換跑道，都可以被現實生活接受。

(7) 權衡代價，做出明智選擇

每樣東西都有其代價，忙碌的職業可能意味著遠離家庭和親友，長期市場回報的代價是不確定性和波動，溺愛孩子的代價，是他們長大後可能變得依賴。有些東西是無價的，比如時間、人際關係、自主權、創造力，這些無形的資產都值得你投入。

(8) 金錢並非萬能

富有不是衡量成功的唯一標準，巴菲特曾說：「人生最大的成功，是那些你希望愛你的人，確實真心愛你。」這種愛大多來自於你平時對人的態度，而不是你銀行帳戶裡有多少存款，我能給你最重要的財務建議是：錢不是萬能的，它不能提供一切你最渴望的東西。

⑼ 謹慎接受建議，結合自身情況

不要盲目接受任何建議，這裡所提出的九個建議，是大多數人直到晚年才學到的，你可以選擇不接受。

讀完這篇文章，我覺得這九個關於人生和財務的課，確實非常有價值，即使在今天看來也不過時，我特別贊同其中關於機會成本、時間自主權、理財的漸進式法則、代價的權衡、以及金錢並非萬能等觀點，這些建議都能幫助你建立正確的人生價值觀，做出更明智的選擇。

我也十分認同文章的最後部分：「人們不應盲目接受任何建議，而要結合自身情況慎重考慮。」

豪澤爾接著說，不論世界怎麼變，人們總會—

* **被貪婪和恐懼所驅動；**
* **被風險、嫉妒和部落歸屬感所說服；**
* **表現出過度自信和短視；**
* **把確定感當成一種幸福……**

亞馬遜的貝佐斯曾說：「別人經常問他未來十年會發生什麼變化，但是很少有人問未來十年什麼不會改變，而知道什麼不變其實更重要。」

未來再怎麼變，亞馬遜的用戶也想要快速送貨，所以你總是可以在這方面投入巨資。

哪種趨勢勝出是不可預測的，但人性不會變，所以很多手段也不會變，你要做的不是尋找預測，而是領悟人性，以及思考手段，抓住這些會對你非常有用。

總體來說，這九個建議值得你反覆閱讀參考，但實際仍需要根據每個人的情況而定。作者提醒你一些容易被忽視、但又極為重要的人生觀，這些建議如果能在年輕時就積累，會讓你在人生路上更加從容和滿意。

現在，讓我們帶著這些寶貴的財富，勇敢地前行吧！

《療癒心靈的秘密能量：第 361 天》

12 月 27 日

沉默的智慧

越是實力雄厚、游刃有餘的人，通常越是低調沉穩，他們內心足夠淡定從容，不需要別人的認可，更不會在意外人的評頭論足，無論遇到什麼處境，他們都能保持沉著冷靜，泰然自若。

學會恰當說話是聰明的表現，但更高明的是能恰當地沉默，沉默並不代表愚笨，恰恰是智者的矜持，多做事，少說空話，是積累福緣的不二法門。

能言善道固然不錯，但沉默往往更難能可貴，學習在沉默中成長，體悟沉默的智慧，它是人生的修行之道。

內心富足的人，自有足夠的定力和從容，不輕易被外物影響，保持沉默是智慧，在沉默中成長是終身之道，淡定內斂、行事低調，亦是最高的修行境界。

12 月 28 日
味道

生活難免會有些苦難，但也沒必要過於抱怨和感嘆，當你歷經了生活的酸甜苦辣，跨越了人生的坎坷，會發現這一切其實沒什麼大不了的事，生活還是那麼多彩多嬌，何必過於糾結和鑽牛角尖呢？

一個美好的生活，就是閒暇時能做有趣的事打發時光，別總是胡思亂想，學會知足常樂，也用不著羨慕討好別人，少一些抱怨和負面情緒，多一些積極向上的心態。

把平凡的小事做好，把平淡的日子過得有滋有味，這就是生活的真諦所在。

生活確實難免有些苦辣，但你沒必要過於執著，保持一顆寬厚知足的心，用積極樂觀的態度，細細品味生活中的點點滴滴，如此的生活自然會變得香甜可口。

我喜歡這句話：『把不忙不閒的事做得出色，把不鹹不淡的日子過得精彩，這就是生活的味道。』

12 月 29 日

目標

沒有人能真正浪費你的時間，除非你自己猶豫不決，目標不明確。

所以，你時刻都要有明確的大小目標。

大目標就是知道你最終要實現什麼樣的願景；小目標則知道你當下應該做什麼來朝著大目標邁進。

只要確定了大目標，你就能堅持不忘初心；明確了小目標，你才能有的放矢，不畏困難。

有時，只要你努力跨過一個重重障礙，就能獲得意想不到的好運和收穫。

無論是大目標抑或小目標，請時時刻刻擺在心上，不忘記含糊。唯有樹立明確的目標，你才能控制好方向，一步一腳印踏實前行，最終實現理想抱負。

12 月 30 日

放下計較

人與人之間難免會有摩擦和爭執，有時候，你陷入的爭論只會使雙方更加疲憊，更加後悔，放下計較，保持冷靜，才是明智的抉擇。

那些令你困擾的爭執，在時間的流逝中將成為過去，即使現在充滿難忘和不堪，明天的曙光也會將其淡化。

不要執著於眼前的小節，別人對你的態度並不重要，最重要的是你對自己的看法，冷靜不輕易發怒，不與人爭吵，這是寬容智慧的表現。

與其陷入無意義的爭吵，不如寬容放下一切，保持內心的平靜，人生路漫漫，何必為一時爭端而苦惱？

12 月 31 日
感謝

感恩您來到《擁抱秘密能量 365》的最後一天……

感悟生命：讓我慢慢領悟到人生最重要的不是金錢財富，也不是名利權勢，這些終將如夢一般消逝，唯有珍貴的感情和健康的身體，才是此生最寶貴的禮物。

感恩知足：時間讓我經歷了人生百態，從孩提時代的單純，到現在的成熟穩熟，我學會了感恩，知足所有擁有的一切，用一顆簡單的心對待生活。

感念朋友：教會我淡定從容，不再糾纏於那些不值一提的人身上，白白浪費精力。該屬於你的，永遠屬於你；不該屬於你的，永遠騰不到，生命短暫，把每一天都當作最後一天，去做自己想做的事，去愛自己想愛的人。

感動歲月：雖然它讓我的容顏漸老，但卻也讓我的心態越來越好，它讓我經歷了傷心淚濕的時刻，但我的遺憾卻越來越少。

感謝時光：讓我遇見了身邊的每一個人，你們給予我溫暖、感動，推動我不斷成長進步。

若有緣，期盼與您在 365 天後相逢！祝福大家身體安康！心情愉快！平安喜悅！

跋：願你充滿光明和喜悅

恭喜您！看完了一本貨真價實的心靈饗宴，期盼 365 篇的短文，能提升你每一天的正能量，並學會喚起心靈的力量，將其應用於生活上。

透過這個旅程，你會發現心靈不僅僅影響個人的生活，也對整個世界產生深遠的影響，思想和意識共同形成了一個集體意識，這個集體意識塑造了社會的價值觀、文化和行為模式，每個人都可以通過提升自我成長，為創造一個更和平、和諧美好的世界做出貢獻。

歷經兩年的精心打磨，我終於將蘊含心血與智慧的書籍呈獻給大家，這不僅是一本關於秘密能量的書，更是一份溫暖的祝福，希望它能照亮你迷茫的旅途，指引你通往幸福的方向。

穿越艱辛，成就夢想

在創作的過程中，我經歷了無數的挑戰和磨難，曾經一度陷入迷惘和困惑，但每當想到家人和學生的支持鼓勵，我便重拾信心，繼續前行，他們是我最堅強的後盾，也是我創作的動力源泉。

我深信，這本書不僅是個人成長的記錄，更是一份珍貴的精神禮物，它蘊含著我對生命的感悟、能量的探索，以及對讀者的真摯祝福。

超越金錢，傳遞正能量

出版這本書，我的初衷並非為了賺錢，而是希望能夠幫助更多人，在生命的旅途中，我們難免會遇到挫折和困境，而這本書的出版，正是為那些在黑暗中迷失方向的人所準備的禮物。

希望通過這本書，傳遞正能量，幫助大家轉化負面情緒，以更積極的態度看待世界，這本書所描繪的世界裡，善與惡並存，彼此相輔相成，當你面對困境時，不妨試著換個角度思考，也許會發現新的希望。

分享喜悅，點亮未來

這本書的出版，不僅是我個人的夢想，也是我對社會的一份責任，希望未來能有機會站在講台上，與更多人分享人生的經驗與感悟，幫助眾生解決生活的難題，點亮他們人生的明路。

我衷心希望，每一位讀者都能在閱讀本書的過程中，享受到快樂和喜悅，這是我最大的期望，也是我為這本書傾注心血的意義所在。

讓我們攜手同行，共同探索秘密能量的神奇世界，在愛與光的指引下，照亮前行的道路，收穫幸福的人生！

願每一位踏上心靈之旅的人，都能在其中找到真實的自我，並與宇宙的智慧連接，共同創造一個充滿愛、和平和創造力的世界，這是追求心靈成長的最終目標。

期盼這份心靈智慧，得以在書中傳遞，成為您成長路上的一份力量，這是我出書的初衷，也是我對每一位讀者的深深祝福。

願你未來的人生旅途，永遠充滿著光明和喜悅！

跨界思考一看就悟：

全圖解超級頓悟訓練讀本

原來 著

一本跨界思考的書，完美詮釋創意思考 《跨界思考一看就悟》是由創意思考專家原來老師精心撰寫的一本創意指南，旨在啓發讀者的跨領域思考能力。本書融合視覺化的直觀設計和簡明易懂的文字，提供多種創意思維技法，幫助讀者在面對各種挑戰時能夠迅速頓悟，靈活解決問題。

每日一句正能量：活出自己喜歡的模樣

陳辭修 著

本書收錄三百六十五篇暖心的小短文，希望藉由一日一篇的正向練習，帶領我們自我對話、探索、開展；協助我們放鬆心情、接納情緒、寬恕自己、給予人他人溫暖、保持內心平靜，然後，享受快樂。

每日一句正能量：
讓轉念成為照亮自己的光
陳辭修 著

帶上自己的陽光，照亮內心的迷茫 讓正能量成爲心緒轉念的契機！我們都想簡單，但活著活著就複雜了。我們都想快樂，但過著過著就難過了。覺得「人生好難」嗎？ 如果負能量的嘲諷無助於治癒你的人生， 還是每天來點正能量，至少能帶給你積極、勵志和無限的鼓舞， 面對生活這面鏡子，微笑就是我們最好的樣子。

國家圖書館出版品預行編目（CIP）資料

療癒心靈的秘密能量：每日一段正能量獻給迷茫中的你／鄭文堡著. -- 第一版. -- 臺北市：樂果文化事業有限公司出版：紅螞蟻圖書有限公司發行, 2024.09
面；　公分. -- (樂分享；8)
ISBN 978-957-9036-57-3(平裝)

1.CST: 自我實現 2.CST: 生活指導

177.2　　113010678

樂分享 8

療癒心靈的秘密能量：每日一段正能量獻給迷茫中的你

作　　者／鄭文堡
總 編 輯／何南輝
行銷企劃／黃文秀
封面設計／引子設計
內頁設計／沙海潛行

出　　版／樂果文化事業有限公司
讀者服務專線／（02）2795-3656
劃撥帳號／50118837 號　樂果文化事業有限公司
印 刷 廠／卡樂彩色製版印刷有限公司
總 經 銷／紅螞蟻圖書有限公司
地　　址／台北市內湖區舊宗路二段 121 巷 19 號（紅螞蟻資訊大樓）
電話：（02）2795-3656
傳真：（02）2795-4100

2024 年 9 月第一版　定價／380 元　ISBN 978-957-9036-57-3